(No.28)

圣经文学研究

河南大学圣经文学研究所主办 | 梁 工 程小娟 主编

| 第28辑 |

宗教文化出版社

图书在版编目（CIP）数据

圣经文学研究．第 28 辑 / 梁工，程小娟主编．-- 北京：宗教文化出版社，2025. 3. -- ISBN 978-7-5188-1625-5

Ⅰ．B971；I106.99

中国国家版本馆 CIP 数据核字第 20251PY091 号

圣经文学研究（第 28 辑）

梁 工 程小娟 主编

出版发行：宗教文化出版社
地　　址：北京市西城区后海北沿 44 号（100009）
电　　话：64095215（发行部）64095201（编辑部）
责任编辑：张秀秀
版式设计：武俊东
印　　刷：河北信瑞彩印刷有限公司

版本记录：880 毫米 ×1230 毫米　32 开　10 印张　300 千字
2025 年 3 月第 1 版　2025 年 3 月第 1 次印刷
书　　号：ISBN 978-7-5188-1625-5
定　　价：110.00 元

圣经文学研究（第28辑）

Journal for the Study of Biblical Literature

河南大学圣经文学研究所 主办

主　　编　梁　工　程小娟

出版总监　叶菁华　黄根春

Journal for the Study of Biblical Literature

(Shengjing wenxue yanjiu)

No. 28

目 录

马克思主义与圣经研究

圣经与中国典籍的跨文本诠释

圣经与史学研究

圣经文本辨析

圣经与世界文化

CONTENTS

MARXISM AND BIBLICAL STUDIES

CROSS-TEXTUAL INTERPRETATION OF THE BIBLE AND CHINESE CLASSICS

BIBLE AND HISTORICAL STUDIES

ANALYSIS OF BIBLICAL TEXTS

BIBLE AND WORLD CULTURE

《国外马克思主义圣经批评研究》序言 *

Foreword to *Foreign Studies of Marxist Biblical Criticism*

[澳] 罗兰 · 博尔
[AUS]Roland BOER

河南大学梁工教授主持的国家项目“国外马克思主义圣经

* 本文是罗兰 · 博尔为梁工主持完成的 2013 年度国家社科基金规划项目“国外马克思主义圣经批评研究”（立项号 13BZJ022；结项号 20180415）撰写的序言。罗兰 · 博尔是澳大利亚纽卡斯尔大学教授，学界公认的当代马克思主义圣经批评领军者，目前任教于中国人民大学哲学院。出版三卷本巨著《天国的批判：论马克思主义与神学》第 1 卷（*Criticism of Heaven: On Marxism and Theology I*, 2007）、《宗教的批判：论马克思主义与神学》第 2 卷（*Criticism of Religion: On Marxism and Theology II*, 2009）、《神学的批判：论马克思主义与神学》第 3 卷（*Criticism of Theology: On Marxism and Theology III*, 2012），以及《马克思主义圣经批判》（*Marxist Criticism of the Bible*, 2003）、《马克思主义女权主义圣经批判》（*Marxist Feminist Criticism of the Bible*, 2008）、《西方马克思主义圣经批判二十五年历史回顾》（*Twenty-five Years of Marxist Biblical Criticism*, 2007）、《列宁、宗教与神学》（*Lenin, Religion, and Theology*, 2013）等著述，在国内外学界影响深远。详见厉盼盼：《致力于马克思主义圣经批评的罗兰 · 博尔》，《圣经文学研究》第 9 辑，2014，229–239。[Li Panpan, “Zhiliyu Makesizhuyi Shengjing piping de Luolan Boer” (Roland Boer: A Famous Scholar in Marxist Criticism of the Bible), *Journal for the Study of Biblical Literature*, no. 9 (2014): 229–239.] 本文由梁工译成汉语。——译者注

批评研究”极具独特性和重要性。该项研究的独特性在于：尽管中国的马克思主义研究已经颇具深度，但是针对圣经的科学研究仍然相对较少。该项研究的重要性在于：证明了西方文化中最为经典的文本能够而且必须运用马克思主义的各种方法来予以研究。我稍后会对此进行详细论述，现在先简述国外马克思主义圣经批评的发展概况。

马克思主义圣经批评有两个传统。第一个传统指始于马克思和恩格斯的马克思主义者的坚持不懈的圣经研究。马克思和恩格斯对圣经都熟稔于心，因为圣经是其所受教育的重要部分。他们的高中——马克思就读于特里尔高中，恩格斯则就读于伍珀塔尔高中——课程均包括圣经和圣经语言。例如，马克思的期末试题之一就是有关《新约 · 约翰福音》的解读。[①] 后来马克思在柏林大学就读时，师从布鲁诺 · 鲍威尔——也许是德国当时最知名、最激进的圣经批评家——学习《旧约 · 以赛亚书》。[②] 故而马克思对圣经极为了解，在其多部著作中对圣经予以频繁引用。如果说马克思对圣经颇为熟悉的话，则恩格斯与之相比，可谓有过之而无不及。这与恩格斯的家庭背景、他与之讨论圣经批评新成就的朋友们、他的语言能力，以及他对宗教——不仅指圣经——在德国和欧洲历史及文化中重要性的认识无不密切相关。恩格斯年轻时是一名信徒，深受新教改革派思想传统的影响，圣经在那种传统中占据绝对核心的地位。他异常艰难地放弃信仰后，并未失去对于圣经的兴趣。该兴趣

---

① Karl Marx, “The Union of Believers with Christ According to John 15:1–14, Showing Its Basis and Essence, Its Absolute Necessity, and Its Effects,” in *Marx and Engels Collected Works* (Moscow: Progress Publishers, 1975), 1: 636–639. Written: 1835.

② Ibid., 703–704.

不止一次地在他的作品中显现，最典型的莫过于他对于神学家托马斯·闵采尔（Thomas Müntzer）领导的、爆发于1525年的农民革命的研究[①]，以及他论述早期基督教的三篇文章[②]。

这些研究著作在很多方面奠定了马克思主义者自身的马克思主义圣经批评传统。卡尔·考茨基可谓第二代马克思主义者中的佼佼者，他不仅负责撰写鸿篇巨制《现代社会主义的先驱》[③]的大部分，而且首次对基督教的起源予以全面的马克思主义分析[④]——该著作被译成中文后也有很大影响力。[⑤]除了他对早期基督教阶级本质的论述，以及他对消费型而非生产型共产主义组织形式的提法，考茨基的著作还擅长对圣经文本进行详细分析。考茨基的关注点不仅局限于《新约》，他对《旧约》也进行了一定的分析。马克思主义学者对圣经更予以大量

---

① Friedrich Engels, "The Peasant War in Germany," in *Marx and Engels Collected Works* (Moscow: Progress Publishers, 1978), 10: 397–482. Written: 1850.

② Friedrich Engels, "Bruno Bauer and Early Christianity," in *Marx and Engels Collected Works* (Moscow: Progress Publishers, 1989), 24: 427–435, Written: 1882; "The Book of Revelation," in *Marx and Engels Collected Works* (Moscow: Progress Publishers, 1990), 26: 112–117, Written: 1883; "On the History of Early Christianity," in *Marx and Engels Collected Works* (Moscow: Progress Publishers, 1990), 27: 445–469, Written: 1894–1895.

③ Karl Kautsky, *Die Vorläufer des neueren Sozialismus I: von Plato bis zu den Wiedertäufern* (Stuttgart: Dietz, 1895); Karl Kautsky, Paul Lafargue, Eduard Bernstein, and Hugo Lindemann, *Die Vorläufer des neueren Sozialismus II: von Thomas More bis zum Vorabend der Französischen Revolution* (Stuttgart: Dietz, 1895).

④ Karl Kautsky, *Foundations of Christianity: A Study in Christian Origins*, trans. H. F. Mins (London: Lawrence and Wishart, 1925). Written: 1908.

⑤ Karl Kautsky, *Jidujiao zhi jichu* (Foundations of Christianity), trans. Zhi Tang and Qifang Ye (Shanghai: Shenzhou guoguang she, 1932).

研究。[1]我从恩格斯和考茨基开始论述，是为了证明马克思主义圣经批评的坚实根基乃是依存于马克思主义本身。

马克思主义圣经批评的第二个传统，是由那些运用马克思主义方法从事圣经批评的专业人士建构的，梁工教授所主持的项目对其中多位学者进行了分析。现代马克思主义圣经批评的源头可以追溯到诺曼 · 哥特瓦尔德（Norman K. Gottwald）的著作，尤其是《亚卫的众支派》。[2]他在这部书中提出，公元前一千年左右的古代以色列即使不是诞生于一场革命运动，也可以说诞生于一场解放运动。哥特瓦尔德的著作大体是社会学研究，主要采用了韦伯、涂尔干，尤其是马克思那严谨的研究方法，他曾受过圣经批评方法的全面训练。这是一部奠基性著作，极为详尽地重构了圣经文本的社会、经济和政治语境。其他研究者效法哥特瓦尔德，尝试继续发展马克思主义的社会学分析，修正其结论并提出新的研究路径。

然而圣经学者的马克思主义批评还有另外一面，即文学性更强的一面。在此种情况下，圣经批评受到欧洲哲学和文学批评新潮流的影响。后结构主义、解构主义、女性主义第二波浪潮、精神分析，以及随后兴起的诸多文学批评趋势，都动摇了人们解读和理解文本的方式。圣经学者虽然也采用了上述批评方法，其中知名学者所追求的，还是上述新发展与马克思主义

---

① Anatoly Vasil'evich Lunacharsky, *Religiia i sotsializm: Tom 1* (Moscow: Shipovnik, 1908); Ernst Bloch, *Atheism in Christianity: The Religion of the Exodus and the Kingdom*, trans. J. T. Swann (London: Verso, 2009), Original Publication: 1968 in German; Terry Eagleton, *Jesus Christ: The Gospels (Revolutions)* (London: Verso, 2007).

② Norman Gottwald, *The Tribes of Yahweh: A Sociology of the Religion of Liberated Israel, 1250-1050 B.C.E.* (Maryknoll, NY: Orbis Books, 1979; Sheffield: Sheffield Academic Press, 1999).

批评方法的融合。大卫·乔布林（David Jobling）的著作对《撒母耳记上》《诗篇》和生产方式的社会—经济问题[①]做出敏锐而细致的研究，在同类著作中脱颖而出。其他研究著作也将被提及，但若假以时日，马克思主义圣经批评的文学和社会学方向就会走向融合。究其实质，文学并非出现在真空中，它和与其自身相关的社会经济语境之间存在着复杂的关联性。

现在，新一代国际圣经学者正朝着全新的方向展开研究，尝试对一系列圣经文本做出创新性解读：克里斯蒂娜·佩特森（Christina Petterson）研究的问题颇为棘手——《使徒行传》和约翰著作所涉及的帝国主义；马可·斯尼德（Mark Sneed）论述了《传道书》与阶级的关系；罗伯特·迈尔斯（Robert Myles）认为，自由学者对于福音书中耶稣形象的塑造实为其自身中产阶级创业背景的反射；詹姆斯·克罗斯利（James Crossley）则发现，新自由主义以某种方式深度影响了《新约》研究本身；尼尔·麦凯（Niall McKay）探讨了马克思主义对我们理解种族和殖民主义问题的启迪。这样的例子不胜枚举，它们至少能向读者表明，马克思主义圣经批评在该领域如何继续贡献着力量。

容我强调以下几点。首先，马克思主义圣经批评是一种科学的学术研究方法。通常人们将圣经仅仅视为宗教文本、基督

---

① David Jobling, "Feminism and 'Mode of Production' in Ancient Israel: Search for a Method," in *The Bible and the Politics of Exegesis: Essays in Honor of Norman K. Gottwald on His Sixty-Fifth Birthday*, ed. David Jobling, Peggy Day, and Gerald Sheppard (Cleveland: Pilgrim Press, 1991), 239–251; "'Forced Labor': Solomon's Golden Age and the Question of Representation," *Semeia* 54 (1992): 57–76; *1 Samuel* (Collegeville MN: Liturgical Press, 1998). Also see Roland Boer, *Marxist Criticism of the Hebrew Bible* (London: Bloomsbury, 2014).

教会的基础性文本、神圣的经文。对许多人来说，确实是如此。但圣经也是古典文学，是许多国家文化的基础性文本——不仅仅局限于欧洲和北美。因此，圣经不但是一部神圣文本或宗教文献，还是经典的构成部分、文化本身的一部分。故而，人们必须以科学的方式来对待圣经。圣经研究不仅是为了宗教人士，更是为了那些运用科学方法对其进行研究的众多学者。而马克思主义的科学方法能发挥重要作用，特别是因为，它擅长表明文化、文学、社会、政治和经济是如何以极其复杂的方式相互联系在一起的。

其次，整个学科都能感受到马克思主义圣经批评所赋予的洞察力和进步，这种情形在重建圣经文本的经济和社会背景时尤为明显。大多数圣经批评家已经意识到经济因素的重要性。剥削、劳动分工、阶级冲突、国家功能的事实已经获得人们的广泛认可——即便是那些由于种种原因而企图罔顾它们的人。现在，越来越多的圣经学者认识到，文化和文化产物——包括文学——与社会—经济问题是密不可分的。文化与其语境的联系是一个争执不休的话题，相互冲突的观点不断成为学术论争的议题。这种情形印证了多年前诺曼 · 哥特瓦尔德初次对我谈到的：虽然我们可以把某些学者视为马克思主义的圣经批评家，而更多学者乃是被马克思主义批评家的洞见和成就所影响。

这一切与中国的情况有什么关系？就“西方”而言，圣经在许多层面都发生了深远影响，但在中国则不同，因为圣经与中国的历史和文化是截然相异的。这种差异可能会让一些中国人对马克思主义与圣经之间的关系产生疑问。这个问题涉及多个层次：尽管基督教在中国有很长的历史（想想聂斯脱利

[Nestorians] 和利玛窦 [Matteo Ricci] 吧），尽管基督教也做出了许多努力，它却未能成为一个明确的中国宗教；在 19 世纪的半殖民地社会，中国有许多来自欧洲的传教士，他们传播了基督教的观念，而那时圣经承载的其实是“外国教义”；中国文化对其形成和发展的方式（甚至对于佛教）并未发生独特的宗教影响。但是，如果转向马克思和恩格斯最初在欧洲发挥作用的环境，我们就能看到，圣经对于欧洲哲学和文化的形成是至关重要的。马克思和恩格斯，更毋宁说他们的那些追随者，都曾以某种方式与圣经接触，这不足为奇。这同样适用于俄罗斯，即便在列宁，尤其是斯大林（他在一所神学院接受过五年以上的训练）的著作中也能发现这一点。圣经学者持续运用马克思主义方法来解释圣经，这毫不奇怪。可以说，为了理解马克思主义，我们需要理解圣经；同样，为了理解圣经，我们需要理解马克思主义。

就此而言，马克思主义圣经批评在中国显然是必要的。事实上，它有一部有趣的早期历史。我们发现，远在 20 世纪早期，中国圣经学者与马克思主义就有联系，特别是吴雷川（1870–1944）、吴耀宗（1893–1979）和朱维之（1905–1999）。在当时的环境下，他们试图找到一种方法，使圣经，特别是《新约》和耶稣的为人，能够在中国被人理解。他们强调耶稣的无产者本性，或者他与墨子的关系，或者他登山训众时以儒家的方式布道施教。① 然而，他们也是寻求成为人民共和国一部分的基督教会的成员。

---

① Roland Boer and Kenpa Chin, “Chinese Christian Communism in the Early Twentieth Century,” *Religion, State and Society* 44, no. 2 (2016): 96–110.

但是，这些早期工作还不完全具备学术和科学的性质。第一个坚实的学术基础将不得不等待接近一个世纪，直到梁工教授的研究。[①] 作为中国内地圣经研究的领衔学者，梁教授在国内外获得许多奖项和认可，得到中国国家社会科学基金项目“国外马克思主义圣经批评研究”的资助（那是他得到的第十笔资助）。河南大学成为中国开展此类研究的中心，出版了期刊《圣经文学研究》（2007 年创刊，2014 年进一步推广），吸引了一系列顶级的硕士和博士研究生。作为一位有幸被邀请到位于古城开封的河南大学讲学的学者，我可以说，这是一个鼓舞人心的、真正具有突破性价值的课题。梁教授和他的团队以耐心、温和、持之以恒及其对品质的执着，在中国展开了马克思主义圣经批评的学术探索。我发现，其团队中的学生和年轻成员都非常聪明、干练、知识渊博，充满了新颖思路。我们期待着下一代学者——从事这个项目的毕业生们——不仅在中国，而且对世界的圣经学术也作出贡献。

参考文献 [Bibliography]

Bloch, Ernst. *Atheism in Christianity: The Religion of the Exodus and the Kingdom*. Translated by J. T. Swann. London: Verso, 2009.

Boer, Roland. *Marxist Criticism of the Hebrew Bible*. London: Bloomsbury, 2014.

① 梁工：《当代文学理论与圣经批评》（北京：人民出版社，2014）。[Liang Gong, *Dangdai wenxue lilun yu Shengjing piping* (Contemporary Literary Theories and Biblical Criticism) (Beijing: People’s Press, 2014).]

Boer, Roland, and Kenpa Chin. "Chinese Christian Communism in the Early Twentieth Century." *Religion, State and Society* 44, no. 2 (2016): 96–110.

Eagleton, Terry. *Jesus Christ: The Gospels (Revolutions)*. London: Verso, 2007.

Engels, Friedrich. "The Book of Revelation." In *Marx and Engels Collected Works*, vol. 26, 112–117. Moscow: Progress Publishers, 1990.

———. "Bruno Bauer and Early Christianity." In *Marx and Engels Collected Works*, vol. 24, 427–435. Moscow: Progress Publishers, 1989.

———. "On the History of Early Christianity." In *Marx and Engels Collected Works*, vol. 27, 445–469. Moscow: Progress Publishers, 1990.

———. "The Peasant War in Germany." In *Marx and Engels Collected Works*, vol. 10, 397–482. Moscow: Progress Publishers, 1978.

Gottwald, Norman. *The Tribes of Yahweh: A Sociology of the Religion of Liberated Israel, 1250–1050 B.C.E.* Maryknoll, NY: Orbis Books, 1979; Sheffield: Sheffield Academic Press, 1999.

Jobling, David. "Feminism and 'Mode of Production' in Ancient Israel: Search for a Method." In *The Bible and the Politics of Exegesis: Essays in Honor of Norman K. Gottwald on His Sixty-Fifth Birthday*, edited by David Jobling, Peggy Day, and Gerald Sheppard, 239–251. Cleveland: Pilgrim Press, 1991.

———. "'Forced Labor': Solomon's Golden Age and the Question of Representation." *Semeia* 54 (1992): 57–76.

———. *1 Samuel*. Collegeville, MN: Liturgical Press, 1998.

Kautsky, Karl. *Die Vorläufer des neueren Sozialismus I: von Plato bis zu den Wiedertäufern*. Stuttgart: Dietz, 1895.

———. *Foundations of Christianity: A Study in Christian Origins*. Translated by H. F. Mins. London: Lawrence and Wishart, 1925.

———. *Jidujiao zhi jichu* (Foundations of Christianity). Translated by Zhi Tang and Qifang Ye. Shanghai: Shenzhou guoguang she, 1932.

Kautsky, Karl, Paul Lafargue, Eduard Bernstein, and Hugo Lindemann. *Die Vorläufer des neueren Sozialismus II: von Thomas More bis zum Vorabend der Französischen Revolution*. Stuttgart: Dietz, 1895.

Lunacharsky, Anatoly Vasil'evich. *Religiia i sotsializm: Tom 1*. Moscow: Shipovnik, 1908.

———. *Religiia i sotsializm: Tom 2*. Moscow: Shipovnik, 1911.

Marx, Karl. "The Union of Believers with Christ According to John 15:1–14, Showing Its Basis and Essence, Its Absolute Necessity, and Its Effects." In *Marx and Engels Collected Works*, vol. 1, 636–639. Moscow: Progress Publishers, 1975.

梁工：《当代文学理论与圣经批评》，北京：人民出版社，2014。[Liang Gong. *Dangdai wenxue lilun yu Shengjing piping* (Contemporary Literary Theories and Biblical Criticism). Beijing: People's Press, 2014.]

余莲秀*的圣经意识形态批评研究

李志丹

内容提要： 余莲秀阐释圣经所采用的重要方法是意识形态批评。这种方法的基本概念范畴来自马克思主义，首先是经典马克思主义，其次是西方马克思主义，尤其是伊格尔顿的理论。余莲秀的意识形态批评理论重视话语研究和不同阶级的权力关系；研究范围广泛，将作者、文本、读者的生产（再生产）作为研究对象；研究方法具有包容性，将历史、社会的方法与文学的方法相结合，外部分析与内部分析并行不悖。她的意识形态批评实践体现了鲜明的特征：与圣经阐释相结合；与性别意识形态相结合，将交叉研究融入其中。

关键词： 余莲秀，意识形态批评，圣经

作者单位： 河南理工大学文法学院

Gale Yee's Ideological Criticism in Biblical Studies

LI Zhidan

Abstract: The key research method of Gale Yee's bible

---

* 余莲秀（Gale A. Yee），1949 年生，华裔美国圣经学者，祖籍广东，加拿大多伦多大学旧约文学博士，研究专长是从性别、种族、阶级三个方面解读圣经文本中的女性形象。

criticism is ideological criticism. The basic conceptual category of this approach comes from Marxism, first from classical Marxism, then from Western Marxism, especially Eagleton's theory. Yee's theory of ideological criticism emphasizes discourse analysis and power relations between different classes. It is inclusive, combining historical and social methods with literary methods, and combining external and internal analysis. Her research is wide-ranging, taking the production (reproduction) of author, text and reader as its objects. Her ideological criticism exhibits distinct characteristics: combining with bible interpretation; gender ideology; and integrating intersectional research..

Keywords: Gale Yee, ideological criticism, the Bible

Author's contact info: School of Liberal Arts and Law, Henan Polytechnic University. Email: lizhidan1234@163.com

马克思、恩格斯在《德意志意识形态》中总结唯物主义历史观时指出，直接生活的物质生产的生产方式及与之联系的市民社会是整个历史的基础，是理解意识形式的基础。① 历史唯物主义是余莲秀研究意识形态的基础②，同时，西方马克思主

① 马克思、恩格斯：《德意志意识形态》，载《马克思恩格斯全集》，第 3 卷（北京：人民出版社，1956），42。[Karl Heinrich Marx and Friedrich Engels, *Deyizhi yishixingtai* (The German Ideology), in *Makesi Engesi quanji* (The Collected Works of Marx and Engels) (Beijing: People's Publishing House, 1956), 3:42.]

② Gale A. Yee, *Poor Banished Children of Eve: Woman as Evil in the Hebrew Bible* (Minneapolis: Fortress Press, 2003), 9–10. 在书中，余莲秀指出，她的意识形态批评主要是马克思主义女性主义方法，这种方法将文本视为社会存在的意识形态产物。她引用了《德意志意识形态》中关于社会存在与社会意识的关系的论述作为讨论意识形态批评的基础，称她的研究

义学者，尤其是伊格尔顿、詹姆逊等对她的研究产生了直接影响。余莲秀以二者为前提，丰富了意识形态批评的内涵，发展出了自身的特色，即以马克思主义的意识形态理论为根基，将之与圣经文本阐释、性别研究相结合，并将交叉研究的方法融入其中。

一、余莲秀的意识形态批评溯源

余莲秀重点探讨了什么是意识形态、意识形态有哪些作用、意识形态采用何种策略达到自己的目的等。其意识形态批评研究深受马克思主义经典著作和西方马克思主义学者的影响。

（一）马克思主义经典著作的影响

马克思主义经典著作中并未形成非常清晰、明确的意识形态概念。① 马克思在他的博士论文《德谟克利特的自然哲学和伊壁鸠鲁的自然哲学的差别》中指出："我们的生活需要的不

受益于马克思主义文学理论家。她运用唯物主义分析了《创世记》第 2–3 章和《何西阿书》第 2–3 章，《箴言》第 1–9 章，以论文发表，并将之融入了她的《可怜的夏娃的被遗弃的女儿们》一书中。她还对先知书《路得记》《列王纪》等进行了唯物主义的研究。

① 麦克里兰认为马克思的意识形态概念存在几个难点："第一，他的概念的很多重要部分都未清晰界定，因而为歧义留下了空间"；"第二，马克思的意识形态概念是他的唯物主义历史观总理论的一部分，这个理论是众所周知难以准确描述的"；"第三，马克思的唯物主义历史观和其中的意识形态概念，被当作一种批判工具，用于揭穿其他人的虚假概念。但他是怎样表明他自己的概念本身不是意识形态的呢？"参见大卫・麦克里兰：《意识形态》（第二版），孔兆政、蒋龙翔译（长春：吉林人民出版社，2005），25–27。[David McLellan, *Yishixingtai* (Ideology), trans. Kong Zhaozheng and Jiang Longxiang, 2nd ed. (Changchun: Jilin People's Publishing House, 2005), 25–27.]

是意识形态和空洞的假设，而是我们要能够过恬静的生活。”[1] 之后，马克思与恩格斯合著的《德意志意识形态》对意识形态进行了系统论述，指出意识形态是对人的生活和关系的“倒现”，意识形态对现实生活可以产生“反射和回声”[2]。马克思在《资本论》中将资本主义对工人的异化称为歪曲的意识，认为商品拜物教是意识形态的一种表现。恩格斯在《恩格斯致马克思（1847 年 3 月 9 日）》中称意识形态为“一种妖术”[3]。恩格斯的《致弗·梅林（1893 年 7 月 14 日）》中指出：“意识形态是由所谓的思想家有意识的，但是以虚假的意识完成的过程。”[4] 这句话是后世将意识形态解读为虚假意识的直接根源。马克思主义的意识形态在多数情况下用于贬义，指的是虚假的、空洞的、颠倒的意识。马克思主义始终着力于批判资本主义的整个意识形态体系。同时，恩格斯在《致瓦·博尔吉乌斯（1894 年 1 月 25 日）》中称：“政治、法律、哲学、宗教、

---

① 马克思：《德谟克利特的自然哲学和伊壁鸠鲁的自然哲学的差别》，载《马克思恩格斯全集》，第 40 卷（北京：人民出版社，1982），236。[Karl Heinrich Marx, “Demokelite de ziranzhexue he Yibijiulu de ziranzhexue de chabie” (The Differences between Democritus' Natural Philosophy and Epicurus'), in *Makesi Engesi quanji* (The Collected Works of Marx and Engels) (Beijing: People's Publishing House, 1982), 40:236.]

② 马克思、恩格斯：《德意志意识形态》，29–30。

③ 恩格斯：《恩格斯致马克思（1847 年 3 月 9 日）》，载《马克思恩格斯全集》，第 27 卷（北京：人民出版社，1972），94。[Friedrich Engels, “Engesi zhi Makesi (1847. 3. 9)” (Engels to Marx, March 9, 1847), in *Makesi Engesi quanji* (The Collected Works of Marx and Engels) (Beijing: People's Publishing House, 1972), 27:94.]

④ 恩格斯：《致弗·梅林（1893 年 7 月 14 日）》，载《马克思恩格斯全集》，第 39 卷（上）（北京：人民出版社，1974），94。[Friedrich Engels, “Zhi Fu Meilin (1893. 7. 14)” (To Franz Mehring, July 14, 1893), in *Makesi Engesi quanji* (The Collected Works of Marx and Engels), vol. 39, bk. 1 (Beijing: People's Publishing House, 1974), 94.]

文学、艺术等的发展是以经济发展为基础的。但是，它们又都互相影响并对经济基础发生影响。并不是只有经济状况才是原因，才是积极的，而其余一切都不过是消极的结果。”①意识形态并非完全消极，这一观点为后世学者研究意识形态的能动性奠定了基础。

对马克思主义经典中意识形态内涵的理解，我国学者俞吾金的定义比较贴切：（意识形态是）“在阶级社会中，适合一定的经济基础以及竖立在这一基础之上的法律的和政治的上层建筑而形成起来的，代表统治阶级根本利益的情感、表象和观念的总和，其根本的特征是自觉地或不自觉地用幻想的联系来取代并掩蔽现实的联系。”②本文认为这一定义从存在条件、与经济基础的关系、阶级性、虚假性等方面，比较全面地反映了意识形态的内涵。

意识形态具有虚假性、阶级性和有限的独立性。马克思主义经典中意识形态概念的虚假性指的是它反映社会生活的方式是自上而下、从意识到存在的，是虚假的。有学者指出：“‘意识形态’虚假性的基本规定无疑指其‘颠倒性’，就是说，它根本颠倒了存在和意识、生活和观念的关系，不是从生产、生活和实践出发，而是从幻想的观念出发，甚至以观念代替现实。”③可以理解为，意识形态认识（解释）世界的方式是虚

---

① 恩格斯：《致瓦·博尔吉乌斯（1894年1月25日）》，载《马克思恩格斯全集》，第39卷（上）（北京：人民出版社，1974），199。[Friedrich Engels, “Zhi Wa Boerjiwusi (1894. 1. 25)” (To Walter Borgius, January 1, 1894), in *Makesi Engesi quanji*, vol. 39, bk. 1, 199.]

② 俞吾金：《意识形态论》（上海：上海人民出版社，2014），97。[Yu Wujin, *Yishixingtai lun* (Ideology Theory) (Shanghai: Shanghai People's Publishing House, 2014), 97.]

③ 侯惠勤：《马克思的意识形态批判与当代中国》（北京：中国社会科学出版社，2010），236–237。[Hou Huiqin, *Makesi de yishixingtai pipan yu dangdai Zhongguo* (Marx's Ideological Criticism and Contemporary China) (Beijing: China Social Sciences Press, 2010), 236–237.]

假的、唯心主义的。其次，意识形态具有阶级性，“支配着物质生产资料的阶级，同时也支配着精神生产的资料，因此，那些没有精神生产资料的人的思想，一般地是受统治阶级支配的。”① 最后，意识形态具有有限的独立性。它经过长期的发展可以渗入生活，成为一种力量。恩格斯批判“那些先生们”：“他们并不想知道，他们称为理论、意识形态或者天晓得是什么的那些东西，早已成为人民的血肉，而且有一部分已经进入生活了。”② 本文认为，意识形态的作用主要有：首先，它服务于统治阶级的利益，维护其统治。其次，它掩盖事实真相，维护唯心主义的世界观。意识形态掩盖了阶级社会中的不公正和剥削的本质。麦克里兰认为：“并非所有思想，而仅是那些掩盖社会矛盾的思想才是意识形态的。”③ 最后，它可以通过教育、惯例等将主导意识形态灌输给人们。

（二）西方马克思主义学者的影响

余莲秀在《夏娃可怜的被遗弃的女儿们》一书中，集中介绍了伊格尔顿的意识形态概念和策略、文学生产理论；巴瑞特的性别意识形态；兼而论及詹姆逊的政治无意识和“元批评”；马舍雷的“缺席”理论等。她的研究直接受到以上理论影响。

《夏娃可怜的被遗弃的女儿们》第二章以伊格尔顿的《意

---

① 马克思、恩格斯：《德意志意识形态》，52。

② 恩格斯：《恩斯特 · 莫里茨 · 阿伦特》，载《马克思恩格斯全集》，第 41 卷（北京：人民出版社，1982），154。[Friedrich Engels, “Ensite Molici Alunte” (Ernst Moritz Arndt), in *Makesi Engesi quanji* (The Collected Works of Marx and Engels) (Beijing: People’s Publishing House, 1982), 41: 154.]

③ 大卫 · 麦克里兰：《意识形态》，18。

识形态导论》中的句子“导致男人和女人不时把对方误认为是神或害虫的是意识形态”① 为引子展开论述。她对伊格尔顿的意识形态理论进行了介绍。② 伊格尔顿在《意识形态导论》中称意识形态不是贬义的，“它指的是话语和权力之间的任何相当核心的结合点”③。伊格尔顿的意识形态理论影响较大。哥特瓦尔德、博尔、余莲秀等圣经研究学者运用伊格尔顿的意识形态研究中的阶级观点解读《以赛亚书》《路得记》《创世记》等，已经取得了一些成果。④ 余莲秀引用了《意识形态导论》中的一段话总结伊格尔顿的观点：“（意识形态）代表了权力对某些话语的影响，并将自己默示于其中。”⑤ 这里的关键词是权力、话语。余莲秀关注文本中的权力关系，认为圣经是不同的阐释间斗争的场所。伊格尔顿《意识形态导论》中的意识形态策略有六种：统一化、行动导向、合理化、合法化、普遍化（或“永恒化”）、自然化。余莲秀注重从这些策略中观察

---

① Yee, *Poor Banished Children*, 9. 余莲秀引用的原文出处为：Terry Eagleton, *Ideology: An Introduction* (London: Verso,1991), xiii。

② Yee, *Poor Banished Children*, 9–24. 书中介绍了伊格尔顿《意识形态导论》中总结出的历史上有代表性的六种意识形态定义，简要分析了伊格尔顿的定义；在意识形态策略部分，她介绍了伊格尔顿提出的意识形态的六种策略，即统一化的、行动导向的、合理化的、合法化的、普遍化的及自然化的策略；文本的意识形态生产主要介绍了伊格尔顿《批评与意识形态》一书中的文本生产理论；最后她还提到了伊格尔顿所提出的批评家的任务。

③ Eagleton, *Ideology*, 28.

④ 参考梁工：《当代文学理论与圣经批评》（北京：人民出版社，2014），111–113。[Liang Gong, *Dangdai wenxuelilun yu Shengjing piping* (Contemporary Literary Theories and Biblical Criticism) (Beijing: People's Publishing House, 2014), 111–113.]

⑤ Eagleton, *Ideology*, 223. 余莲秀在《夏娃可怜的被遗弃的女儿们》一书第 12 页中引用了这句话。

意识形态形成的矛盾和不和谐的可能性。[1] 伊格尔顿在《批评与意识形态》中提出“文本是一种意识形态的生产”[2]，文本不是反映意识形态，而是对意识形态的再加工。余莲秀进一步发展这一观点，认为文本是意识形态的意识形态。伊格尔顿讨论历史与文本的关系，认为历史作为意识形态进入文本，“历史是以一种双重缺失的形式‘存在’于文本中的”[3]。余莲秀运用这一论述来讨论圣经文本，认为：“这种历史的双重缺席对圣经中把女性象征视为邪恶的文本生产具有启示意义。”[4] 伊格尔顿在《马克思主义与文学批评》中指出：“批评家的任务不是填补作品，而是寻找作品含义冲突的原则，说明这种冲突是怎样由作品与意识形态的关系产生的。”[5] 余莲秀的著作正是要从圣经文本的不和谐处揭示古代以色列社会中女性真实生活的双重缺席。

巴瑞特的《意识形态与性别的文化产物》对余莲秀的性别意识形态研究产生了较大影响。她在《夏娃可怜的被遗弃的女儿们》中引用了巴瑞特用以说明性别意识形态生产复杂性的广告，之后又详细讨论了巴瑞特的性别意识形态策略。[6] 巴瑞特

---

① Yee, *Poor Banished Children,* 13.

② 伊格尔顿：《批评与意识形态》，段吉方、穆宝清译（北京：北京出版社，2021），109。[Terry Eagleton, *Piping yu yishixingtai* (Criticism and Ideology), trans. Duan Jifang and Mu Baoqing (Beijing: Beijing Press, 2021), 109.]

③ 同上，121。

④ Yee, *Poor Banished Children*, 20.

⑤ 伊格尔顿：《马克思主义与文学批评》，文宝译（北京：人民文学出版社，1986），40。[Terry Eagleton, *Makesizhuyi yu wenxuepiping* (Marxism and Literary Criticism), trans. Wen Bao (Beijing: People's Literature Publishing House, 1986), 40.]

⑥ Yee, *Poor Banished Children*, 12–13, 15–17.

举了汽车广告的例子：一个汽车广告，如果选用一个有魅力的男模特为目标客户展示汽车，效果远逊于女模特。“简而言之，只有考虑到女性身体的商品化，我们才能理解为什么女性模特对男性顾客更具说服力，而非相反。”① 他的研究旨在说明性别所带来的想象是和具体生活以及象征背后的历史上的真实关系相联系的。他认为：“意识形态是一个泛指意义产生、挑战、复制和转变过程的总称。”② 更进一步，他将意识形态的再生产过程归结为：刻板印象、补偿、共谋和恢复。他的这一创见为余莲秀所接受，余莲秀称其为性别意识形态策略。刻板印象被巴瑞特当作“观察性别差异在大众媒体上的僵化表现的方式”③。余莲秀认为，刻板印象掩盖特定群体的特征的复杂性又给了群体以价值上的贬义，如红颜祸水等。“‘补偿’指的是那些倾向于提升女性‘道德价值’的意象和理念的呈现。”④ 余莲秀认为补偿是意识形态合理化策略的一个子集。女性被塑造成为家庭无私付出的守护者，以较高的道德价值来麻痹女性使之困于家庭。⑤ 至于共谋的过程，巴瑞特认为存在于两个方面，“一方面，我们可以注意到试图操纵和炫耀女性对她们从属地位和客观化的‘同意’”⑥。“共谋的概念所指的第二个过程至关重要：妇女的自愿同意和她们对压迫的内化。”⑦ 余

① Michele Barrett, “Ideology and the Cultural Production of Gender,” in *Women's Oppression Today: The Marxist/Feminist Encounter*, rev. ed. (London: Verso, 1988), 92.

② Ibid., 97.

③ Ibid., 108.

④ Ibid., 109.

⑤ Yee, *Poor Banished Children*, 16.

⑥ Barrett, “Ideology,” 110.

⑦ Ibid.

莲秀认为，共谋也与合理化策略有关，需要分析女性在何种客观条件下与主导的意识形态合谋。恢复是“意识形态上的努力，这种努力旨在否定和化解对性别在特定时期的历史主导意义的挑战”①。

詹姆逊的《政治无意识——作为社会象征行为的叙事》和论文《元批评》中的一些观点对余莲秀产生了较大影响。余莲秀介绍了詹姆逊的遏制策略、政治无意识。“未说出口的历史情况成为一种缺席，即詹姆逊所称的‘政治无意识’。”②詹姆逊论意识形态的抑制策略时提到“霸权阶级的声音”“被窒息、还原到沉默、被边缘化了的那个声音”③。余莲秀的意识形态批评方法中的内在分析正是要致力于研究意识形态如何通过文本压制那些缺席的声音。意识形态中包含着审美行为，审美或叙事形式的生产“其功能就是为不可解决的社会矛盾发明想象的或形式的‘解决办法’”④。余莲秀的研究证明，将女性作为替罪羊，就是一种解决社会矛盾的托词。詹姆逊的观点对后来的马克思主义圣经学者产生了很大影响。⑤《元批评》中谈到遏制策略，“意识形态批评‘与其说是对内容的解释，不如说是对内容的揭示，是对在审查者的扭曲下，一个表露无

---

① Barrett, “Ideology,” 111.

② Yee, *Poor Banished Children*, 18.

③ 詹姆逊：《政治无意识——作为社会象征行为的叙事》，王逢振、陈永国译（北京：中国社会科学出版社，1999），73–74。[Fredric Jameson, *Zhengzhi wuyishi: Zuowei shehui xiangzheng xingwei de xushi* (The Political Unconscious: Narrative as a Socially Symbolic Act), trans. Wang Fengzhen and Chen Yongguo (Beijing: China Social Sciences Press, 1999), 73–74.]

④ 同上，68。

⑤ 詹姆逊的《政治无意识——作为社会象征行为的叙事》对圣经研究学者的影响，可以参考梁工：《当代文学理论与圣经批评》，112–113。

遗的、原始的信息和原始的体验的恢复’”①。

马舍雷的《文学生产理论》中详细论述了文本的缺席，指出：“无论是在一切事物的周围，还是在其背后，显性都需要隐性，因为为了说什么，还有其他的东西是不能说的。”②余莲秀的研究受到这一论述的影响，进而指出：“缺席是这样一个历史，即为了让自己有发言权，前文本意识形态必须被边缘化；缺席也是这样一个历史，文本本身在意识形态的（再）生产中排除它自身。”③

二、余莲秀意识形态批评的内涵

余莲秀的意识形态研究主要尝试运用意识形态批评的方法来阐释圣经。她对意识形态批评定义、文本与意识形态的关系等研究的理论依据主要来自伊格尔顿。④她始终坚持唯物主义，将意识形态批评分为外部分析和内部分析两部分，外部分析对

---

① Yee, *Poor Banished Children*, 25. 单引号部分出自詹姆逊：《快感：文化与政治》中的《元批评》一文。中译本参见詹姆逊：《快感：文化与政治》，王逢振译（北京：中国社会科学出版社，1998），14。[Fredric Jameson, *Kuaigan: Wenhua yu zhengzhi* (Pleasure: Culture and Politics), trans. Wang Fengzhen (Beijing: China Social Sciences Press, 1998), 14.]

② Pierre Macherey, *A Theory of Literary Production*, trans. Geoffrey Wall (London: Routledge and Kegan Paul, 1978), 85.

③ Yee, *Poor Banished Children*, 24.

④ 在余莲秀的《我的女性主义圣经学术研究自传》一文中，她明确指出自己因为阅读伊格尔顿的书，才发展出“意识形态批评”这一研究方法。余莲秀：《我的女性主义圣经学术研究自传》，赵淑洁译，《圣经文学研究》，第15辑，2017，90–91。[Gale A. Yee, “Wo de nüxingzhuyi Shengjing xueshu yanjiu zizhuan” (An Autobiographical Approach to Feminist Biblical Scholarship), trans. Zhao Shujie, *Journal for the Study of Biblical Literature*, no. 15 (2017): 90–91.]

意识形态产生的物质基础进行了较为详细的论述，内部分析研究文本是如何编码意识形态的。

余莲秀在《〈箴言〉中外女的社会文学生产》中称："根据当前圣经研究中的社会学和历史批评方法，笔者对马克思主义文学批评模式进行了修正，使之也适用于圣经文本。我把这种方法称为'意识形态批评'。"[①] 这可能是她的初衷，即找到一种适合圣经研究的科学的方法。在《作者 / 文本 / 读者与权力：圣经研究批评框架的建议》一文中，她批评以文本为中心的圣经研究："它忽略了这样一个事实，即意识形态是由特定的作者产生的，在文化上受到历史时间、地点、性别、阶级和偏见等因素的制约。"[②] 她在《意识形态视域下的圣经文本批评——〈士师记〉17–21 章与分裂的整体》一文中强调："意识形态是人们为帮助自己理解复杂世界而产生的密码。"[③] 她在为《圣经阐释词典》所做的词条《意识形态批评》中给意识形态下定义道："它通常是指一个特定群体所持有的思想、价值观和观念的复杂系统，它为群体成员理解自己在社会秩序

---

① Gale A. Yee, "A Socio-Literary Production of the Foreign Woman in Proverbs," in *A Feminist Companion to Wisdom Literature*, ed. Athalya Brenner (Sheffield: Sheffield Academic Press, 1995), 128.

② Gale A. Yee, "The Author/Text/Reader and Power: Suggestions for a Critical Framework in Biblical Studies," in *Reading from This Place,* vol. 1, *Social Location and Biblical Interpretation in the United States,* ed. Fernando F. Segovia and Mary Ann Tolbert (Minneapolis: Fortress Press, 1995), 112.

③ 余莲秀:《意识形态视域下的圣经文本批评——〈士师记〉17–21 章与分裂的整体》，马乐梅、王雅译，《圣经文学研究》，第 11 辑，2015，30。[Gale A. Yee, "Yishixingtai shiyu xia de Shengjing wenben piping: 'Shishiji' 17–21 zhang yu fenlie de zhengti" (Ideological Criticism: Judges 17–21 and the Dismembered Body), trans. Ma Lemei and Wang Ya, *Journal for the Study of Biblical Literature*, no. 11 (2015): 30.]

中的地位提供了一个框架，使这个令人困惑的、往往残酷的世界变得易懂和可容忍。”[①] 这里认为意识形态体现特定群体的意识并为之服务，显然受到了马克思、恩格斯尤其是伊格尔顿的影响。“意识形态批评的更狭义的定义，是在阅读圣经文本的广泛策略中，在历史和社会科学的框架内使用文学批评方法。”[②] 由此可知，意识形态批评为一种包容性很强的方法。是将作者、文本、读者这三个变量统一进意识形态对圣经研究的阐释之内。[③]

在具体操作中，她把意识形态批评分为两部分，一是外在分析，利用历史和社会科学的研究方法，去重建圣经文本产生时期的生产方式和意识形态，“外在分析寻找群体产生和操纵意识形态使该群体在社会中合法或发挥其地位的方式”[④]。外在分析还研究作者的意识形态及其与同时代一般意识形态的关系。二是内在分析，“在内在分析中，意识形态批评家采用文学批评的方法来研究文本如何同化或‘编码’社会经济条件，从而在修辞中再生产特定的意识形态”[⑤]。文本通过一定的修辞手段，创造一种解决方案，以象征性地解决社会现实矛盾。内在分析不仅重视不同意识形态的对立和矛盾，还特别关注文本中的缺席（空白）。文本通过一定的体裁，运用一定修辞手段，采取某种策略来劝导读者接受主导意识形态。在此过程中，

---

① Gale A. Yee, “Ideological Criticism,” in *Dictionary of Biblical Interpretation*, ed. John H. Hayes (Nashville: Abingdon Press, 1999), 1: 534.

② Ibid., 535.

③ 参考梁工：《当代文学理论与圣经批评》，557–561。

④ Yee, “Ideological Criticism,” 535.

⑤ Ibid., 536.

文本所传达的意识形态可以体现其中不同阶级的权力关系，即谁在说话，体现谁的利益，尤其是哪些群体在文本中没有发言权，保持沉默。余莲秀认为，意识形态批评的步骤是先从初步的内在分析开始，注意到意识形态中的冲突和不和谐声音；再向后阅读（即伊格尔顿的从解决方案找问题），从外在分析详细查找意识形态试图解决的现实冲突的性质，文本中隐藏的文本生产的位置；最后，回到内部分析，探究文本如何对意识形态进行编码和重写。① 在这篇论文中，余莲秀坚持唯物主义，明确指出文本本身是社会历史的产物。

在《夏娃可怜的被遗弃的女儿们》一书中，余莲秀进一步发展了她的意识形态批评思想，她主要从女性形象的塑造来解读文本，将她的理论用于文本实践。这本书中，她称作意识形态批评的方法主要是唯物主义女性主义方法，“一种唯物主义女性主义的文本解读，它把文学理解为社会实践的意识形态产物，它本身受到意识形态的支配”②。她在书中通过对伊格尔顿、巴瑞特等人的观点的讨论，为意识形态做了定义：“意识形态是一种话语，是人类交际中使用的符号 / 语言系统，它既不是自由流动的思想，也不是社会实践。”③ 这显然受到了伊格尔顿的影响。她还提出了一个重要论点，即“文学文本是意识形态的意识形态”④，文本是对意识形态的一种再生产，它具有能动作用，内在地编码或重写了意识形态。在论文《圣经阐释的现代方法》的文后附录里，余莲秀给意识形态批评所做

① Yee, “Ideological Criticism,” 536.

② Yee, *Poor Banished Children*, 9.

③ Ibid., 17–18.

④ Ibid., 27.

的定义是："对文本意识形态的研究，表现在对文本的产生、文本本身及其解释者以及文本中不和谐的边缘化声音的分析中。"① 余莲秀对于意识形态批评范畴的研究在近年来有了新发展，在为2018年出版的《圣经的马克思主义女性主义批评》一书所做的前言《简介：定义、探索和交叉点》一文中，她将女性主义列为意识形态批评范畴的圣经批评方法之一，再次为意识形态批评做了界定："意识形态批评调查文本生产过程中某些社会关系中的权力差异(谁写的、何时写的、为什么写的)，这些权力关系是如何在文本中再现的，以及不同社会群体的读者是如何消费这些权力关系的。"②

她的意识形态批评的内涵,首先突出不同阶级的权力关系，在具体分析中关注作者的话语体系、缺席的声音；其次强调分析方法的包容性，将历史、社会的方法与文学方法结合，外部分析和内部分析并行；最后，这种方法将作者、文本、读者的生产（再生产）作为研究对象。

对于她的意识形态批评研究的一些质疑，主要集中于圣经研究学者对她的代表作《夏娃可怜的被遗弃的女儿们》的评论中。其中乔布林的批评较为尖锐，触及了余莲秀研究的核心。首先，乔布林指出："虽然余莲秀准确地提出了伊格尔顿等人的理论，但她的阅读方法并没有真正反映他们的理论。"③ 他

---

① Gale A. Yee, *Women in Ancient Israel and the Hebrew Bible* (Manila, Philippines: Catholic Biblical Association of the Philippines, 2007), 26.

② Gale A. Yee, "Introduction, Definitions, Explorations, and Intersections," in *The Hebrew Bible: Feminist and Intersectional Perspectives*, ed. Gale A. Yee (Minneapolis: Fortress Press, 2018), 2.

③ David Jobling, review of *Poor Banished Children of Eve: Woman as Evil in the Hebrew Bible*, by Gale A. Yee, *Journal of Biblical Literature* 124, no. 2 (2005): 361.

认为余莲秀并未将意识形态批评理论很好地与文本相结合。实际上，余莲秀始终注意将理论应用于文本解读实践，在对四个圣经文本的解读之前，她都有一段理论上的说明。例如，在对《创世记》第 2–3 章具体的外部分析前，她指出："我将说明，如果起源神话是占主导地位的阶级对现实社会矛盾中的象征性解决办法，《创世记》第 2–3 章的意识形态反映了当以色列从其部落时期典型的家庭生产模式转变为典型的流放前的君主制的本土纳贡生产模式时发生的冲突。"① 在研究《箴言》第 1–9 章的意识形态时，她指出："我的内在分析考察了《箴言 1–9》是如何象征性地解决这一时期统治阶级所蕴含的社会经济冲突和矛盾，从而产生了外女的文学建构。"② 余莲秀的研究运用伊格尔顿进行意识形态研究的阶级理论，分析圣经文本中的阶级对立，关注其中的权力关系；她将意识形态视为话语系统，在内在分析中，尽力将圣经文本的文学特质与对意识形态的编码相结合，对《以西结书》中的女性及性暴力的隐喻展开探讨，对《箴言》中外女和智慧女人的言语进行交叉性对比研究。

三、余莲秀意识形态批评的特色

余莲秀的意识形态批评自始至终都具有鲜明的特色，侧重于探讨意识形态的功用及其方法论意义。她的意识形态批评是一种具有强烈实践性的研究方法，那是一种进行圣经阐释的方法，立足于圣经文本，服务于圣经批评；是一种将女性问题作

① Yee, *Poor Banished Children*, 60.

② Ibid., 137.

为研究重点的方法，突出性别意识形态在文本及社会中的作用；还是一种将交叉研究作为重要补充的方法，综合分析性别、阶级、种族、殖民等因素对于意识形态的影响。

（一）意识形态批评与圣经文本相结合

余莲秀认为，作者优先、文本优先、读者优先的圣经批评范式都有一定局限性，故希望能建立一种将三个变量都考虑在内的综合性研究方法。她在马克思主义尤其是伊格尔顿的研究中找到了这种方法，即意识形态批评。作为一种具有广泛影响力的文本，“圣经不是作为审美意义上的美或沉思的对象而写的，而是作为形成观点、做出判断和进行改变的说服力量。它是一种作用于世界的力量”①。可见，余莲秀是将圣经作为一种意识形态的产物进行研究的。

首先，意识形态批评认为圣经是相互竞争的解释之间彼此斗争的场所。圣经作为斗争的场所，“它以不同的、经常相互冲突的方式直接塑造和影响着历史语境”②。这种范式体现了不同利益群体对于圣经的不同解读。这种范式正是要挖掘圣经中的不平等和矛盾斗争。余莲秀以《出埃及记》为例来说明这一研究范式的特点：“上帝把以色列人从奴隶制度中解放出来，以便给他们一块原属于其他民族的土地，他们必须杀戮、军事征服、赶出其他人，才能占有他们的土地。”③所以这一文本就有了互相竞争甚至对立的解释，既代表着解放和自由，又代表着征服和杀戮。余莲秀结合自身经历探究这一范式，认为其

---

① Yee, “Author/Text/Reader,” 116.

② Yee, *Women in Ancient Israel*, 18.

③ Ibid., 21.

华裔美国人的身份使她的圣经阐释更关注弱者的利益。

其次，某种意识形态中蕴含着不同阶级、立场的多种权力斗争（如经济、政治、话语的斗争等）。圣经之所以能成为不同阐释斗争的场所，本质上是由意识形态的内涵、文本与意识形态的关系决定的，圣经体现了特定群体的意识形态。在余莲秀看来,圣经所代表的主要是古代以色列上层阶级的意识形态。五经 J 书作者创作的始祖亚当、夏娃故事，体现了皇家意识形态。其作者为古代以色列由家庭生产方式（无须纳贡）向本土纳贡生产方式（向王室纳贡）的转变提供了意识形态上的支撑。《箴言》中体现的是后流放时期归国精英的意识形态，他们将《箴言》的作者定为古代君主所罗门，也是借之肯定上层阶级的价值观和教义，使自己的古拉社群在波斯统治下之耶胡德的地位合法化。[①] 圣经中的官方记述贬低了那些与主流意识形态相对立的边缘人意识形态，“这种记述为社会财富的不均匀分布提供了理论支持，将下层民众的反抗视为不当，并在文化层面将下层民众贬低为欺诈、诡计多端和不诚实，从而为统治阶级的意识形态提供支撑。”[②] 余莲秀对于边缘人的关注促使她努力复原古代以色列边缘群体的意识形态和真实生活。

最后,意识形态批评的目的在于找回圣经中被压抑的声音,其中一个重要方向是去研究那些被边缘化的声音。它的外在分

---

① Gale A. Yee, “The Other Woman in Proverbs: ‘My Man’s Not Home... He Took His Money Bag with Him,’ ” in *Marxist Feminist Criticism of the Bible*, ed. Roland Boer and Jorunn Økland (Sheffield: Sheffield Phoenix Press, 2008), 115.

② 余莲秀:《复原古代以色列边缘群体: 方法论思考》, 张璟慧译,《圣经文学研究》, 第 13 辑, 2016, 25。[Gale A. Yee, “Fuyuan gudai Yiselie bianyuan qunti: Fangfalun sikao” (Recovering Marginalized Groups in Ancient Israel: Methodological Considerations), trans. Zhang Jinghui, *Journal for the Study of Biblical Literature*, no. 13 (2016): 25.]

析要定位一个被社会剥夺权力的声音或利益，内在分析则研究文本如何压制那些被边缘化者（如女性、穷人、外国人）的声音。余莲秀借鉴伊格尔顿关于“历史是以双重缺席的形式存在于文本中”的理论，提出女性作为恶的象征在文本中也是以双重缺席的形式被编码的。她关注的被压抑的声音范围广泛：“正如在圣经解释中，与将恢复女性声音或穷人声音作为重要任务一样，另一个重要任务是通过生态解释学来恢复通常被忽视、边缘化或沉默的非人类声音。”① 她通过对《箴言》第1–9章的分析，说明外女的声音通过一个父亲的意识形态表达而被扭曲、压抑。利未人的妾也是沉默的代表，她是受害者，但她几乎没有发出任何声音。《士师记》结尾被强抢为妻的示罗女子们也处于失声状态。正是由于这种沉默，才使阐释者发现了其中的不和谐之处，进而去挖掘当时社会的矛盾和冲突。意识形态批评还从有限的弱者声音中来挖掘社会矛盾和对现实的批判。哈拿之歌希望上帝能够解放穷人和无权者，打击那些剥削弱者的强者。“哈拿的这首歌可以在如下一种背景下解读：一个剥削阶级人物正在向其农民阶级被压迫者征收税款和贡品，使他们勉强维持生计。”② 哈拿的发声可以视为对统治阶层残酷剥削穷人阶层的控诉。与之类似的还有《列王纪》中向以利沙求助的寡妇，其经历成为谴责社会黑暗的一种声音。余莲秀正是从圣经中这些不和谐声音中发现了弱者的意识形态，从而批判社

---

① Gale A. Yee, “Reflections on Creation and the Prophet Hosea,” in *Liberating Biblical Study: Scholarship, Art, and Action in Honor of the Center and Library for the Bible and Social Justice*, ed. Laurel Dykstar and Ched Myers (Eugene, OR: Wipf and Stock, 2011), 72.

② Gale A. Yee, “The Silenced Speak: Hannah, Mary, and Global Poverty,” *Feminist Theology* 21, no. 1 (2014): 46.

会的不公。

（二）意识形态批评与性别概念相结合

余莲秀始终特别关注性别意识形态，曾声称："性别意识形态为性别之间的历史关系和权力斗争提供了理由。"① 她的研究证明，在圣经中，读者看不到真实的两性关系和真实的以色列女性，它们是双重缺席的，既不被作者重视，也不被写入文本。

首先，圣经体现了男权意识形态。余莲秀认为："圣经文本主要叙述和合法化男性意识形态，其作者没有女性独立世界的第一手经验。"② 圣经未描写女性如何评价自己和男人。在研究底波拉和雅亿作为女战士在战争中如何发挥作用时，余莲秀论及羞耻感综合征，主张"女战士及领袖的主要职责是让周围较弱的男性感到羞愧"③。《何西阿书》中的歌篾只是作为羞耻的符号，被动地接受一切。何西阿以婚姻关系隐喻以色列与上帝的关系，"这一隐喻使其神学信念牺牲了曾经是并仍然是性暴力受害者的真实妇女和儿童。当圣经中的元隐喻特征被遗忘时，丈夫对其妻子的肉体虐待，就如同上帝对以色列的报应一样合理"④。文本中女性和儿童的利益被忽视，反复突出的是男性受到的羞辱以及男性的利益、权威受到的威胁。《路

① Yee, *Poor Banished Children*, 20.

② Ibid., 5.

③ Gale A. Yee, "'By the Hand of a Woman': The Biblical Metaphor of the Woman Warrior," *Semeia* 61 (1993): 114.

④ Gale A. Yee, "Hosea," in *The Women's Bible Commentary*, ed. Carol A. Newsom and Sharon H. Ringe, rev. ed. (Louisville: Westminster John Knox, 1998), 212.

得记》也体现了男性意识形态，作者运用性别意识形态关系中的补偿策略，将女性价值限定于家庭：路得的最大价值就是生育男孩。

其次，以色列社会通过父系亲属关系意识形态和荣辱价值观来控制女性。“古代以色列有两种主要的男尊女卑思想：父系血缘意识形态和荣辱价值观。”① 余莲秀论证道：“亲属关系是一种意识形态，因为它决定了人类在社会中实现其关系的方式，赋予他们一种与其他群体相区别的连贯的目的和身份。在亲属关系结构中，人们尤其可以观察到使意识形态统一、合理化、合法化的策略。”② 亲属关系与性别有着密切的关联性，在古代以色列社会，父系亲属关系意识形态使得男性（尤其是年长的男性）在家庭中享有权力和权威，女性只能居于从属地位。荣辱价值观意识形态与父系血缘意识形态相交叉，“这有助于将社会不公平合理化，并在一个崇尚家庭理想的社会中控制他人”③。何西阿的婚姻隐喻表现了古代以色列的婚姻制度，“这种婚姻的两个主要特征是父系的、地方的亲属关系结构和荣辱观体系”④。妻子生下不属于丈夫的孩子，就是对这种意识形态的最大挑战和破坏。圣经中荣辱观体现的是男性意识形态，这种意识形态对女性有着更严苛的要求。在圣经中，对于犯通奸罪的一对男女，往往男性遭受的惩罚较轻，女性则常丢掉性命。“这种双重标准强调了荣誉和法定父权的问题，这是以色列社会意识形态结构的特点，使妇女成为通奸行为的首要

① Yee, *Women in Ancient Israel*, 8.

② Yee, *Poor Banished Children*, 36.

③ Ibid., 40.

④ Yee, “Hosea,” 209.

罪犯。”[1] 在荣辱观意识形态下，女性往往处于被动状态，她们被培养成温顺、谦逊、沉默、服从者，自觉遵守男权规则，在此过程中，性别意识形态的共谋策略在潜移默化地起着作用。

最后，对女性的刻板认识是一种虚假意识。余莲秀认为，将女性作为邪恶的象征是一种刻板认识，这实际上是男性意识形态构建的一种虚假意识。从圣经中很难看到真实的活生生的女性形象，她们常被贬以红颜祸水、蛇蝎美人并加以典型化。分析巴瑞特的性别意识形态时，余莲秀就关注到了女性身体被商品化的刻板形象，举出女性尤其是家庭妇女的顺从这一刻板模式，认为这与女性经济不独立、物质上依赖男性有关。余莲秀认为，对那些女性的刻板描述不仅应从性别意识形态角度考察，更应辩证地看待它的复杂性：“圣经文本中对外国妇女的种族和性别定型观念并非在危机期间采用的固定不变的观念，而是随着社会经济、政治和文化利益的变化而不断形成和改革的观念。”[2] 女性作为象征性托词，承担了那些本不该其负责的罪行，夏娃成了导致人类堕落的罪魁祸首；耶洗别成了导致国家腐败、堕落、拜偶像的主犯；而路得则因为被塑造成永恒的作为异族代表的刻板形象，而只能带着种族忧郁症，在异国他乡的偏僻角落里哭泣。余莲秀还探讨了这种虚假意识产生的原因：一是圣经的作者只是少部分男性精英，他们的利益和关注点致使其远离女性；二是在圣经文本的意识形态中，以色列本是一个以张扬男权、父系制婚姻、排斥女性为特征的社会；

---

① Yee, *Poor Banished Children*, 48.

② Gale A. Yee, “Coveting the Vineyard: An Asian American Reading of 1 Kings 21,” in *Samuel, Kings, and Chronicles*, ed. Athalya Brenner and Archie C. C. Lee (London: Bloomsbury T. & T. Clark, 2016), 1:55.

三是严格的男性荣誉与耻辱准则对女性行为有苛刻的限制；四是圣经对展示古代以色列的女性世界保持沉默，男性精英很难接触到那个世界。①余莲秀的研究则利用新的社会科学研究成果，瓦解这种对女性的丑化和歪曲。圣经学者在评价余莲秀的贡献时认为："她解释了希伯来圣经中的性别歧视倾向，而不是将其消解掉；她成功地开辟了一些替代性的、而非性别歧视的阅读策略。"②

（三）意识形态批评与交叉研究相结合

余莲秀开门见山地明确指出《夏娃可怜的被遗弃的女儿们》的研究目的："我想观察圣经文本中关于性别、种族/民族、经济、阶级和殖民地地位的意识形态是如何与产生它们的社会政治结构相互联系的。"③在全书结尾她又回应开头，写道："任何对圣经中性别的进一步研究都必须包含更广泛的系统分析，包括阶级、种族和殖民关系。"④她在《我的女性主义圣经学术研究自传》一文中，声称由于受到伊格尔顿影响，发展出了意识形态批评："它对圣经文本创作时的性别、种族/民族、经济、阶层和殖民关系进行了彼此交叉的分析。"⑤交叉研究是余莲秀近年来工作的重点："作为一种解释方法，交叉研究假设我们自己独特的社会位置，我们自己对性别、种族、阶级

① Yee, *Women in Ancient Israel*, 13–14.

② Maggi Dawn, review of *Poor Banished Children of Eve: Woman as Evil in the Hebrew Bible*, by Gale A. Yee, *Journal of Theological Studies* 56, no. 2 (2005): 590.

③ Yee, *Poor Banished Children*, 4.

④ Ibid., 164.

⑤ 余莲秀：《我的女性主义圣经学术研究自传》，91。

等的独特融合，影响我们对文本的阅读和对文本的解释。它鼓励我们超越熟悉的圣经研究界限来思考，揭露文本中不平等的多样性权力关系，并揭示以前看不见或听不见的被征服者的声音。”①

首先，作者的意识形态体现了交叉性。圣经作者的身份大多是城市中的男性精英，他们的意识形态与主导意识形态既有联系又有区别，不仅体现了男权意识形态，还代表着较高阶层的利益，又体现了对于种族他者的贬低。在《创世记》中，作者的意识形态显然体现了性别差异，作者通过女人从男人肋骨而来，接受男人的命名，从属于男人，最终引诱男人堕落的故事，解释了女性为何要服从、恋慕自己的丈夫。“除了根据妇女的生育功能来确定妇女的主要社会角色外，第 3 章第 16 节还强化了妇女对丈夫的性忠诚。与男性的荣辱观相一致，女性的性欲只会指向其合法的婚姻伴侣，从而保证其子女血统的纯正性。”②《箴言》作者的意识形态显然服务于阶层较高的主要生活在城市的古拉社群，这一群体的利益使他们炮制了“无阶级社会神话”的理想经济学的意识形态，通过把社会描绘成无阶级差别，使得他们与本地土著居民的阶级矛盾转化成了一个家庭寓言。余莲秀研究《撒母耳记》中低阶级民众的生活状况，分析王室对于女性劳动力的剥削：她们为皇室准备食物，参加繁重的体力劳动，尤其碾磨谷物，“磨工的劳动条件是马

① Gale A. Yee, “Thinking Intersectionally: Gender, Race, Class, and the Etceteras of Our Discipline,” *Journal of Biblical Literature* 139, no. 1 (2020): 7.

② Yee, *Poor Banished Children*, 75.

克思论述异化工人的典型例证”[1]。作者意识形态在种族上的体现，则表现为他对于敌对种族的贬低：埃及法老不仅凶残、狂妄还愚蠢，埃及种族在《以西结书》中被描绘为色情形象，埃及地代表了一种奴役和压迫；迦南人引诱以色列人拜偶像；摩押人引诱以色列人背弃上帝等。波斯人殖民耶胡德时期，埃及对波斯形成威胁，“鉴于两个民族的超级大国卷入了这场殖民冲突，耶胡德被夹在两者之间，对埃及的刻板印象被视为民族污蔑或笑话，这并非不可想象”[2]。

其次，文本意识形态体现了交叉性。意识形态批评的内在分析通过研究文本的文学特征来观察它如何编码意识形态。圣经文本在塑造人物形象、记叙事件时所采用的修辞也体现了性别、阶级、种族的交叉。文本中的女性形象多数被夸张，刻画其淫荡时，会将各种恶行集中于一体，如阿荷拉和阿荷利巴（亦即民族的象征），她们幼年在埃及行淫，之后又滥交，文中多次夸张地强调她们的色情狂形象。对于亚哈的王后、外族女性耶洗别，则通过她屠杀上帝的先知、残害拿伯、骄奢淫逸的行为等叙事，夸大她的罪恶。反之，男性形象则丰富立体，大卫既有勇猛的一面，又有犹豫孱弱的一面，既伟大又并非完美无缺；约伯既有坚强不屈的一面，又有对于生活遭遇的悲叹愤懑。圣经中的女性形象则较为单一刻板，她们被重复冠以某一典型特征而宣扬，从而成为某种陈规的定型。“简言之，书写圣经的男人用女人，尤其是那些在社会、文化和种族上属于

① Gale A. Yee, “‘He Will Take the Best of Your Fields’: Royal Feasts and Rural Extraction,” *Journal of Biblical Literature* 136, no. 4 (2017): 836.

② Gale A. Yee, “Postcolonial Biblical Criticism,” in *Methods for Exodus*, ed. Thomas B. Dozeman (Cambridge: Cambridge University Press, 2010), 216.

他者的女人，作为邪恶和毁灭的比喻。"① 圣经中的一些女性形象身上则体现了三重交叉，路得在性别、阶级、种族上都处于边缘，她是一个女性，极其贫困，同时又是一个摩押人，遭受着多重压迫，不仅承受着各种沉重的劳动，还要为了生存而寻求男性庇护；她是一个优秀的女性，最终却被作者运用恢复策略归入了男权主义的大叙事框架中：虽然路得自立自强，却只有为男性生下孩子才能实现自身价值。交叉压迫的背后是权力的不平等，这些处于边缘的女性，往往在权力的各个作用领域都处于弱势地位，包括权力的结构领域、纪律领域、霸权领域、人际领域，"结构域组织压迫，而纪律域管理压迫，霸权领域为压迫辩护，人际领域影响日常生活经验和随之而来的个人意识"②。

最后，阐释者（读者）的意识形态体现了交叉研究。阐释者的身份明显影响对文本的解读。余莲秀从自身出发，认为其女性、华裔、低阶级的身份使她形成了多元的认识论立场。"与性别、种族 / 民族、同性恋、经济、阶层和后殖民阅读等的孤岛不同，我鼓励在我们未来的解释着力点中对这些和其他现象进行交叉分析。通过这一点，我希望将我们支离破碎的自我的一部分汇集到我们的解释中。"③ 她认为，在圣经阐释中，尤其是意识形态批评中，不能单独考虑性别问题，而是要将性别放在唯物主义的意识形态研究的大框架中，将种族、阶级、殖民状况等都考虑在内，才能更好地分析女性作为恶的象征的独

---

① Yee, *Poor Banished Children*, 2–3.

② Yee, "Introduction, Definitions, Explorations," 10.

③ Gale A. Yee, "Negotiating Shifts in Life's Paradigms," in *Women and the Society of Biblical Literature*, ed. Nicole L. Tilford (Atlanta: SBL Press, 2019), 108–109.

特内涵。

她的阐释也体现出辩证法的特征。首先，性别、种族、阶级交叉的压迫矩阵，对于女性形象的变化起着综合作用，所以要用联系的观点看问题；其次，圣经阐释是一个不断发展的过程，她以《路得记》和《列王纪》的阐释为例，来看不同时期、不同身份的阐释者的观点；最后，她对于女性形象形成的分析，从简要的内部分析开始，到导致刻板印象的生产方式、意识形态等外部分析，再次回到详细的文学内部分析，最终论证了女性作为恶的象征是一个虚假意识。先肯定它是一个性别问题，再进行否定（即它不仅是性别问题，更是经济、社会问题），再回到对性别意识形态的肯定，实现了辩证论述的完整过程，使得这一问题在交叉的、广泛的视域下被充分讨论。

参考文献 [Bibliography]

Barrett, Michele. “Ideology and the Cultural Production of Gender.” In *Women's Oppression Today: The Marxist/Feminist Encounter*, 84–113. Rev. ed. London: Verso, 1988.

Dawn, Maggi. Review of *Poor Banished Children of Eve: Woman as Evil in the Hebrew Bible*, by Gale A. Yee. *Journal of Theological Studies* 56, no. 2 (2005): 590.

Eagleton, Terry. *Ideology: An Introduction*. London: Verso, 1991.

Jobling, David. Review of *Poor Banished Children of Eve: Woman as Evil in the Hebrew Bible*, by Gale A. Yee. *Journal of Biblical Literature* 124, no. 2 (2005): 359–361.

Macherey, Pierre. *A Theory of Literary Production.* Translated by Geoffrey Wall. London: Routledge and Kegan Paul, 1978.

Yee, Gale A."The Author/Text/Reader and Power: Suggestions for a Critical Framework in Biblical Studies." In *Reading from This Place.* Vol. 1, *Social Location and Biblical Interpretation in the United States*, edited by Fernando F. Segovia and Mary Ann Tolbert, 109–118. Minneapolis: Fortress Press, 1995.

———. "'By the Hand of a Woman': The Biblical Metaphor of the Woman Warrior." *Semeia* 61 (1993): 99–132.

———. "Coveting the Vineyard: An Asian American Reading of 1 Kings 21." In *Samuel, Kings, and Chronicles*, vol. 1, edited by Athalya Brenner and Archie C. C. Lee, 46–64. London: Bloomsbury T. & T. Clark, 2016.

———. "'He Will Take the Best of Your Fields': Royal Feasts and Rural Extraction." *Journal of Biblical Literature* 136, no. 4 (2017): 821–838.

———. "Hosea." In *The Women's Bible Commentary*, edited by Carol A. Newsom and Sharon H. Ringe, 207–215. Rev. ed. Louisville: Westminster John Knox, 1998.

———. "Ideological Criticism." In *Dictionary of Biblical Interpretation*, edited by John H. Hayes, vol. 1, 534–537. Nashville: Abingdon Press, 1999.

———. "Introduction, Definitions, Explorations, and Intersections." In *The Hebrew Bible: Feminist and Intersectional Perspectives*, edited by Gale A. Yee, 1–38. Minneapolis: Fortress Press, 2018.

———. "Negotiating Shifts in Life's Paradigms." In *Women and the*

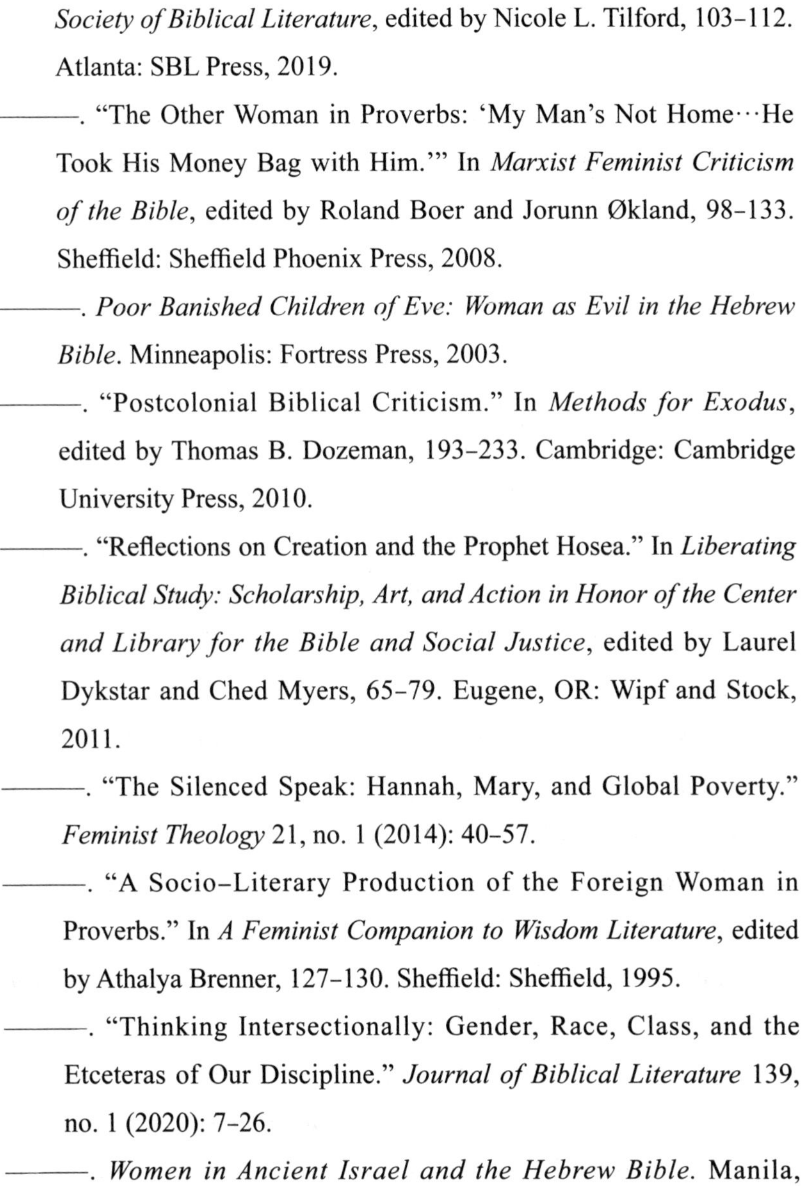

Society of Biblical Literature, edited by Nicole L. Tilford, 103–112. Atlanta: SBL Press, 2019.

———. "The Other Woman in Proverbs: 'My Man's Not Home…He Took His Money Bag with Him.'" In *Marxist Feminist Criticism of the Bible*, edited by Roland Boer and Jorunn Økland, 98–133. Sheffield: Sheffield Phoenix Press, 2008.

———. *Poor Banished Children of Eve: Woman as Evil in the Hebrew Bible*. Minneapolis: Fortress Press, 2003.

———. "Postcolonial Biblical Criticism." In *Methods for Exodus*, edited by Thomas B. Dozeman, 193–233. Cambridge: Cambridge University Press, 2010.

———. "Reflections on Creation and the Prophet Hosea." In *Liberating Biblical Study: Scholarship, Art, and Action in Honor of the Center and Library for the Bible and Social Justice*, edited by Laurel Dykstar and Ched Myers, 65–79. Eugene, OR: Wipf and Stock, 2011.

———. "The Silenced Speak: Hannah, Mary, and Global Poverty." *Feminist Theology* 21, no. 1 (2014): 40–57.

———. "A Socio-Literary Production of the Foreign Woman in Proverbs." In *A Feminist Companion to Wisdom Literature*, edited by Athalya Brenner, 127–130. Sheffield: Sheffield, 1995.

———. "Thinking Intersectionally: Gender, Race, Class, and the Etceteras of Our Discipline." *Journal of Biblical Literature* 139, no. 1 (2020): 7–26.

———. *Women in Ancient Israel and the Hebrew Bible*. Manila, Philippines: Catholic Biblical Association of the Philippines, 2007.

恩格斯：《恩格斯致马克思（1847 年 3 月 9 日）》，载《马克思恩格斯全集》，第 27 卷，北京：人民出版社，1972。[Engels, Friedrich. "Engesi zhi Makesi (1847. 3. 9)" (Engels to Marx, March 9, 1847). in *Makesi Engesi quanji* (The Collected Works of Marx and Engels), vol. 27. Beijing: People's Publishing House, 1972.]

———：《恩斯特 · 莫里茨 · 阿伦特》，载《马克思恩格斯全集》，第 41 卷，北京：人民出版社，1982。[Engels, Friedrich. "Ensite Molici Alunte" (Ernst Moritz Arndt). In *Makesi Engesi quanji* (The Collected Works of Marx and Engels), vol. 41. Beijing: People's Publishing House, 1982.]

———：《致弗 · 梅林（1893 年 7 月 14 日）》，载《马克思恩格斯全集》，第 39 卷（上），北京：人民出版社，1974。[Engels, Friedrich. "Zhi Fu Meilin (1893. 7. 14)" (To Franz Mehring, July 14, 1893). In *Makesi Engesi quanji* (The Collected Works of Marx and Engels), vol. 39, bk. 1. Beijing: People's Publishing House, 1974.]

———：《致瓦 · 博尔吉乌斯（1894 年 1 月 25 日）》，载《马克思恩格斯全集》，第 39 卷（上），北京：人民出版社，1974。[Engels, Friedrich. "Zhi Wa Boerjiwusi (1894. 1. 25)" (To Walter Borgius, January 25, 1894). In *Makesi Engesi quanji*, vol. 39, bk. 1.]

侯惠勤：《马克思的意识形态批判与当代中国》，北京：中国社会科学出版社，2010。[Hou Huiqin. *Makesi de yishixingtai pipan yu dangdai Zhongguo* (Marx's Ideological Criticism and Contemporary China). Beijing: China Social Sciences Press, 2010.]

梁工：《当代文学理论与圣经批评》，北京：人民出版社，2014。[Liang Gong. *Dangdai wenxuelilun yu Shengjing piping* (Contemporary Literary Theory and Biblical Criticism). Beijing: People's Publishing House, 2014.]

马克思：《德谟克利特的自然哲学和伊壁鸠鲁的自然哲学的差别》，载《马克思恩格斯全集》，第40卷，北京：人民出版社，1982。[Marx, Karl Heinrich. "Demokelite de ziranzhexue he Yibijiulu de ziranzhexue de chabie" (The Differences between Democritus' Natural Philosophy and Epicurus'). In *Makesi Engesi quanji* (The Collected Works of Marx and Engels), vol. 40. Beijing: People's Publishing House, 1982.]

马克思、恩格斯：《德意志意识形态》，载《马克思恩格斯全集》，第3卷，北京：人民出版社，1956。[Marx, Karl Heinrich, and Friedrich Engels. *Deyizhi yishixingtai* (The German Ideology). In *Makesi Engesi quanji* (The Collected Works of Marx and Engels), vol. 3. Beijing: People's Publishing House, 1956.]

———：《马克思恩格斯全集》，第39卷（上），北京：人民出版社，1974。[Marx, Karl Heinrich, and Friedrich Engels. *Makesi Engesi quanji* (The Collected Works of Marx and Engels). Vol. 39, bk. 1. Beijing: People's Publishing House, 1974.]

麦克里兰：《意识形态》（第二版），孔兆政、蒋龙翔译，长春：吉林人民出版社，2005。[Mclellan, David. *Yishixingtai* (Ideology). Translated by Kong Zhaozheng and Jiang Longxiang. 2nd ed. Changchun: Jilin People's Publishing House, 2005.]

伊格尔顿：《马克思主义与文学批评》，文宝译，北京：人民文学出版社，1986。[Eagleton, Terry. *Makesizhuyi yu wenxue piping*

(Marxism and Literary Criticism). Translated by Wen Bao. Beijing: People's Literature Publishing House, 1986.]

———：《批评与意识形态》，段吉方、穆宝清译，北京：北京出版社，2021。[Eagleton, Terry. *Piping yu yishixingtai* (Criticism and Ideology). Translated by Duan Jifang, Mu Baoqing. Beijing: Beijing Press, 2021.]

余莲秀:《复原古代以色列边缘群体: 方法论思考》，张璟慧译，《圣经文学研究》，第 13 辑，2016，15–35。[Yee, Gale A. "Fuyuan gudai Yiselie bianyuan qunti: Fangfalun sikao" (Recovering Marginalized Groups in Ancient Israel: Methodological Considerations). Translated by Zhang Jinghui. *Journal for the Study of Biblical Literature*, no. 13 (2016): 15–35.]

———：《我的女性主义圣经学术研究自传》，赵淑洁译，《圣经文学研究》，第 15 辑，2017，81-106。[Yee, Gale A. "Wo de nüxingzhuyi Shengjing xueshu yanjiu zizhuan" (An Autobiographical Approach to Feminist Biblical Scholarship). Translated by Zhao Shujie. *Journal for the Study of Biblical Literature*, no. 15 (2017): 81-106.]

———：《意识形态视域下的圣经文本批评——〈士师记〉17–21 章与分裂的整体》，马乐梅、王雅译，《圣经文学研究》，第 11 辑，2015，28–59。[Yee, Gale A. "Yishixingtai shiyu xia de Shengjing wenben piping: Shishiji 17–21 zhang yu fenlie de zhengti" (Ideological Criticism: Judges 17–21 and the Dismembered Body). Translated by Ma Lemei and Wang Ya. *Journal for the Study of Biblical Literature*, no. 11 (2015): 28–59.]

俞吾金：《意识形态论》，上海：上海人民出版社，2014。[Yu

Wujin. *Yishixingtai lun* (Ideology Theory). Shanghai: Shanghai People's Publishing House, 2014.]

詹姆逊：《快感：文化与政治》，王逢振译，北京：中国社会科学出版社，1998。[Jameson, Fredric. *Kuaigan: Wenhua yu zhengzhi* (Pleasure: Culture and Politics). Translated by Wang Fengzhen. Beijing: China Social Sciences Press, 1998.]

———：《政治无意识——作为社会象征行为的叙事》，王逢振、陈永国译，北京：中国社会科学出版社，1999。[Jameson, Fredric. *Zhengzhi wuyishi: Zuowei shehui xiangzheng xingwei de xushi* (The Political Unconscious: Narrative as a Socially Symbolic Act). Translated by Wang Fengzhen and Chen Yongguo. Beijing: China Social Sciences Press, 1999.]

马克思主义与圣经关于“两种生产”阐述的比较研究

左晴晴

内容提要：马克思主义与圣经关于“两种生产”的阐述，均包含物质资料生产和人自身生产两方面的内容，其中物质资料生产对人类社会发展更具根本性作用。通过比较可知，两者对“两种生产”产生的背景、主导力量、劳动性质以及价值取向等的阐述有所不同。但着眼于历时性角度，“两种生产”是贯穿于人类社会发展始终的，只要人和人类社会存在，就必定会从事物质资料生产和人自身的生产。因此，对该问题的思考具有永恒性。

关键词：物质资料生产，人自身的生产，当代价值

作者单位：山东师范大学马克思主义学院

A Comparative Study of Marxist and Biblical Theories of “Two Kinds of Production”

ZUO Qingqing

Abstract: Marxism and biblical theory of “two kinds of

production" both include the production of material materials and human beings' social production, of which the production of material materials has a more fundamental role in the development of human society. Through comparison, it can be seen that the Bible and Marx differ in their elaboration of the background, dominant force, labor nature and value orientation of the "two kinds of production." However, from the diachronic perspective, the "two kinds of production" run through the development of human society. As long as human beings and human society exist, the production of material things and of human social relations will continue, and so contemplation on the question is of eternal value.

Keywords: material data production; human beings' own production; contemporary value

Author's contact info: School of Marxism, Shandong Normal University. Email: 1935547181@qq.com

在生产力水平不够发达的阶段，即人类社会早期，人较多受制于血缘关系的支配，但随着生产力的发展，人们创造出了更多社会财富，反过来又促进了人自身生产关系的不断演进。因此，在人类社会发展过程中，物质资料生产和人自身生产这两种生产是相互作用、缺一不可的。通过比较圣经关于"两种生产"的阐述与马克思主义的相关论述，能更好地把握这两种生产的定义、关系及其在历史进程中的作用；与此同时，将理论与实践相结合，还能进一步探讨两种生产思想的当代价值及其未来走向。

一、圣经对“两种生产”的描述

圣经勾勒出的是一个神话世界,从神创造万物到人类堕落,再到神的救赎、人的赎罪,整个过程都离不开“两种生产”。只不过这“两种生产”从一开始便被注入了主基调,即先有犯罪后有受罚,“两种生产”是惩罚性的和被动性的。

(一)“两种生产”理论的由来

圣经对“两种生产”的描述起源于亚当、夏娃偷吃禁果,犯了原罪,上帝对其二者进行诅咒。亚当必须通过艰苦的劳动才能生存,夏娃必须忍受生孩子的痛苦,这里所说的就是物质资料生产和人自身的生产。神是永恒或无始无终的,他是唯一的且其创造的世界也是唯一的。神用言语创造万物,在六日中分别创造了光、空气、土地、植物、众星、动物,以及人类始祖,让人来管理世间的一切。上帝不仅创造了万物,也创造出万物之间的关系和秩序,规定人的地位高于一切自然物,赋予人以至高的权力。上帝所创的万物包括夏娃在内,都是为了服务于亚当。女人给亚当做伴,缓解其孤独感,这是上帝赋予男性的合法权利,使男性对自然和女性的控制合理化。宇宙万物地位的不均等造成两种分离,一种是人与自然的分离,另一种是男人与女人的分离。正是在这两种分离的基础上,自然、男人和女人被赋予了不同的职能,各自承担着自己的使命与责任。①

---

① 古今研究者对《创世记》关于亚当、夏娃的记载多有探索,但观点互异。本文回避了多种现当代文化解读,而采纳了影响深远的基督教系统神学观点。参见潘能伯格:《系

亚当和夏娃偷吃禁果前后，他们关于劳动的概念有所不同。偷吃禁果之前，男人的任务是管理和耕作园中的土地，女人则是充当男人的伴侣。偷吃禁果后，上帝对人予以诅咒，一是女人因听信蛇的蛊惑，必须承受怀孕生子的痛苦，即进行人自身的生产；二是男人因接受女人的诱惑而偷吃了禁果，必须终生劳作，即进行物质资料的生产。劳动艰辛而痛苦，土地上满是荆棘蒺藜，要生存就必然备受折磨，靠劳动才能吃到田间的菜蔬。上帝造女人本来是要缓解男人的孤独感，生育本是女人的天然能力，但是在偷吃禁果受到惩罚后，女人生育的苦楚大大增多，不仅要多多怀胎，且生产子女的过程也异常痛苦，痛苦本身就是神的惩罚。亚当为其妻子起名夏娃，意思是众生之母，以此把生育视作女人的最高使命，认定女人要想生存，就必须经历多多生育的惩罚，服从丈夫的命令。

显而易见，圣经关于“两种生产”的描述涉及物质资料生产和人自身生产这两个方面。

（二）物质资料生产

上帝造出了人，人进行生产劳动的过程天然地把人从自然界中分离出来，同时也把人与动物从本质上区分开来。一方面，人生活在自然中，统治着万物，其地位高于自然界，大自然降格为人的附属品，只是因为人类才有了存在的意义；另一方面，

统神学》，李秋零译（香港：道风书社，2013）。[Wolfhart Pannenberg, *Xitong shenxue* (Systematische Theologie), trans. Li Qiuling (Hong Kong: Logos and Pneuma Press, 2013).] 亦参见乔治·W. 傅瑞勒：《圣经系统神学研究》，吴文秋译（台北：橄榄基金会，1984）。[George W. Forell, *Shengjing xitong shenxue yanjiu* (Studies in Biblical Systematic Theology), trans. Wu Wenqiu (Taipei: Olive Foundation, 1984).]

人为了生存，必须进行物质资料生产，以满足吃穿住行等基本需求。他们将自身的力量作用于自然界，从自然界中获取生活资料和生产资料，这是进行一切生产活动的最初动机。

在《创世记》中，上帝用泥土创造出亚当，将他安置在东方的伊甸园中，亚当的任务是修理和耕种园中的土地，这是他最初的劳动状态。亚当偷吃禁果后，耶和华神对他说："你既听从妻子的话，吃了我所吩咐你不可吃的那棵树上的果子，地必为你的缘故受诅咒。你必终身劳苦，才能从地里得吃的。地必给你长出荆棘和蒺藜来，你也要吃田间的菜蔬。你必汗流满面才能糊口，直到你归了土，因为你是从土里而出的。你本是尘土，仍要归于尘土。"（创 3:17–19）[①] 先知何西阿证实："他们为立约说谎言，起假誓，因此，灾罚如苦菜滋生在田间的犁沟中。"（何 10:4）智者叹息道："我经过懒惰人的田地、无知人的葡萄园。荆棘长满了地皮，刺草遮盖了田面，石墙也坍塌了。"（箴 24:30–31）从这些言论中可知，劳动的性质发生了改变，但物质资料生产仍是推动社会发展的基本活动。

（三）人自身的生产

据《创世记》载，上帝用亚当的一根肋骨造出女人，女人来自于男人。女人偷吃禁果后，耶和华神对她说："我必多多加增你怀胎的苦楚，你生产儿女必多受苦楚。你必恋慕你丈夫，你丈夫必管辖你。"（创 3:6）自此生育变成女人的职能，而非她本身就有的繁衍后代的天然能力。《何西阿书》宣布，（女人）"因为悖逆她的神，她必倒在刀下，婴孩必被摔死，孕妇

① 本文所引圣经皆录自汉语和合译本。

必被剖开”（何 13:16）。可见女人对神必须绝对尊重与服从，其任务就是怀胎生育、繁衍子孙，同时接受丈夫的管辖；女人与男人之间存在地位上的明显差异。但《提摩太前书》也提道：“女人若常存信心爱心，又圣洁自守，就必在生产上得救。”（提 2:15）由此可知，人自身的生产既是对女人的惩罚，也是对女人的救赎。

在伊甸园故事中，对于夏娃及其身后的女人们来说，生育乃是其生存的第一要务。为了更好地生存，完成生育的使命，她们不遗余力地做着种种努力，来求得男人的欢心，这不可避免地导致各种混乱的两性关系。从中可见，圣经中男女两性的关系及其进行的人口生产活动包含着某种非道德的成分。

二、马克思主义关于“两种生产”的理论

马克思、恩格斯是立足于资本主义社会提出“两种生产”理论的。该理论由马克思首先倡导，恩格斯进一步完整阐释，其中最主要的论断是“两种生产”之间的辩证统一关系。

（一）两种生产是人类历史展开的决定性因素

马克思、恩格斯在《德意志意识形态》中指出，物质资料生产、再生产以及人自身的生产，这三个方面是同一历史活动中的“三个因素”。“从历史的最初时期起，从第一批人出现以来，这三个方面就同时存在着，而且现在也还在历史上起着

作用。”[①] 这三个方面是伴随着有生命的人的存在而出现的，作为人类历史进程中可以观察到的人，为了证明自己的存在，必须积极主动地生活。人们为了生存必须满足基本的生活需求，而要满足基本的生活需求，必须从事生产劳动的活动，即物质资料生产，这是人类历史展开的第一个因素。为了生活，人类必须以自己的生产活动作用于自然界，这是每一个过着实际生活、需要吃和穿的个体必须采取的行动，他们只有在满足基本需求的基础上，才能实现人类的代际传承。然而人类社会活动的第二个因素仍是物质资料生产，只不过不再是最初的简单生产，而是人们在满足基本需求的基础上又形成了新的需求，为了满足那个新的需求而进行的物质资料再生产。正是物质资料的再生产，进一步推动了人类历史发展的进程。

人类历史活动的第三个因素是人口生产和种群繁衍，即人自身的生产。无论是简单的物质资料生产还是扩大的物质资料再生产，都需要通过人口的不断延续来保证。人自身的生产是人自然的生理行为，但这种行为涉及人与人之间的相互关系，必须以一种组织形式来加以保障，于是家庭这种基于血缘关系的形式便应运而生，衍生出夫妻、父母以及子女之间的关系。“一开始就进入历史发展过程的第三种关系是：每日都在重新生产自己生命的人们开始生产另一些人，即繁殖。这就是夫妻之间的关系，父母和子女之间的关系，也就是家庭。这种家庭起初是唯一的社会关系，后来，当需要的增长产生了新的社会

---

① 马克思、恩格斯：《德意志意识形态》，载《马克思恩格斯选集》，第一卷（北京：人民出版社，2012），160。[Karl Heinrich Marx and Friedrich Engels, *Deyizhi yishixingtai* (The German Ideology). In *Makesi Engesi xuanji* (The Selected Works of Marx and Engels) (Beijing: People's Publishing House, 2012), 1:160.]

关系而人口的增多又产生了新的需要的时候，这种家庭便成为从属的关系了（德国除外）。”① 所以，人口生产的结果不仅是人口数量的增多，更重要的是社会关系也日益丰富和发展起来，正是人自身的生产直接推动了人口的演进。此外，人自身的生产特指在家庭环境下通过“种的繁衍”实现的生产，这种生产受制于家庭关系、血缘关系，尤其婚姻关系总是权衡利弊的婚姻，这就将婚姻与经济因素联系起来了。进一步说，在婚姻关系下人自身的生产也受制于经济因素，以致不可避免地使人口生产打上经济的烙印，即人自身的生产离不开物质资料的生产。

（二）两种生产之间的辩证统一关系

一定的生产方式总是与一定的社会阶段相关联，人们共同进行活动的方式本身就体现着“生产力”，生产力的总和规定着社会状况与发展方向，生产力发展的过程也是在不断追求两种生产的动态平衡，以求实现社会的和谐稳定发展。这两种生产之间的辩证统一关系具体体现为：

第一，两种生产的双重关系。“生命的生产，无论是通过劳动而生产自己的生命，还是通过生育而生产他人的生命，都立即表现为双重关系：一方面是自然关系，另一方面是社会关系。”② 自然关系制约着社会关系，反过来，社会关系又制约着自然关系，两种关系是相互交织的。从人类诞生起，人与自然、人与社会就存在着各种各样的联系，尤其是人与人之间存

① 马克思、恩格斯：《德意志意识形态》，159。

② 同上，160。

在着各种各样的物质联系，这种联系是由人的需要和人所进行生产的活动方式所决定的。因此，人类的历史有多久远，这种联系的存在就有多久远，也就是说，两种生产同人本身拥有同样长久的历史。

第二，两种生产的运动过程。两种生产是动态的变化过程，既包括自然基础上的运动过程，也包括社会基础上的运动过程，两者的运动方向是一致的。所谓自然的运动过程，从人类自身的生产来看，体现为父母之间本能的两性关系的结合，即具有生育、繁殖后代的天然能力，实现传宗接代的目的；从物质资料生产来看，人对自然界的作用力，即人发挥主观能动性去改造自然的能力，最初是为了满足人生存并免遭生命危险的需要。所谓社会的运动过程，从人类自身的生产来看，在家庭这种社会关系之外，人们的交往范围不断扩大，各种新的社会关系也在发生，其根本是建立在利益关系基础上的各种各样的生产关系。从物质资料生产来看，在生存需要的满足之外，人们新的需求也在不断出现，为了满足新的需求，就需要改进生产工具、提高劳动生产率、变革生产关系，以适应生产力发展的需要。

第三，两种生产的相互作用。物质资料生产对人类生命起到一种维持作用，而人自身的生产对人类能够不断向前发展起到延续作用，两种生产对于人类的作用是一种前后相承的关系。“随着新生产力的获得，人们改变自己的生产方式，随着生产方式即保证自己生活的方式的改变，人们也就会改变自己的一切社会关系。”[①] 若离开人自身的生产，人类生命生产的过程

① 马克思：《马克思致巴 · 瓦 · 安年柯夫（1846 年 12 月 28 日）》，载《马克思恩格斯全集》，第二十七卷（北京：人民出版社，1972），479。[Karl Heinrich Marx, “Makesi zhi Ba Wa Anniankefu (1846.12.28)” (Marx to P. V. Anninkov, December 28, 1846), in *Makesi Engesi quanji* (The Collected Works of Marx and Engels) (Beijing: People’s Publishing House, 1972), 27:479.]

就会中断，而离开物质资料生产，人同样无法生存。可见这两种生产并非相互分离、相互割裂，而是同一个生产过程的两个不可分割的整体，二者以一种相互作用的方式存在。所以说，维持两种生产之间的平衡关系对于社会的发展至关重要。

（三）两种生产在历史进程中的地位和作用

人自身的生产和物质资料的生产是同一人类历史活动的两个不可分割的方面，它们作为人类历史存在和发展的基础，在人类历史发展进程中共同发挥着作用。一方面，两种生产在不同阶段所处的地位不同。考究任何历史时代和地区的人们，能发现“据唯物主义观点，历史中的决定性因素，归根结底是直接生活的生产和再生产。但是，生产本身又有两种。一方面是生活资料即食物、衣服、住房以及为此所必需的工具的生产；另一方面是人类自身的生产，即种的繁衍。一定历史时代和一定地区内的人们生活于其下的社会制度，受着两种生产的制约：一方面受劳动的发展阶段的制约，另一方面受家庭的发展阶段的制约。劳动越不发展，劳动产品的数量、从而社会的财富越受限制，社会制度就越在较大程度上受血族关系的支配”①。两种生产的地位与生产力的水平息息相关，在生产力水平低下的阶段，人们对于大自然是盲目崇拜的，存有畏惧之心，物质资料生产也不免受到主客观条件的限制。也就是说，人们最初更多地受到自身生产的制约，其生活的社会制度也总是受到家

---

① 恩格斯：《家庭、私有制和国家的起源》，载《马克思恩格斯选集》，第四卷（北京：人民出版社，2012），13。[Friedrich Engels, *Jiating, siyouzhi he guojia de qiyuan* (The Origin of the Family, Private Ownership, and the State), in *Makesi Engesi xuanji* (The Collected Works of Marx and Engels) (Beijing: People’s Publishing House, 2012), 4:13.]

庭发展阶段的制约，而随着生产力的发展，人们改造自然的能力不断增强，物质资料生产的地位也发生了转变。

另一方面，物质资料生产是发挥着更为根本性作用的。“因此第一个历史活动就是生产满足这些需要的资料，即生产物质生活本身，而且，这是人们从几千年前直到今天单是为了维持生活就必须每日每时从事的历史活动，是一切历史的基本条件。”① 可见物质资料生产是人类从事一切生产和生活的基础和条件，生产工具的改进是最为直接的因素。随着生产工具的改进，劳动生产率日益提高，劳动的方式发生了改变；更为重要的是，出现了社会剩余产品，分工和私有制应运而生。“受分工制约的不同个人的共同活动产生了一种社会力量，即成倍增长的生产力。”② 人们之间的共同活动，从生产、交换、分配到消费的每一个环节，都更多受制于物质资料的生产关系，通过变革生产关系不断推动生产力的发展。

由此可见，在不同历史阶段，“两种生产”的地位及其所发挥的作用是不同的，“两种生产”理论并非原始社会的特殊规律，而是社会发展的普遍规律。

三、对“两种生产”论述进行比较的主要方面

圣经文本与马克思主义著作关于“两种生产”的论述，在内容上虽然都包含物质资料生产和人自身的生产这两个部分，但关于“两种生产”的产生背景、主导力量、劳动性质以及价

① 马克思、恩格斯：《德意志意识形态》，158。

② 同上，165。

值取向，却是完全不同。

（一）“两种生产”的产生背景不同

圣经文本与马克思主义著作中均有关于“两种生产”的论述，但两者形成于不同的时代，产生的背景迥然不同，具体体现为宗教意念与社会现实的强烈对比。圣经里的“两种生产”叙事带有浓厚的宗教神学色彩，人类始祖亚当和夏娃因为偷吃禁果而受到上帝惩罚，男人必须终身劳苦，女人必因生产儿女而多受苦楚。从上帝的惩罚来看，劳动具有了劳作与分娩两层含义，即物质资料生产和人自身的生产，无论是为了个体生存还是物种延续，人都无法摆脱生活的痛苦。人类之所以进行“两种生产”，乃是为了赎罪，得到上帝的原宥和认可，将现实中无法解决的难题求助于上帝。这套逻辑散发出浓厚的宗教意味。

马克思、恩格斯是从现实的人及社会出发构建自己思想体系的，资本主义社会和现实中人们的物质生产活动是其理论构建的基础。他们分别从结构与历史两方面对“两种生产”进行了详细描绘。从结构角度看，马克思提出了人类历史展开的四个前提：物质资料生产、新需要引起的再生产、人的生产与再生产，以及人在生产活动中结成的社会关系。从历史角度看，手工业生产是人们简单的生产劳作，体现人与人之间的直接协作；到了机器工业时代，机器的力量日益强大，逐渐取代人而进行一些复杂的生产劳作，人们更多地发挥脑力劳动的功能；然而随着科学技术的发展，劳动形式还会不断发生新的改变。其间，物与物以及人与人的关系也会随着生产方式的变革而呈现出新的特征。马克思、恩格斯正是从两种生产的角度论证了人类社会的发展规律。

（二）“两种生产”的主导力量不同

在《创世记》看来，上帝创造了万物，是世间万物的主宰，以其意愿支配着万物的运行。人所进行的“两种生产”都是为了服务于上帝，顺从上帝的命令。一方面体现在人耕种土地等物质资料生产的过程中，即所谓“你要以财物和一切初熟的土产，尊荣耶和华”（箴 3:9）。人通过耕耘、播种以及嫁接树木等劳动技能，管理着伊甸园中的果蔬与树木，照看着土地，使土地顺服于人，而“地里的初熟之物要送到耶和华你神的殿”（出 23:19）。人将自己辛勤耕种的果实奉献给上帝，上帝是最终的受益者。此间暗含着一种内在的律令：人只要在园子里耕种看守，就不会被驱逐，只要不背弃上帝，就会被上帝一直栽培、看护。人受到惩罚后，虽然劳动的性质发生了改变，由愉快变成了痛苦，进行生产劳动依然是为了服从上帝的指示。

另一方面也体现在人自身生产的过程中。上帝造出女人充当男人的帮手，其天然的繁殖能力是由上帝赋予的，女人被造就是为了生养儿女、繁衍人类。人只有完成传宗接代的社会任务，才能世世代代地生存下去，承担起耕种者的角色，创造出更多财富，世代相传地顺从上帝、服务于上帝。

而马克思、恩格斯对于“两种生产”的论述则是立足于现实社会和现实的人，从抽象转为具体，并不借助于宗教神学等虚无缥缈的意念。人们之所以进行“两种生产”，就是为了人自身，为了服务于人，满足人的生存与发展需要。生产力是推动社会向前发展的决定性力量，人们在生产实践的过程中不断提高生产力，变革生产关系，从而达到动态平衡。我们可以看到，以人的需求为导向，生产力的发展实现了三次历史性飞跃：从蒸汽时代到电气时代，再到互联网时代，社会创造出了更多财富，以致可供人类利用的物质生产资料日益丰富。在生产力快速发展的前提下，人自身的生产已经不再是人的生命个体的简单再生产、单纯为了种群的扩张和生命的延续，而是为人真正创造出更好的生存环境，使人真正作为自我创造、自我生成的实践主体而存在，进而在生产实践中创造出更加完备的社会关系。其间实现了人自身生产与物质资料生产的真正统一，体现出人的主体性原则。

（三）“两种生产”的劳动性质不同

圣经记载的第一次劳动是被迫性劳动，并且是惩罚性的被迫性劳动，因为只有与人的本性相对立的活动才叫劳动，而人的本性是不愿意接受惩罚的。劳动是自我惩罚的过程，这是人堕落的必然结果，也是人放纵自由意志的结果。人在劳动过程中体现出自由意志，也体现出对自己的惩罚，关键是人通过自我惩罚，克服了先天本性而成为真正的人。可见劳动是对堕落者的惩罚。一方面，物质资料生产是终生性的惩罚，《利未记》明确规定：“你们要白白地劳力，因为你们的地不出土产，其上的树木也不结果子。”（利 26:20）《创世记》早已明示，人必须汗流满面才能糊口，直到他归了土。上帝造亚当原本是让他修理和看守伊甸园，继而又让他终生耕种土地，付出巨大的劳力与汗水才能从地里得吃的，所进行的劳动仅仅能满足糊口的需求。亚当从尘土而来，最终仍要归于尘土，直到生命逝去都必须与土地为伴。另一方面，人自身的生产也是终生性的惩罚，在《创世记》中女人不仅是简单地生育一个子女，上帝诅咒女人后，为之增添了多多生育的痛苦。人本身的生产是一个历史过程，该过程具有开放性，对个人来说是一个人的终生，对社会来说乃是一代代延续的历史。因此，惩罚具有纵贯终生的性质。

马克思、恩格斯在异化劳动理论中都谈到，劳动异化是一种相较于主体的异化力量。只要劳动并非出于自愿，不是人的主动行为，人自身的活动与人的本质就是相互对立冲突的，劳动对于人来说就是一种惩罚。异化劳动本质上是一种惩罚，尤其在资本主义社会中，劳动的性质发生了根本性变化，故其引申出异化劳动的概念。马克思对异化劳动做出明确界定，谓之具有内在逻辑结构的四重规定性，既包括物的异化（工人同劳动产品相异化、工人同生产活动相异化），又包括由此引申出来的劳动同人的本质以及人同人相异化。这四重规定性是层层深化的，马克思从异化劳动的内在逻辑结构上指明，异化劳动的本质就是一种惩罚，是相对于劳动自身的异化力量。工人进行的一系列劳动，例如其从事的劳务活动、生产出来的产品等，它们对于劳动者来说，就是一种支配、压制和独立于劳动者本身的东西。劳动本来应该是自我实现的手段，但是在异化的条件下，劳动并非主体自愿，而是相较于主体的一种排斥性力量。因此对劳动者来说，异化劳动无疑打上了惩罚性的烙印。但值得强调的是，在马克思、恩格斯的思想中，劳动并非总是在否定意义上被使用，而是人创造自己的生命活动、是人能动的类生活，是自由自觉的活动，体现出人与动物的根本区别等，劳动被赋予了崇高的地位。直至今天，我们都强调劳动的重要性，离开劳动，社会是不可能向前发展的。

（四）“两种生产”的价值取向不同

在圣经中人因犯罪堕落受到上帝的诅咒，必须世世代代忍受耕种和生育的痛苦，人所进行“两种生产”的活动都是为了赎罪。蛇诱惑了女人，女人诱惑了丈夫，夫妻二人偷吃了知善恶树上的果子，犯了原罪，必须一同承担全部罪过。在上帝看来，人类始祖违背了最初被告诫不得偷吃禁果的命令，是对神意的挑战，故必须严加惩罚。于是男人必须忍受终生劳作的痛苦，直至生命逝去。女人也要忍受多多生育的痛苦，祖祖辈辈都被打上赎罪的烙印。上帝为了制定新的准则来维护自己的权威，为被逐出伊甸园的亚当夏娃制作了皮衣，遮盖其裸露的身体，使之在堕落的世界里开始新的生活，即受到诅咒之后的劳动，毕生赎罪直至死亡。可见上帝履行其意志与人的赎罪是同一过程的两个侧面。

与赎罪截然相反，马克思、恩格斯论述的两种生产是最终实现人的自由而全面发展、进入共产主义社会的能源动力。只有在生产力高度发达的前提下，人们的劳动才是真正自由的、同人的本质相统一的，亦即人真正自我实现的劳动。共产主义社会要消灭私有制，把资本变成全社会成员的共同财产，真正实现“各尽所能、按需分配”。同样，精神生产必将伴随着物质生产的不断发展而变化，共产主义时代必将同传统的观念发生彻底决裂，废除宗教、道德、艺术的束缚，使人的心灵真正得到解放。此外，在共产主义社会，妇女将不再像在资本主义社会中那样单纯作为生产工具而存在，那时不存在对妻子和女儿的支配。共产主义阶段的婚姻是真正建立在爱情基础之上的，家庭关系高度和谐；社会也将和谐发展，是一切人自由而全面发展的联合体。

四、思考该问题的永恒性

物质资料生产和人自身生产是同一个过程的两个方面，人的存在及其需求的满足要求人们从事生产劳动来获取物质资料；反过来，生产劳动所创造出来的巨大生产力又推动着人口的不断延续和衍生。无论忽略了哪一方面，人类社会的发展都会停滞不前，“两种生产”是人类社会发展的永恒动力。由此，对于“两种生产”的思考就具备了永恒性。

（一）前人对该问题的研究

无论是圣经对“两种生产”的描述，还是马克思、恩格斯的“两种生产”理论，所涉内容都包括物质资料生产和人自身的生产两大部分。物质资料生产实际上是指生产劳动，以生产劳动满足各种各样的需求，包括低层次的吃穿住行，以及在此基础上的更高层次的需求。这些需求是推动人们进行生产实践的动力，不断地改进生产工具，创造出更多的劳动产品，使社会财富不断积累。在此生产过程中，生产力起着决定性的作用，生产力即人生产劳动产品的能力，在生产劳动的具体过程中体现出来。人自身的生产顾名思义就是种族的延续，人口是推动社会不断向前发展的必不可少的因素，人与社会是相互协调而存在的，没有人也就无所谓社会，正是因为有了人，有了人们之间的相互关系，社会才有了存在的意义。

进一步讲，物质资料生产与人自身的生产所体现的，是实践与生命的互动，人从事的是自由的、有意识的生命活动，这种活动把人与动物相区分，自由的、有意识的活动本身就是实践活动的特征。物质资料生产本是一种实践活动，实践活动必有其赖以承载的生理基础，即肉体组织的建构，实践乃是有生命的人的实际活动，必须立足于有血有肉可观察的人。对人和历史的理解都要从生产这个角度入手，没有人就没有生产，没有生产也就没有人和人的历史，人和历史的落脚点都必须是生产。因此，无论是物质资料生产，还是人自身的生产，都是人类社会向前发展的永恒动力。

（二）今人对该问题的反思

在当今社会，“两种生产”理论仍然适用，只要人类社会和人存在，这“两种生产”就必须进行，这是由社会运行的内在规律决定的。在物质资料生产方面，物质资料生产的方式多种多样，生产工具的机械化、智能化得到前所未有的发展，人类已进入科学技术时代。这个时代推动了社会生产力的快速发展。人们进行物质资料生产的手段丰富多样，脑力劳动的作用越来越重要，创造出了更多的生活和生产资料，生活水平有了明显提高。就我国而言，物质资料的生产带来社会财富的增加，全面建成小康社会实现了绝对脱贫，在实现共同富裕的道路上迈进得越来越扎实，而实现共同富裕不仅是中华民族的美好希冀，也是全人类的共同追求。

在人自身的生产方面，人口生产更加符合社会运行规律，更加考虑资源承载力的问题，于是在不同的社会发展阶段出台了不同的人口政策。一方面，不再是毫无节制地追求人口爆炸式的增长，单纯人口数量的增长意义并不大，更重要的是人口质量的保证。另一方面，为了解决生育率下降、人口老龄化问题，许多国家也在鼓励生育，就我国而言，就实施了一对夫妻可以生育三个子女的政策，该政策显然有助于改善人口结构，发挥人力资源优势，巩固全面建成小康社会的成果。

结　语

圣经文本与马克思主义经典论著本是相去甚远的两套话语体系，通常认为，前者是弥漫着神学唯心论的说教，后者却是基于唯物史观的科学论断。

意大利哲学家维柯（G. B. Vico）在他的《新科学》（1725）中依据思维方式的不同特点，将一部人类文化史分成“神的时代”“英雄时代”和“人的时代”，进而推导出一种新的理论，那便是“神话不再是文明的‘他者’或理性的对立面，而成了文明之根和理性之源”[①]。其后，神话研究的“前浪漫主义”流派断言，神话虽然是由原始初民用象征性语言表述的，却具有高度的真实性，值得认真辨析和研讨，该派学者以德国狂飙突进运动的理论家赫尔德（J. G. Herder）为代表。赫尔德对希伯来圣经做过精深考察，认为《创世记》卷首篇章融入了神话和寓言成分，委婉地描述了有关人类诞生及其在世间生存状况的真相。[②] 他“首次对浪漫主义的神话概念做出明确表述，称之为‘创造性的原初智慧’和‘崇高的灵性力量’，并谓之‘活

① 叶舒宪：《神话的意蕴与神话学方法》，《淮阴师范学院学报》，2002 年第 2 期，224。[Ye Shuxian, “Shenhua de yiyun yu shenhuaxue fangfa” (The Implication of Myth and Mythological Method), *Journal of Huaiyin Normal University,* no. 2 (2002): 224.]

② B. Feldman and R. Richardson, *The Rise of Modern Mythology: 1680-1860* (Bloomington: Indiana University Press,1972), 224–240.

生生的真实’”；他还断言圣经是古希伯来人最初的诗歌，其中含有多种神话元素，寓含了深刻的人生真理。① 继之，欧洲启蒙时代名副其实的神话学者海恩纳（C. Heyne）也坚称，神话与人类童年时代相联系，最初的神话以口头形式世代传承，具有天真、质朴、不拘修饰的风格。他条分缕析地讲解了“历史神话”“哲学神话”和“诗意神话”，声称“哲学神话”重在探讨人生和自然界的奥秘，包括人类的起源、繁衍和存续。

了解到这部神话学术史，对于某些圣经叙事就不难理解了，虽然它们在不同历史阶段发挥作用的程度有所不同。着眼于物质资料生产，生产力对社会发展具有决定性的作用，生产劳动必须立足于现实，亦即人的实践活动；而从人自身生产的角度看，家庭以及由此延伸出的各种的社会关系能使人们的交往范围不断扩大。正是在“两种生产”的相互作用下，人类社会才得以不断向前发展。

参考文献 [Bibliography]

Feldman, B., and R. Richardson. *The Rise of Modern Mythology: 1680–1860*. Bloomington: Indiana University Press,1972.

恩格斯：《家庭、私有制和国家的起源》，载《马克思恩格斯选集》，第四卷，北京：人民出版社，1995。[Engels, Friedrich. *Jiating, siyouzhi he guojia de qiyuan* (The Origin of the Family, Private Ownership, and the State). In *Makesi Engesi xuanji* (The Collected

① Feldman and Richardson, *Rise of Modern Mythology*, 224.

Works of Marx and Engels), vol. 4. Beijing: People's Publishing House, 1995.]

马克思：《马克思致巴 · 瓦 · 安年柯夫（1846 年 12 月 28 日）》，载《马克思恩格斯全集》，第二十七卷，北京：人民出版社，1972。[Marx, Karl Heinrich. "Makesi zhi Ba Wa Anniankefu (1846.12.28)" (Marx to P. V. Anninkov, December 28, 1846). In *Makesi Engesi quanji* (The Collected Works of Marx and Engels), vol. 27. Beijing: People's Publishing House, 1972.]

马克思、恩格斯：《德意志意识形态》，载《马克思恩格斯选集》第一卷，北京：人民出版社，2012。[Marx, Karl Heinrich, and Friedrich Engels. *Deyizhi yishixingtai* (The German Ideology). In *Makesi Engesi xuanji* (The Selected Works of Marx and Engels), vol. 1. Beijing: People's Publishing House, 2012.]

乔治 ·W. 傅瑞勒：《圣经系统神学研究》，吴文秋译，台北：橄榄基金会，1984。[Forell, George W. *Shengjing xitong shenxue yanjiu* (The Protestant Faith). Translated by Wu Wen-chiu. Taipei: Olive Foundation, 1984.]

潘能伯格：《系统神学》，李秋零译，香港：道风书社，2013。[Pannenberg, Wolfhart. *Xitong shenxue* (Systematische Theologie). Translated by Li Qiuling. Hong Kong: Logos and Pneuma Press, 2013.]

叶舒宪：《神话的意蕴与神话学方法》，《淮阴师范学院学报》，2002 年 第 2 期，219–229。[Ye Shuxian. "Shenhua de yiyun yu shenhuaxue fangfa" (The Implication of Myth and Mythological

Method). *Journal of Huaiyin Normal University*, no. 2 (2002): 219–229.]

《圣咏译义初稿》的文言归化与义理会通

史笑添

内容提要： 吴经熊《圣咏译义初稿》对圣经词汇的儒家化翻译，展现出他对中西文化会通的深入思考。他以《诗经》为媒介沟通天与上帝观念，构建“人神相通而有差”的宗教观，以突破基督教在中国化时囿于世俗伦理层面的困境。此观念派生出“爱”“畏”两条脉络，交织构成吴氏宗教体验，并在儒耶会通的视域下得到进一步阐发。作为补充，吴经熊通过《圣咏》翻译提出“正心诚意”“居仁由义”“默识心通”等主题，以实现其“超越东西方”的目标。

关键词：《圣咏译义初稿》，文言译诗，儒耶会通

作者单位： 常州工学院人文学院

Archaizing and Intelligibility in the *Shengyong Yiyi Chugao*

SHI Xiaotian

Abstract: In *Shengyong yiyi chugao,* John C. H. Wu uses vocabulary in Confucian classics to translate Psalms, showing his in-depth thinking about the cultural communication between China and the West. He combines the concept of God and Chinese "Tian" by using the *Book of Songs*, so as to construct a religious view that "humanity and God are interlinked but different," cutting through the difficulties that the constraints of layers of secular ethics had brought to the Sinicization of Christianity. The concept derives two themes of Psalms, love and fear, which are intertwined to form Wu's religious experience, and has been further elucidated from the perspective of the signified combination of Christianity and Confucianism. In addition, through his translations of the Psalms, Wu proposed themes of "rectifying the mind and bringing sincerity," "lodging benevolence in righteousness," and "in tacit understanding minds communicate"to achieve his goal of going "beyond East and West."

Keywords: *Shengyong yiyi chugao*, classical Chinese poetry translation, Christianity and Confucianism

Author's contact info: School of Humanities, Changzhou Institute of Technology, East China Normal University. Email: 2319951343@qq.com

吴经熊是民国时期著名的法学家、思想家。他既濡染中国传统思想又虔信基督教，毕生以会通东西文化为任，受到学界关注。然如李匡郎先生所言，吴氏"不是学院派的哲学家"①，

① 辅仁大学校牧室编:《吴经熊博士百周年冥诞纪念学术研讨会论文集》（台北：辅仁大学出版社，2003），162。[Fu Jen Catholic University Chaplain's Office, ed., *Wu Jingxiong boshi baizhounian mingdan jinian xueshu yantaohui lunwenji* (Proceedings of the Symposium to

其代表作如《超越东西方》《内心悦乐之源泉》《哲学与文化》均非严密深刻的学术专论，一定程度上限制了学者对其思想全貌的研讨。[①] 笔者认为，吴氏的《圣咏译义初稿》(下文简称《初稿》)有助于弥补这一缺憾。该书以文言诗体逐译《圣咏》(新教称《诗篇》)，被吴氏称作“为基督而织的一件中式外衣”，意谓在文辞、义理上会通中西，全无隙漏。[②]《初稿》译文多用儒家词汇译释圣经原句，表明译者认为此一儒家义理可与彼一圣经义理等同或沟通，其中颇有一些观点未见于吴氏其他论著。[③] 再者，圣经同一词汇在前后文中常常相互关涉，形成理路。

Commemorate the Centenary Birth of Dr. Wu Jingxiong) (Taipei: Fu Jen Catholic University Press, 2003), 162.]

① 目前探讨吴经熊会通中西文化的论述如：杨明莉：《吴经熊思想研究》（博士学位论文，黑龙江大学，2015），35–45，142–158。[Yang Mingli, “Wu Jingxiong sixiang yanjiu” (On John C. H. Wu's Theory) (PhD diss., Heilongjiang University, 2015), 35–45, 142–158.] 武明志《吴经熊中国儒道思想与基督宗教灵修之研究》（硕士学位论文，台湾大学，2014），27–55，78–86。[Minh -Tri Vu, “Wu Jingxiong Zhongguo Rudao sixiang yu Jidu zongjiao lingxiu zhi yanjiu (A Study on John C.H. Wu's Chinese Philosophy and Christian Spirituality) (Master's thesis, National Taiwan University, 2014), 27–55, 78–86.] 樊志辉：《吴经熊哲学思想探析》，《学术论坛》，2000 年第 3 期，8–11。[Fan Zhihui, “Wu Jingxiong zhexue sixiang tanxi” (Research of John C. H. Wu's Philosophy Ideas), *Academic Forum*, no. 3 (2000): 8–11.] 学者相关阐述集中于悦乐精神、“天”“神”概念诠释、自然法哲学、修身与灵修等几个焦点之上。就这些焦点而言，还存在进一步探索的可能。例如“天”“神”概念可以沟通，但二者具体性格如何，怎样进行转换，依然有待研究。学者论述之所以受限，与吴氏未及广泛深入阐明其观点有关。当然，上述观点亦有一些略于《圣咏译义初稿》而详于其他著作者，本文不再赘说。

② 此语典出《约翰福音》19:23，参见吴经熊：《超越东西方》，周伟驰译（北京：社会科学文献出版社，2002），362–364。[John C. H. Wu, *Chaoyue dongxifang* (Beyond East and West), trans. Zhou Weichi (Beijing: Social Sciences Academic Press, 2002), 362–364.]

③ 在此之前，苏其康、任显楷已揭出《圣咏译义初稿》交汇东西哲学的特质。前者侧重于中国文化观念而非深入的义理探讨；后者着重于道家之道和基督教哲学的沟通，而《初稿》的主体部分似乎仍以儒耶二教义理会通为主，因此还存在进一步研探的空间。参见苏其

探讨某一词汇在吴译中的不同使用场域，可以丰满对吴氏相关思想的认知。因此，本文试图循名责实，由《初稿》译文对圣经词汇的文言归化入手，研探吴经熊对中国文化义理的会通，以补其思想全貌。①

一、“敬”与“诚”：儒耶关于本体论的对话

吴经熊作为基督教徒，在圣经中尤其偏爱《圣咏》一篇。他最初翻译《圣咏》纯属自发，后来在被蒋介石委命继续译经工作时更是直言：“我多么高兴阅读《圣咏集》并将它们译为

康：《吴经熊中译圣经〈圣咏集〉里的上主形象》，余慧珠译，《中外文学》，2001 年第 7 期，4–32。[Su Qikang, “Wu Jingxiong Zhongyi Shengjing *Shengyongji* li de Shangzhu xingxiang” (Wu Ching-Hsiung’s Chinese Translation of Images of the Most High in the Psalms), trans. Yu Huizhu, *Chinese & Foreign Literature*, no. 7 (2001): 4–32.] 任显楷：《“优游圣道中，涵泳彻朝夕”——谈〈圣咏译义初稿〉与中国传统思想的互动》，《圣经文学研究》，第 5 辑，2011，236–258。[Ren Xiankai, “‘Youyou shengdao zhong, hanyong che zhaoxi’: Tan *Shengyong yiyi chugao* yu Zhongguo chuantong sixiang de hudong” (On the Traditional Chinese Philosophical Thoughts in John C. H. Wu’s *Shengyong Yiyi Chugao*), *Journal for the Study of Biblical Literature*, no. 5 (2011): 236–258.]

① 1946 年上海商务印书馆出版吴氏《圣咏译义初稿》，该著作后经修订于 1975 年在台湾的商务出版社出版，书题改为《圣咏译义》。由于“《初稿》初版本的内容非常丰富，并显示出丰富的历史细节”（任显楷：《“优游圣道中，涵泳彻朝夕”》，237–238），更能展示吴氏会通中西文化的努力，故本文选择这一版本展开讨论。另外，笔者研讨吴译《圣咏》而非其翻译的《新经》，除篇幅限制外，也是因为《圣咏译义》的翻译更为灵活自由，在《圣咏》原文基础上羼入许多表达自身见解体悟的词句。此书取名“译义”，当与吴氏不泥句下，重在彰显《圣咏》大义的翻译思想有关。他自言：“我并不是把它作为文字对译出版的，而只是作为一种解释出版的”，参见吴经熊：《超越东西方》，370。下文论述将间或引用吴译《新经》作为辅证，但主要集中于《圣咏译义初稿》。

中文。”[①] 这种偏爱很可能是因为《圣咏》中蕴含的情感、观念契合吴氏自己的心灵。吴经熊时常在其论著中引用《圣咏》词句以表现自身情感，或佐证自己的理论，并指出《圣咏》“作者心中的不可估量的激励和动力”[②] 是其精彩之处，也是翻译的最大困难。具体言之，他认为《圣咏》的基本观念“以敬爱天主为之经，而以因果报应为之纬”[③]。可以说，吴氏对基督教的理解，包括他自身的思想，都与“敬爱”“因果”二词紧密关联。值得注意的是，二词本身富有中国传统文化的底蕴。吴氏采取“敬爱”和“因果”诠释《圣咏》，显然是认为基督教与中国文化在这些问题上可以会通。从《初稿》全文来看，吴氏对《圣咏》大义的诠释，几乎都是借助文言归化翻译的方式，即撷取中国典籍词句以翻译基督教某一观念，由此展现二者联系。本章先从《初稿》的“敬爱”一词入手分析。

在中国传统文化中，“敬”是儒家的一大重要观念，先秦的《尚书》已有“敬天保民”之训。虽然后世儒家言“敬”有时侧重修身、行事等在世层面，但“敬”的源头仍是古人“对

---

① 吴经熊：《超越东西方》，343。吴经熊受蒋介石委命翻译《圣咏》一事，详见吴经熊：《超越东西方》，334–359；张乐：《吴经熊、蒋介石与近代中国的圣经翻译——以〈圣咏译义初稿〉为例》，《北京社会科学》，2017 年第 10 期，37–45。[Zhang Le, “Wu Jingxiong, Jiang Jieshi yu jindai Zhongguo de Shengjing fanyi: Yi *Shengyong yiyi chugao* weili” (John C. H. Wu, Chiang Kai-shek and the Translation of the Bible in Modern China), *Social Science of Beijing*, no. 10 (2017): 37–45.]

② 吴经熊：《超越东西方》，344。

③ 吴经熊：《圣咏译义初稿》（上海：上海商务印书馆，1946），109。[John C. H. Wu, *Shengyong yiyi chugao* (Parahrase of the Psalm) (Shanghai: Shanghai Commercial Press, 1946), 109.]

上帝鬼神的尊敬畏惧”[①]，而且在世之“敬”仍源自超越的本体论。因此，吴氏以儒家对天之“敬”诠释基督徒对上帝的情感，是较为恰当的。除此之外，吴氏对“敬”的强调也弥补了明代以来基督教徒会通儒耶之尝试的缺陷。后者为使基督教获得中国传统人士认同，将基督教义和中国的“善”“仁”等观念沟通，使基督教偏向“伦理化”。这种做法容易遮蔽基督教的形上境界，最终可能导致国人接受基督教的在世价值，却不认同基督教的核心——上帝。[②]吴氏认识到从形上层面会通基督教与儒家义理的必要性[③]，指出：“离开了本体论的立场来看人性，只不过能够提供心理学上的有效规范而已。”[④]“敬”的揭出，就是吴经熊在超越层面会通儒耶的尝试。

吴氏在翻译《圣咏》时，常常注重凸显“敬”。不过，他更常用的是“诚”字。程颢等儒家倡导“诚敬”，可见二者意义相近，皆指恭肃态度。但从具体用法而言，“诚”的意涵比“敬”更为广大。《中庸》曰：“诚者物之终始，不诚无物。”

---

① 李泽厚:《论语今读》(上海: 三联书店, 2004), 32。[Li Zehou, *Lunyu jindu* (Modern Reading of the Analects of Confucius) (Shanghai: SDX Joint Publishing Bookstore, 2004), 32.]

② 参见杨慧林:《基督教的底色与文化延伸》(哈尔滨: 黑龙江人民出版社, 2002), 305–308。[Yang Huilin, *Jidujiao de dise yu wenhua yanshen* (The Background and Cultural Extension of Christianity) (Harbin: Heilongjiang People's Press, 2002), 305–308.]

③ 吴经熊本人对儒释道三教皆能欣赏，但《初稿》中只是偶尔采用释道经典的词句，且常无关义理。这种现象首先缘于吴氏认为儒家思想在中国文化中占据最重要的地位，他认同张其昀的观点：“东西文化的正统，乃是孔子学说与基督教义”，并强调“这两个正统，最后一定要综合起来”。参见吴经熊:《内心悦乐之源泉》(台北: 东大图书公司, 1983), 29。[John C. H. Wu, *Neixin yuele zhi yuanquan* (The Source of Inner Happiness) (Taipei: The Grand East Book Company, 1983), 29.] 其次，吴氏译经是由蒋介石提出并参与的，后者会通儒耶的思想亦对吴氏产生影响。

④ 吴经熊:《内心悦乐之源泉》, 182。

又曰："天地之道，可一言而尽也。其为物不贰，则其生物不测。"儒家认为"诚"有"生物"即造物之功，因此"诚"字除去形容态度外，有时用于赞美上天的大钧之力。《初稿》译文时常借用此义，以"诚"赞美上帝。例如，第 100 首曰："於穆真宰，天地之王。作我蒸民，仁育无疆。"① 钦定版圣经作："Know ye that the LORD he is God: it is he that hath made us, and not we ourselves."② 比对可知，吴译的"於穆""仁育无疆"等语系自行加入。吴译在此引用了儒家经典，《诗 · 维天之命》曰："维天之命，於穆不已。於乎不显，文王之德之纯。"《中庸》论诚，即举此诗为例，认为"於穆不已"指天地以诚造物、育物的大能。吴氏所译《哥林多前书》更有"天主至诚无妄"③ 的译法，明确以"至诚"形容天主。就《初稿》而言，对《维天之命》的称引亦不止一处，如第 48 首："雅玮在灵山，於穆无与比。邑民承主恩，颂美永不已。"④ 钦定版圣经作"Great is the LORD, and greatly to be praised in the city of our God, in the mountain of his holiness"。倘若吴经熊用"於穆"翻译"great"尚属忠实，那么附加的"不已"就纯是摭引儒家经典诠释圣经了。译者俨然对文本进行了再创作，他增写邑民

---

① 吴经熊：《圣咏译义初稿》，70。

② 吴氏在《圣咏译义初稿》末尾自述，他翻译《圣咏》所本系斯温蕾司铎的《圣咏圣歌之英译》，1901 年由伦敦 B. Herder 书局出版。参见吴经熊：《圣咏译义初稿》，119。遗憾的是笔者未能获取这一版本，因此暂用钦定版圣经代替。

③ 《新经全集》，吴经熊译，载《东传福音》，第一册，中国宗教历史文献集成编纂委员会编（合肥：黄山书社，2005），686。[Wu Jingxiong, trans., "Xinjing quanji" (New Testament), in *Dongchuan Fuyin* (Gospel to the East), ed. Commission for Compilation of Chinese Religious History Documents (Hefei: Huangshan Publishing House, 2005), 1: 686.]

④ 吴经熊：《圣咏译义初稿》，32。

颂美不已，侧面暗示主恩永垂，正是为了将上帝与儒家“至诚无息”的本体论述接续。第117首复有“仁育无边，至诚不息”[①]等句。吴译《新经》又将《约翰福音》4:14的“我所赐的水，要在他里头成为泉源、直涌到永生”译作“吾所予之水，在彼将自成源泉，滚滚不已，以达永生”[②]。这些译文总是有意加上“不已”“不息”等儒家用以表示“诚”的词句以形容上帝之道，清晰展现出吴经熊借助文言译经援引儒学本体论，彰显中国基督教义理中超越性一面的意图。可以补充的是，吴氏揭出上帝“至诚”，凸显其在人格之外作为道德本体的性质，也有力回应了晚明儒生基于“天是义理之天”观念对传教士过分凸显“天”之人格一面的责难，比前人走得更远。[③]就此而言，吴经熊认为儒耶二教在本体论上可以达成共识：“天”或“上帝”都属于超越者，且以“至诚无息”为品质。

在此基础上，二教又都肯认神之至诚可以下贯于人。例如，台湾新儒家学者牟宗三指出圣人“能够至诚以上达天德”，他援引的论据正是前文吴氏化用的《维天之命》一诗，认为“文王之德之纯”和于穆不已的天命通贯，展现天人不二的境界。[④]同样，吴经熊强调上帝赋予人善的能力：“就人而论，发挥他

① 吴经熊：《圣咏译义初稿》，83。

② 《新经全集》，635。

③ 参见孙尚扬：《基督教与明末儒学》（北京：东方出版社，1994），294。[Sun Shangyang, *Jidujiao yu Mingmo Ruxue* (Christianity and Confucianism in Late Ming Dynasty) (Beijing: Eastern Press, 1994), 249.]

④ 牟宗三：《中国哲学的特质》（长春：吉林出版集团有限责任公司，2010），23,42。[Mou Tsung San, *Zhongguo zhexue de tezhi* (Characteristics of Chinese Philosophy) (Changchun: Jilin Publishing Group, 2010), 23, 42.]

的天赋秉性，就是服从上帝意志的最适切途径”[①]，“一味倚恃天命，而不注重自己努力的，所谓命运主义者，会发生一种颓唐的暮气”。[②]如果说基督教的“原罪”观念增强了人的自省、虔信，那么吴氏论述侧重揭示出的是人神通贯的希望与悦乐，可与前者相济，避免教徒走向极端。正如《雅歌》描写了从受主爱之吸引，到在主爱里完全之过程那般，“良人属我，我也属他”（歌2:16），吴氏的观点肯认了个人通向上帝的可能，从积极一面促进虔信。当然，按基督教教义，个人毕竟不可能成为上帝。所以吴氏既肯认儒家对在世道德的重视，更揭出此世道德来自上帝律法。他甚至说：“孔夫子是一个有神论者”，“在他心里，天有意志、理智、创造力、保护性的爱”[③]。牟宗三也承认：“孔子的生命与超越者的遥契关系实比较近乎宗教意识。”[④]对孔子宗教情怀的共同肯认，利于儒耶二教在形而上问题中会通。

吴氏以“敬”“诚”为枢纽，贯通儒家之“天”与基督教“上帝”观念，从本体论出发促进儒耶会通。他曾明确提出：“关于神与天的问题……你叫他上帝也好，天主也好，道也好，都是同一个”[⑤]，而“我们急切需要的，只须领悟‘上帝临汝，无贰尔心’，也就够了，使道德有一个形上背景也就好了”[⑥]。一旦道德的本体论得以确立，基督教纯粹伦理化的困局即告解

① 吴经熊：《内心悦乐之源泉》，110。

② 吴经熊：《哲学与文化》（台北：三民书局，2006），61。[John C. H. Wu, *Zhexue yu wenhua* (Philosophy and Culture) (Taipei: San Min Book Company, 2006), 61.]

③ 吴经熊：《超越东西方》，173。

④ 牟宗三：《中国哲学的特质》，41。

⑤ 吴经熊：《哲学与文化》，83–84。另参该书30。

⑥ 同上，94。

脱。这种联系天与上帝的观念，明代以来也有萌芽。但当时传教士的目标“并不是细心辨析这种原意间的差别，而是借用儒生们熟悉中的名号……试图唤醒士大夫们对一种古老的宗教传统的新兴趣”①。他们生硬地比附被儒生谴责为“谤天”，未能起到应有作用。相较而言，吴氏的阐述深入义理，更为透彻。据吴经熊自述，许多读者被《初稿》吸引而皈依基督教。②造成这一现象的原因除去其译笔特具感染力外，也离不开吴氏从形上角度对儒耶二教之紧张的化解。

但是，儒耶之间必然也有分歧。其中关键的一点在于，儒家认为人与天是平等的，基督教则认为上帝是最高且唯一的权柄。吴经熊评价儒家：“他们认为上主为他们太高不可攀了……所以在宗教生活上，寻常百姓也就服从至高神所委任的次一级的神”③，这里“次一级的神”即圣人。但作为儒家的牟宗三赞赏的恰是“正因为‘於穆不已’的天命，天道转化为本体论的实在或者说本体论的实体。此思想的形态一旦确定了，宗教的形态立即化掉，所以中国古代没有宗教”④，并憾于“西方思想中的天人关系，依然停滞于宗教的形态”。⑤在儒家看来，

---

① 参见孙尚扬：《基督教与明末儒学》，71–73，248–252。另参见陈义海：《中西之“天”——明清之际儒家文化与基督教文化关系探微》，《上海师范大学学报》（哲学社会科学版），2005年第9期，81–87。[Chen Yihai, “Zhongxi zhi ‘tian’: Ming Qing zhiji Rujia wenhua yu Jidujiao wenhua guanxi tanwei” (The “Tian” Between China and the West: Relationship between Confucian Culture and Christian Culture during the Ming and Qing Dynasties), *Shanghai Normal University Journal* (Philosophy and Social Science Edition), no.9 (2005): 81–87.]

② 吴经熊：《超越东西方》，372–373。

③ 同上，211。

④ 牟宗三：《中国哲学的特质》，25。

⑤ 同上，20。

不是“上主为他们太高不可攀了”，而是可使“神性作为我们自己的主体”[①]。因此儒家崇拜的不是“次一级的神”，而是超凡入圣的人。清儒陈确认为：“离人尊天，不惟诬人，并诬天矣。盖非由人而天亦无以见也”[②]，主张天不能外于人而独在，说得更为清晰。牟、吴对儒家重人超过重神现象的不同阐释，反映出儒耶二教在神人关系问题上的观念差异。儒家立足于人尤其是于己，而基督教不以人类自身为极则，仍然认上帝为最终归依。针对儒耶的这一分歧，吴经熊举过一个例子。《孟子·尽心上》有一个舜为天子而其父瞽叟杀人的公案，孟子认为舜应依法执行，而后终身逃位隐居。在吴氏看来，天子逃位即藐视公职，孟子未能解决私益与公益的矛盾。他肯定孟子“万物皆备于我”的浩然之气，但又指出孟子“过分自信”，“他的立身行事，必然会出现某种错误”[③]，并认为孟子面临的这类道德实践问题展现人的固有缺陷，“不仰赖上帝的启示，对于此一难题不可能有一完满的解答”[④]。吴氏将自己担任大法官的经历思想与基督教原罪观念结合起来，强调人的有限，并认为基督教能够统摄儒家，以上帝观念弥补儒家的局限。

《初稿》吸收儒家“敬”“诚”的观念以统合二教本体论，但吴氏认为人神虽相通却有差等，这一观念显然同儒家有别。由此进一步产生的问题是，儒家的敬爱对象除去“天”外，还

---

① 牟宗三：《中国哲学的特质》，25。

② 徐世昌编：《清儒学案》，第一册（北京：中华书局，2008），131。[Xu Shichang, ed., *Qingru Xue'an* (Academic Records of Qing's Confucian Scholars) (Beijing: Zhonghua Book Company, 2008), 1: 131.]

③ 吴经熊：《内心悦乐之源泉》，105。

④ 同上，115。

有很大一部分落在“亲”上，且认为天与亲情所处分际不一，无可比较孰轻孰重。如前引《孟子》之例中，舜父杀人，舜既须秉持天理，又要顾及亲情。但正如吴经熊所言，《圣咏》作者“以敬爱天主为之经”，基督教唯独敬爱上帝。征诸圣经，如《创世记》中亚伯拉罕听从上帝命令，愿以儿子以撒献祭，可见基督教义中上帝与亲情有重轻之异，或者可说此世对亲人的情感是自私之爱，唯有上帝是爱的本体源泉。吴经熊正是发现二教在这一问题上的分歧，因此改换了儒家相关论述的对象，借用后者抒发爱亲之情的词句，以诠释对天主的敬爱。《初稿》第 47 首曰：“血气之属，莫匪王臣”①，前句译文出自《礼记 · 三年问》：“凡生天地之间者，有血气之属必有知，有知之属莫不知爱其类。……故有血气之属者，莫知于人，故人于其亲也，至死不穷。”② 吴氏将儒家对亲人的敬爱转为对上帝的虔敬，而虔敬的根源也从血气感通越至灵的体认。圣经中早已明白地揭示了这种观念：“这等人不是从血气生的，不是从情欲生的，也不是从人意生的，乃是从神生的。”（约 1:13）“血肉之体不能承受神的国，必朽坏的不能承受不朽坏的。”（林前 15:50）但吴经熊在将基督教中国化时，也会刻意将亲情伦理作为通向圣爱的临时阶梯。这或是因为笃守伦理的中国知识分子更易从亲情中领会对上帝的情感。例如《初稿》第 68 首曰：“圣名曰‘爷’，可不尊亲？”③ 根据钦定版圣经来看，《圣咏》原文只是提到“his name JAH”，并未牵涉“父亲”的意义。

---

① 吴经熊：《圣咏译义初稿》，32。

② 《十三经注疏》（北京：中华书局，2009），3609。[*Shisanjing zhushu* (Thirteen Classics Explanatory Notes and Commentaries) (Beijing: Zhonghua Book Company, 2009), 3609.]

③ 吴经熊：《圣咏译义初稿》，45。

吴译释“耶”作“爷”，显然也是为了凸显敬爱天主如俗人敬爱父母而过之的观念。[①] 甚至他将儒家的至圣先师孔子，也塑造成一个幼年失怙，依恋父统，因此“要拥有一位永无谬误的向导，以便到达安固的据点，从而证取那最高、最完全也最真切的典型”，“直到以天为父为止”[②] 的人物。吴氏的阐释把孔子思想的重心放在“依于天”的彷徨寻觅中，带有浓厚基督教色彩。从儒家角度考量，吴氏的评论恐怕值得商榷。[③] 但是从中国基督教的层面看，《初稿》将孝道上提为对上帝的深沉信爱，令上帝之爱不再虚无缥缈，得以从事亲情感中切身体认。

吴经熊以“敬爱”为媒介，会通儒耶二教的本体论，使基督教思想更加深入中国文化之中。他对二教在本体论上的若干分歧，也较为隐晦地通过译文表现出自己的见解。通过探析《初稿》对《圣咏》的文言归化翻译，可以发掘出吴氏宗教思想更加深刻、富有思辨的一面。不过，吴氏的宗教观念、宗教体验并不单一，其在崇高端庄的本体论外，同样重视个人琐屑但真实的遭遇与情感。后者虽然与前者的庄严宝相大相径庭，但它经过吴氏的诠解，反而成为前者不可或缺的补充材料。这一现象值得我们进一步分析。

---

① 中国古代有时以“爷”指称父亲，而“爷”又可通“耶”。如《木兰辞》：“耶娘闻女来”，杜甫《兵车行》：“耶娘妻子走相送。”中国古代或将“耶和华”译作“爷火华”，可征吴氏的阐释有其渊源。

② 吴经熊：《内心悦乐之源泉》，76–77。

③ 在儒家看来，孔子一贯是“依于仁”的。他与天更像“相视而笑，莫逆于心”的关系，而非稚子对慈父之恩德、大能的依恋。如《论语集注》释孔子“知我者其天乎”一语曰：“圣人与天地合其德，故曰唯天知己。”参见《十三经注疏》，5459。这里孔子与天合德，即牟宗三所谓“神性作为我们自己的主体”。

二、“玉汝于成”和“越世出尘”：儒耶困境意识的异同

吴经熊认为，《圣咏》的另一条线索是“因果报应”。但是，如果简单地将之理解为上帝使善恶有报，那么《初稿》中大量存在的、刻意增饰以凸显作者悲苦遭遇及情绪的译文就遭到了忽视，况且吴氏在翻译《圣咏》时，也并未用佛教的果报思想去归化圣经内容。笔者认为，这里所谓“因果报应”，指的是作者对“因果报应”问题的整个探索过程。在抵达对上帝的极致虔信前，作者恰恰经历了“善恶无报”的恐惧，他对这一怀疑的反思与克服，是虔信上帝之公正摄理的关键。

正如有学者指出的，《圣咏》中“清晰可辨的声音”之一，是“诗人在极度绝望时向上主呼喊求救的声音”[①]。若说《圣咏》的经线体现出“敬爱”，则纬线之“因果报应”展现的应是作者之“敬畏”，且尤其突出“畏”字。诗人陷入绝望时常有类似“我的神，我的神！为什么离弃我”（诗 22:1，另见诗 42:9，44:9 等处）的呼喊，是对上帝离弃的畏惧。[②]在《初稿》中，这种情绪尤其得到刻意突出。吴经熊翻译《圣咏》恰处抗日战争时期，国族危难、个人飘零的畏惧与《圣咏》作者的恐惧相融，

① 苏其康：《吴经熊中译圣经〈圣咏集〉里的上主形象》，4。

② 有学者认为大卫的这句呼唤是《马可福音》15:34 耶稣受难呼喊的预象。但正如安布罗斯（Ambrose of Milan）指出的：“他不是以神的身份死去，而是以人的身份死去。……因此，作为人，他在十字架上说话时承受着我们的恐惧。因为在危险中认为自己被抛弃，是一种人之常情的反应。”参见网址 https://catenabible.com/mk/15，登录于 2022 年 6 月 5 日。

并由《初稿》的文言词句传达出来。[①] 这类译诗的一个显著特征在于，吴氏译文化用的不再是儒家经典而是汉魏以降忧生畏世的古诗。如《初稿》第 22 首将大卫与后来耶稣的呼喊译作“主兮主兮，胡为弃我如遗”，将第 42、第 44 首的相近文字译作“今胡为弃我如遗” “弃我信如遗”[②]，系化用《古诗十九首》其七：“昔我同门友，高举振六翮。不念携手好，弃我如遗迹。”吴氏以朋友的先亲后疏，比喻《圣咏》作者对神—己关系的认知。前揭第 44 首《圣咏》中诗人重温神赐予以色列祖先的荣耀：“你曾用手赶出外邦人，却栽培了我们列祖；你苦待列邦，却叫我们列祖发达。”（诗 44:2）但到诗人的时代，他自感“但如今你丢弃了我们，使我们受辱，不和我们的军兵同去。”（诗 44:9）吴氏或许对这种绝望尤有深刻体认，因为中华民族在抗战初期同样颠沛流离。《初稿》在表现此种痛苦时，常用的一个词语是“轗轲”即坎坷，如第 42 首即有“岂不见予之轗轲兮”之语。这一词语亦化用《古诗十九首》其四的“无为守穷贱，轗轲长苦辛”。吴氏从自身的轗轲辛苦，进一步推广到对现世之苦的领悟。

吴译对《古诗十九首》的借鉴绝非限于字句模拟，而是深入作者精神。钱钟书指出，文人面对困境之畏往往产生“途穷路绝与越世出尘”[③] 两种态度。然而汉魏文人的处境正如汉人

---

① 参见吴经熊：《超越东西方》，344；苏其康：《吴经熊中译圣经〈圣咏集〉里的上主形象》，31。

② 吴经熊：《圣咏译义初稿》，13，29，30。

③ 钱钟书：《管锥编》（北京：生活 · 读书 · 新知三联书店，2012），238。[Qian Zhongshu, *Guanzhui bian* (Limited Views: Essays on Ideas and Letters) (Beijing: SDX Joint Publishing Company, 2012), 238.]

严忌《哀时命》所说："弱水汩其为难兮，路中断而不通。势不能凌波以径度兮，又无羽翼而高翔"，前方与上方之路皆无法打通。《古诗十九首》作者正处于"诗可以怨"跃居文学意识主流的初期，他们文辞质朴而蕴意深刻，往往从切身遭遇中感受人生态势，流露出苦生畏死的情绪。[①]《初稿》第90首"人生七十年，康强至八十。中间惟愁苦，俯仰成陈迹"[②]，虽然用的是王羲之《兰亭集序》"俯仰之间，已为陈迹"之句，却也是以《古诗十九首》"人生寄一世，奄忽若飙尘""生年不满百，常怀千岁忧"之类直面人生、直抒胸臆的口吻写成。在一定程度上，《古诗》作者执着于个人经验的"畏"，与儒家经典存在差异。如"无为守穷贱，轗轲长苦辛"显然和儒家"君子固穷"之训有所出入。

但是，换一角度看，《古诗》展现的正是士人在困境中对儒学产生的反思，而儒家认为现世苦难与畏惧心理是体认至道的助缘。徐复观认为，中国传统的忧患意识产生于先民对神灵的畏惧，但先民面对灾难，逐渐从在神面前"感到自己过分的渺小，而放弃自己的责任"转为"要以己力突破困难"[③]。汉魏文人的苦难，可以视作中国士人返回现世之后遭遇的又一次

① "诗可以怨"最早见于《论语·阳货》，尚是"兴观群怨"中的一端，两汉之后始跃居文学意识主流。参见钱钟书：《诗可以怨》，载《七缀集》（北京：生活·读书·新知三联书店，2002），115–132。[Qian Zhongshu, "Shi keyi yuan" (Poetry can Complain), in *Qizhui ji* (Seven Essays on Art and Literature) (Beijing: SDX Joint Publishing Company, 2002), 115–132.]

② 吴经熊：《圣咏译义初稿》，65。

③ 徐复观：《中国人性论史·先秦篇》（北京：九州出版社，2017），19–20。[Xu Fuguan, *Zhongguo renxinglun shi: Xianqin pian* (History of Chinese Theory of Human Nature Theory: Pre-Qin) (Beijing: Jiuzhou Press, 2017), 19–20.]

坎陷，激发了韩愈等中古儒家的反思，最终又于宋代形成张载“艰难困苦，庸玉汝于成也”等理论，返回《论语》“君子固穷”“依于仁”之说。孟子所谓“所以动心忍性，曾益其所不能”，正揭出儒家认为苦难、恐惧是寻求至道的必需途径这一观念。而儒家亦以其理论、实践指出钱钟书所谓“途穷路绝与越世出尘”之外的第三条路径，即统合前二者，在此世寻求内在的超越。

吴经熊对《圣咏》的归化翻译揭示基督教在这一问题上与儒家存在的明显异同。《初稿》译诗往往在一开始穷形尽相地描摹诗人对上帝的怀疑。如《初稿》第 17 首以“夜如何其”为题，诉说“弃我如遗兮，慈颜恒匿”[①] 的痛苦。“夜如何其”原出《诗 · 庭燎》，郑玄曰：“美其能自勤以政事”[②]，写周宣王唯恐因睡眠误事，屡问时间。吴译虽然撷取儒家经典词句，但却另抒怀抱，“夜如何其”在其译文中并无颂美意味，表达的是被主离弃、如堕长夜之畏。[③] 但继而，当后者意识到这不是离弃而是锻炼考验时，其畏惧的心灵即转为虔敬。圣经中多见此种记叙，例如《马太福音》中彼得三次不认主，但最终悔悟并真正地产生虔信。这是儒耶二教面对困境的相同心境。在《初稿》第 89 首中，诗人在哀叹被上帝弃绝、遭受苦难后，终究返归“德音一何美，万世所仰钦”的赞叹。“德音”即“恩诏”，是君主在一般诏令之余，特用于施惠宽恤的文类。吴氏采用这

---

① 吴经熊：《圣咏译义初稿》，7。

② 《十三经注疏》，924。

③ 基督教以光明为受主眷顾之喻，以黑暗为被主离弃之喻。例如《帖撒罗尼迦前书》5:4–5 说：“弟兄们，你们却不在黑暗里，叫那日子临到你们像贼一样。你们都是光明之子，都是白昼之子。我们不是属黑夜的，也不是属幽暗的。”

一译法，显然是为了突出上帝对人类非同一般的恩典，由此打消原先在苦难中对上帝的怀疑。这种心理转变固然是吴氏对《圣咏》作者的迻译，但又何尝不是他自身在抗战时期的心路历程？值得注意的是，“德音”一词源出《诗·谷风》“德音莫违”，原指善言。吴氏通过反思消释疑虑之后，依然将《圣咏》与儒家经典相互比照，更加深刻地揭示二者由畏惧通向虔信的路径之同。

然而，《初稿》也揭示了儒耶二教在这一问题上的差异。基督教徒面对困境之畏，选择的正是所谓“越世出尘”，因为有上帝为信徒的解脱提供保障。可以说，基督教突破困境的路径系在“神”上，而儒学则侧重于“己”。巧合的是，在吴译《圣咏》的第55首有“安得生羽翼，飘如云外鸽”①之句，正与前述《哀时命》“又无羽翼而高翔”的词义相合，或许即是化用此文，不同之处在于严忌的否定句在吴氏笔下变为半信半疑的问句。有了这一层转变，基督徒自可凭借对主的虔信，从面对考验的畏与疑，转为对主的信和爱，最终使《圣咏》“畏”的纬线与“爱”的经线交会。借用钱钟书的字面而言，正是在“途穷路绝”时坚信“越世出尘”得到拯救的可能，奠定了基督教信仰的基石，也分判了儒耶二教困境意识的差异。

需要指出的是，儒耶二教的这种差异并非绝对。儒家的重己依托于天命之性，依然在“天”那里获得慰藉与印证；而基督教徒自身在世的行为抉择，也是能否获得上帝眷顾的衡量标准。吴经熊在《初稿》中，常常有意摘引儒家经典中宗教意识浓厚的段落进行厚描。例如《初稿》第16首曰：“兢兢如临深，

---

① 吴经熊：《圣咏译义初稿》，37。

幸有主佑扶。”[①] 这一句在圣经原文中并不存在，系吴氏刻意添加。吴译出自《诗 · 小旻》，《左传 · 僖公二十二年》记载了臧文仲对此诗的阐释：“《诗》曰：‘战战兢兢，如临深渊，如履薄冰。’又曰：‘敬之敬之，天惟显思，命不易哉！’先王之明德，犹无不难也，无不惧也，况我小国乎！”[②] 臧文仲认为，人君应感到秉承天命的畏惧，并通过遵天而行来解除恐惧。同样，在吴译中克服畏惧的方式是回归主的护佑。总体来说，虽然吴译客观上也呈现出儒耶二教在苦难意识上的分歧，但吴氏却有意以儒家对“天”的宗教意识为媒介，凸显二教会通的可能。在他的阐释下，《圣咏》“因果报应”的纬线为诗歌增添了难以代替的感官经验，足与经线崇高但不无抽象的本体论相济。正因个体面对苦难的痛苦如此亲切可感，所以其人之后的顿悟、虔信也就更易为读者体认。[③] 就此而言，《初稿》通过感性刻画与典故运用，将现世的苦难及怀疑情绪确立为达于虔信不可或缺的阶梯，而这一过程又始终处在儒耶对照的视域下。

---

① 吴经熊：《圣咏译义初稿》，8。

② 《十三经注疏》，3936–3937。

③ 德国思想家埃里希 · 奥尔巴赫认为，圣经的真理必须依托文字的感官材料乃能传达。奥氏对此有详尽且精彩的论述。参见埃里希 · 奥尔巴赫：《摹仿论——西方文学中现实的再现》，吴麟绶、周新建、高艳婷译（北京：商务印书馆，2014），15–25。[Erich Auerbach, *Mofang lun: Xifang wenxue zhong xianshi de zaixian* (Mimesis: The Representation of Reality in Western Literature), trans. Wu Linshou, Zhou Xinjian, Gao Yanting (Beijing: The Commercial Press, 2014), 15–25.]

三、“道学津梁”：《初稿》第 119 首译文所蕴的工夫论

《初稿》对《圣咏》“爱”与“畏”两大主题的归化尝试，凸显出中国基督教应有的形上境界，以中国文化为参照确立了基督徒之路，亦勾勒出吴经熊思想的轮廓。人要在心理、行为上成为一名虔信的基督徒，显然还需更详细的路径导引。因此吴氏依据以上两条原则，结合中西文化继续深化其论述。他比照耶儒二教，认为二教的工夫论极为相似：“孔子对精神生活进步层次的体验，与圣经所启示的，不谋而合，如出一辙，而且可以互相参证，真可谓同明相照，同声相应。”[①] 例如他认为孔子“兴于诗，立于礼，成于乐”的工夫论，与《圣咏》第 23 首“前进的阶段是十分相似的”[②]。此种思想在《初稿》中有更详细的展现。

《初稿》第 119 首是《圣咏》最长的诗歌，吴氏将其题目译为“道学津梁”，即通向上帝之道的学问导引，以符合原文主题：信徒如何在生活中践行神训。但吴经熊在每节之上另起题目，拈出儒家义理取代原题，使该诗体例类似《近思录》等儒家著作，就鲜明体现出借鉴儒学工夫论以探索基督徒路径的意图。该篇可以看作对《初稿》中所见吴氏工夫论的总结，值得细加探析。只是吴氏译诗需要忠实原文，所以此篇的章节设置不如《近思录》逻辑紧密、次第有序。笔者归纳该诗揭出的

---

① 吴经熊：《内心悦乐之源泉》，71。

② 吴经熊：《超越东西方》，209。

几个重要主题，合并其不同章节进行论述。

首先，诗首节以“正心诚意”为题，乃吴译全篇大旨。“诚意”“正心”是《大学》“八条目”之二，连接“致知”与“修身”，即“知”与“行”之间的过渡。《初稿》附注对“知”“行”问题有着重的论述，认为“行”是从“解悟之知”抵达最终“证极之知”的桥梁。[①]那么“正心诚意”即“解悟之知”之后，笃“行”之前的工夫，其在吴氏思想中的重要程度可见一斑。从《初稿》看，吴氏对“正心诚意”的论述具有神－人双向的特征：

一方面，如前所述，“诚”之本体属于上帝，人只是遵行上帝律令的“诚之者”而非“诚者”。译诗第四节题为“择善固执”，即出自《中庸》：“诚之者，择善而固执之者也”[②]，点明人作为“诚之者”的身份。当然，这一点属于二教共识。但吴氏在化用《中庸》时撷取的总是“惟精惟一，无贰无忒”[③]等侧重于防范邪恶的训诫，并不袭用《中庸》对至诚之人最终“赞天地之化育”之大能的描述，展现出自己的基督教本位。基督教文化注重“信”而非“行”，信徒基于“原罪”说自省，认为人是小信而难于行动的。“我实在告诉你们：你们若有信心像一粒芥菜种，就是对这座山说，‘你从这边挪到那边’，它也必挪去！并且你们没有一件不能做的事了”（太 17:20）。因此防范邪念、坚定信心乃是基督教的要旨之一。同样，吴氏将第 17 节题名定为“闲邪存诚”[④]。《周易 · 乾》

---

① 吴经熊：《圣咏译义初稿》，116–117。

② 《十三经注疏》，3542。

③ 吴经熊：《圣咏译义初稿》，86。

④ 同上，90。

曰："闲邪存其诚"，《正义》释曰："闲邪存其诚者，言防闲邪恶，当自存其诚实也"[①]，吴氏凸显的仍是防闲邪恶的一面。归根结底，吴经熊认为人的一切成就"并非他自己，而是道在他内执行一切"[②]，因此并不认为人可以僭越上帝的大能。他早年批评中国文化"口口声声说是人法天，的的确确却是天法人，至少也是人法法人的天！"[③]虽然后来其思想有所缓和，但吴氏对"人"之有限的强调、对"天"的绝对敬仰乃一以贯之的。

但另一方面，吴氏遵循儒家"天命下贯于人"的思想，认为信徒自身的能动性属于基督教应有之义，于是从消极的"遵守"转出积极的"行动"。吴氏将《圣咏》第7节题目译为"自强不息"[④]，出自《易·乾》："天行健，君子以自强不息。"[⑤]和合本题作"因耶和华的律法而安稳"。从"安稳"到"自强不息"，反映出吴氏对基督教积极一面的转化。圣经本文原意是阐述上帝不断记念世人，向其赐福；信徒亦时刻记念上帝，从上帝启示中得着安顿。同样，吴译《新经》中《彼得前书》4:19"要一心为善"，也改而译为"行善不辍，自强不息"[⑥]，凸显出"自强"的行动。儒家认为"自强"是"诚"的表征，如《中庸》曰"至诚无息"，而天以及效法天道的君子"至诚无息"之最后目的是在于"成物"，即成就他人外物。《中庸》

---

① 《十三经注疏》，26–27。

② 吴经熊：《哲学与文化》，25。

③ 吴经熊：《法律哲学研究》（北京：清华大学出版社，2005），57。[John C. H. Wu, *Falü zhexue yanjiu* (Legal Philosophy Studies) (Beijing: Tsing Hua University Press, 2005), 57.]

④ 吴经熊：《圣咏译义初稿》，87。

⑤ 《十三经注疏》，24。

⑥ 《新经全集》，736。

曰："诚者物之终始，不诚无物。是故君子诚之为贵。诚者非自成己而已也，所以成物也。"① 如前所述，天以诚成物，可与《创世记》中上帝创造世界的记载对照，上帝是终极的创造者。但基督徒同样可以改造社会成就人我，以此荣耀上帝。吴氏在《内心悦乐之源泉》中明确指出，中西文化的悦乐就是"成己、成人、成物过程中的副产品"②。由是，吴经熊通过翻译诠释，同时赋予中国基督教虔信、自强两种品质。

对基督徒自身能动性的肯定，造就《初稿》第 119 首的第二个主题："居仁由义"③，诗歌第 18 节即以此为题。此语出自《孟子 · 尽心上》："居仁由义，大人之事备矣"④，显示出认仁义为"自家事"的道德责任感。孟子在《公孙丑上》提出，仁义礼智的"四端"之心是人生来具备的，可谓"万物皆备于我矣"。人可在此基础上"反身而诚"，将先天禀有的仁义发挥尽致即能媲美上天以"诚"化育万物的大能。⑤ 吴经熊引用孟子"居仁由义"的见解，但他对这一理论的态度较为复杂。一方面，吴氏认为："儒家之仁，相当于基督教义中之爱德。"⑥ 他称扬孟子"一再强调人类应该致力于人性本然倾向的实现"，可以启示基督徒本于己心去爱上帝、爱邻人乃至爱敌人。但另一方面，正如《罗马书》3:10 提出的，基督教认为"没有义人，连一个也没有"，人必须由圣灵引导才能正

① 《十三经注疏》，3544。
② 吴经熊：《内心悦乐之源泉》，225。
③ 吴经熊：《圣咏译义初稿》，90。
④ 《十三经注疏》，6026。
⑤ 同上，5851–5852。
⑥ 吴经熊：《哲学与文化》，119。

确地爱。因此吴氏一再强调孟子“只谈人性本具善端，而不说人性本善”，人要居仁由义，仍必须“仰赖上帝的启示”[①]。以《初稿》为例，第119首第5节有“愿主指导，当行之路”[②]之语，钦定本作“Give me understanding, and I shall keep thy law”。这里“当行之路”系吴氏自行增添，意在关涉儒家“义，人之正路也”之语，表明义不是人生来具备的，必须获得上帝导引。同样可以推导的是，仁义最终导向的不是人世成就，而是上帝。初稿第89首有“惟仁为安宅，惟义乃天梯”[③]的译句，将此语和其出处，即《孟子·离娄上》所谓“仁，人之安宅也；义，人之正路也”[④]加以对比，可以见出吴氏本于基督教立场转换了孟子的概念。如他所言：“人的最后目标是与道合一，而仁义等伦理德性都是向这个目标的必经之路。”[⑤]综上，吴经熊既强调人“居仁由义”的能动性，又始终站在基督教本位，强调“人义”不得遮盖“神义”。吴译《新经全集》将《腓立比书》第3章取名为“上达与下达”[⑥]，在该篇“因信神而来的义”（腓3:9）这一本旨之外，融汇进儒家重视天命“下贯”于人的观念。“仁义”的上、下两个向度，典型地呈现出吴氏在此问题上对儒耶的会通。

吴氏强调“居仁由义”需要“上帝的启示”。但圣经有言“你们听是要听见，却不明白；看是要看见，却不晓得”（赛6:9），

---

① 吴经熊：《内心悦乐之源泉》，114–115。

② 吴经熊：《圣咏译义初稿》，87。

③ 同上，61。

④ 《十三经注疏》，5918。

⑤ 吴经熊：《哲学与文化》，31。

⑥ 《新经全集》，707。

上帝的启示不能轻易领会。吴译在第 22 节提出第三个主题“默识心通”，或许即是为了补说这一问题。“默识心通”出自《二程集》：“或问：‘学，何如而谓之有得？’子曰：‘其必默识心通乎。’”① 程子之说又本于《论语 · 述而》中孔子标举的“默而识之”。吴氏重视“默识心通”的认识进路，除去该篇题目之外，诗中尚有“默识微言，法度是从”② 之句。此句钦定版圣经作“when thou hast taught me thy statutes”，可证“默识”一词系吴氏自行加入。吴氏将灵修体验与儒家工夫论交融，指出二教的共识：超越性体会无法被一般语言表达，必须以“心领神会”的方式印证。征诸儒家经典，孔子在《论语 · 阳货》中说：“天何言哉。四时行焉，百物生焉。天何言哉。”③ 他将“言”指向一种无声无息，综括“语言”“真理”意义的大“道”，与圣经的“太初有道”意义相通。不仅基督徒领悟上帝之言需要灵性，儒家学者同样认为默体天道时“灵性比理性重要”④。在吴经熊看来，“默识心通”是超越思辨言说的直觉解悟：“自然法并不是仰赖逻辑和经验的推理建立起来的；我们以直觉认识它，这种直觉就是人所称的良知。”⑤ 但如前所述，人生来秉有的“良知”只是善端而非至善本身，故“默识心通”的修习形态乃根植于“居仁行义”的立身之道，

① 程颐、程颢：《二程集》（北京：中华书局，2004），1191。[Cheng Yi, Cheng Hao, *Ercheng ji* (Cheng Yi and Cheng Hao's Works) (Beijing: Zhonghua Book Company, 2004), 1191.]

② 吴经熊：《圣咏译义初稿》，92。

③ 《十三经注疏》，5487。

④ 张昭炜:《中国儒学的缄默维度特质》,《世界宗教研究》, 2018 年第 1 期, 18。[Zhang Zhaowei, "Zhongguo Ruxue de jianmo weidu tezhi" (Chinese Confucianism's Tacit Dimension), *Studies in World Religions*, no. 1 (2018): 18.]

⑤ 吴经熊：《内心悦乐之源泉》，198。

并助成后者。

综上，吴经熊在《道学津梁》中以“译”代“作”，通过文言归化翻译会通儒耶，构建起存养良知—体觉认识（默识心通）—领会上帝律法的一套体系，充实了《初稿》的“爱”“畏”两条经纬主线。需要说明的是，本文研讨《初稿》中所见吴氏会通中西的思想，主要就儒耶会通而言。其实《初稿》也存在将基督教与释、道会通的现象，只是在《初稿》中相对少见，观念之间的对照辨析不多，且前人已有所论述，故此本文暂不赘说。①

四、小　结

吴经熊《圣咏译义初稿》一书通过文言归化翻译《圣咏》，从中可以窥见吴氏自身综览中西、会通儒耶后形成的思想。具体而言，《圣咏》中所见吴氏思想以基督教的“爱”与“畏”两种精神为经纬，人因得以分有上帝的善之能力而爱，因“原罪”造成的有限性而畏，畏的最终结果必然是归于虔心修习，

---

① 例如《初稿》第39首“浮生总是梦，弹指已云亡。又如彼泡影，何苦自遑遑”使用《金刚经》“一切有为法，如梦幻泡影，如露亦如电，应作如是观”的比喻，第73首“梦中虽云欢，梦醒应悲哭”化用《庄子·齐物论》“梦饮酒者，旦而哭泣。梦哭泣者，旦而田猎。方其梦也，不知其梦也。”关于吴经熊会通基督教与佛道的论述，参见任显楷：《“优游圣道中，涵泳彻朝夕”——谈〈圣咏译义初稿〉与中国传统思想的互动》，248–254；樊志辉：《吴经熊哲学思想探析》，9；武明志：《吴经熊中国儒道思想与基督宗教灵修之研究》，56–76。郭果七对此论述尤多，参见郭果七：《吴经熊：中国人亦基督徒》（台北：光启文化事业，2006），58–68，164–252。[Benedicta Kuo, *Wu Jingxiong: Zhongguoren yi Jidutu* (John C. H. Wu: Both Chinese and Christian) (Taipei: Kuangchi Cultural Group, 2006), 58–68, 164–252.]

追随上帝之爱。通过儒耶会通，吴氏在中国传统文化中觅得上帝存在的依据，为基督教的中国化奠立坚实基础，同时也将中国儒学的本体论、工夫论、生存感受援入基督教中，促进二教相互融通。当然，他的这一工作是以基督教为本位进行裁夺的。例如《道学津梁》多采儒学胜义而一归于基督教思想，其“正心诚意”“居仁由义”“默识心通”等主题，正是吴氏会通中西思想后为基督教后学施行的导引。就此来看，《初稿》确是吴氏为基督织造的一袭文辞、义理浑然泯合的无缝之袍。

参考文献 [Bibliography]

程颐、程颢：《二程集》，北京：中华书局，2004。[Cheng Yi, Cheng Hao. *Ercheng ji* (Cheng Yi and Cheng Hao's Works). Beijing: Zhonghua Book Company, 2004.]

辅仁大学校牧室编：《吴经熊博士百周年冥诞纪念学术研讨会论文集》，台北：辅仁大学出版社，2003。[Fu Jen Catholic University Chaplain's Office, ed. *Wu Jingxiong boshi baizhounian mingdan jinian xueshu yantaohui lunwenji* (Proceedings of the Symposium to Commemorate the Centenary Birth of Dr. John C. H. Wu). Taipei: Fu Jen Catholic University Press, 2003.]

郭果七：《吴经熊：中国人亦基督徒》，台北：光启文化事业，2006。[Benedicta Kuo. *Wu Jingxiong: Zhongguoren yi Jidutu* (John C. H. Wu: Both Chinese and Christian). Taipei: Kuangchi Cultural Group, 2006.]

李泽厚：《论语今读》，上海：三联书店，2004。[Li Zehou. *Lunyu*

jindu (Modern Reading of The Analects of Confucius). Shanghai: SDX Joint Publishing Bookstore, 2004.]

牟宗三：《中国哲学的特质》，长春：吉林出版集团有限责任公司，2010。[Mou Tsung San. *Zhongguo zhexue de tezhi* (Characteristics of Chinese Philosophy). Changchun: Jilin Publishing Group, 2010.]

钱钟书：《管锥编》，北京：生活·读书·新知三联书店，2012。[Qian Zhongshu. *Guanzhui bian* (Limited Views: Essays on Ideas and Letters). Beijing: SDX Joint Publishing Company, 2012.]

任显楷：《"优游圣道中，涵泳彻朝夕"——谈〈圣咏译义初稿〉与中国传统思想的互动》，《圣经文学研究》，第5辑，2011，236–258。[Ren Xiankai. "'Youyou shengdao zhong, hanyong che zhaoxi': Tan *Shengyong yiyi chugao* yu Zhongguo chuantong sixiang de hudong" (On the Traditional Chinese Philosophical Thoughts in John C. H. Wu's *Shengyong Yiyi Chugao*). *Journal for the Study of Biblical Literature*, no. 5 (2011): 236–258.]

《十三经注疏》，北京：中华书局，2009。[*Shisanjing zhushu* (Thirteen Classics Explanatory Notes and Commentaries). Beijing: Zhonghua Book Company, 2009.]

苏其康：《吴经熊中译圣经〈圣咏集〉里的上主形象》，余慧珠译，《中外文学》，2001年第7期，4–32。[Su Qikang. "Wu Jingxiong Zhongyi Shengjing *Shengyongji* li de Shangzhu xingxiang" (Wu Ching-Hsiung's Chinese Translation of Images of the Highest in the Psalms). Translated by Yu Huizhu. *Chinese & Foreign Literature*, no.7 (2001): 4–32.]

孙尚扬：《基督教与明末儒学》，北京：东方出版社，1994。

[Sun Shangyang. *Jidujiao yu Mingmo Ruxue* (Christianity and Confucianism in Late Ming Dynasty). Beijing: Eastern Press, 1994.]

吴经熊：《超越东西方》，周伟驰译，北京：社会科学文献出版社，2002。[John C. H. Wu. *Chaoyue dongxifang* (Beyond East and West). Translated by Zhou Weichi. Beijing: Social Sciences Academic Press, 2002.]

———：《法律哲学研究》，北京：清华大学出版社，2005。[John C. H. Wu. *Falü zhexue yanjiu* (Legal Philosophy Studies). Beijing: Tsing Hua University Press, 2005.]

———：《内心悦乐之源泉》，台北：东大图书公司，1983。[John C. H. Wu. *Neixin yuele zhi yuanquan* (The Source of Inner Happiness). Taipei: The Grand East Book Company, 1983.]

———：《圣咏译义初稿》，上海：上海商务印书馆，1946。[John C. H. Wu. *Shengyong yiyi chugao* (Paraphase of the Psalms). Shanghai: Shanghai Commercial Press, 1946.]

———：《哲学与文化》，台北：三民书局，2006。[John C. H. Wu. *Zhexue yu wenhua* (Philosophy and Culture). Taipei: San Min Book Company, 2006.]

《新经全集》，吴经熊译，载《东传福音》，第一册，中国宗教历史文献集成编纂委员会编，合肥：黄山书社，2005。[John C. H. Wu, trans. *Xinjing quanji* (New Testament). In *Dongchuan Fuyin* (Gospel to the East), edited by Commission for Compilation of Chinese Religious History Documents. Vol. 1. Hefei: Huangshan Publishing House, 2005.]

徐复观：《中国人性论史 · 先秦篇》，北京：九州出版社，2017。

[Xu Fuguan. *Zhongguo renxinglun shi: Xianqin pian* (History of Chinese Theory of Human Nature: Pre-Qin). Beijing: Jiuzhou Press, 2017.]

徐世昌编：《清儒学案》，第一册，北京：中华书局，2008。[Xu Shichang, ed. *Qingru xue'an* (Academic Records of Qing's Confucian Scholars). Vol. 1. Beijing: Zhonghua Book Company, 2008.]

杨慧林：《基督教的底色与文化延伸》，哈尔滨：黑龙江人民出版社，2002。[Yang Huilin. *Jidujiao de dise yu wenhua yanshen* (The Background and Cultural Extension of Christianity). Harbin: Heilongjiang People's Press, 2002.]

圣经女士师与《杨家将演义》穆桂英形象比较研究*

林　艳

内容提要： 希伯来圣经女士师底波拉和雅忆拯救以色列脱离外族欺压，《杨家将演义》中的穆桂英是抗击辽国入侵宋朝的一代女杰，她们都是拯救民族危亡的女英雄，彰显出浓厚的家国情怀。希伯来女英雄以迦南神话的亚舍拉和亚斯他录为神话原型，穆桂英的神女背景为其军旅生涯增添传奇色彩。底波拉和雅忆书写了女英雄守望合作的理想关系，穆桂英在男尊女卑的传统文化里以身报国。希伯来女士师彰显个人主义英雄气概，穆桂英是儒家忠孝节义观产生的集体主义英雄。女英雄的家国情怀满载着爱国主义价值符号，对当今时代爱国主义教育有启发意义。

关键词： 女英雄，女士师，底波拉，雅忆，穆桂英

作者单位： 深圳大学饶宗颐文化研究院

---

* 本文是教育部人文社会科学基地重大项目"对中国经典和圣经的跨文本阅读与文化身份认同研究"（22JJD730007）之子课题"跨文本阅读与当代圣经研究"的阶段性成果。[This paper is the initial output of "Cross-textual Reading and Contemporary Biblical Study", which is a sub-project of the Ministry of Education's Major Humanities and Social Sciences Project "Cross-textual Reading on Chinese Classics and Bible, and Culture Identity Studies" (22JJD730007).]

A Comparative Study of the Images of Female Judges and Mu Guiying

LIN Yan

Abstract: In the Hebrew Bible, Deborah and Jael were female judges who saved Israel from the oppression of Canaanites, while Mu Guiying was the heroine who resisted the invasion of the Liao's Empire into the Song Dynasty. All were heroines who saved nations from extinction, and their great contributions exhibit the strong emotional complex of family and country. The mythological archetypes of Hebrew heroines were adopted from Canaanite religious culture, whereas Mu Guiying acquired military skills from a goddess giving her military career a supernatural hue. Deborah and Jael demonstrated an ideal relationship of cooperation; Mu Guiying sacrificed her life for her country in such a traditional culture where man was superior to woman. Hebrew female judges displayed individual heroism; Mu Guiying is a collectivist heroine cultivated by the Confucian concept of loyalty, filial piety, chastity and righteousness. These heroines' emotional bond to home and country reflects patriotic value symbols which may be instructive for patriotic education in this era.

Keywords: heroines, female Judges, Deborah, Jael, Mu Guiying

Author's contact info: Jao Tsung-I Institute of Culture Studies, Shenzhen University. Email: lingyunly@163.com

中国古典文学曾塑造出花木兰、穆桂英、樊梨花、梁红玉四大女杰；对西方社会影响深远的圣经亦记载了女士师底波拉和雅亿的战争事迹。她们是中国和希伯来两种文化形态里的女英雄，是人类共有的精神资源。本文将犹太文化传统里的女士师底波拉 / 雅亿和中国北宋抗辽女英雄穆桂英的形象加以比较，通过探究女英雄形象的原型及其发展流变，考察女英雄体现的家国情怀与女性意识，分析比对中希文化价值观下女英雄形象的异同，再思英雄文化在当代文化价值体系中的意义。

一、女英雄的神话背景

希伯来圣经记载了底波拉和雅忆这两位战争女英雄，她们生活在约公元前 13 至公元前 11 世纪的以色列士师时代。“那时以色列中没有王，各人任意而行”（士 21: 25）。[①] 正因为没有君王统治，以色列各支派不断陷入异族蹂躏、部落仇杀、纲纪失序、灵性堕落的黑暗境况。底波拉是以色列为数不多的女士师和女先知。她曾预言女子雅亿将取代元帅巴拉获得耶和华的祝福。雅亿遇见从战场上逃窜下来的迦南将领西西拉，乘其熟睡之机，用帐篷橛子钉在他太阳穴上，致其身亡。因女士师的拯救，以色列国中太平四十年。

底波拉与雅亿的拯救能力如有神助。考察古代迦南神话，

---

① 《圣经（新标准修订版）》（香港：香港圣经公会，1989），411。[*Shengjing (Xin Biaozhun Xiuding Ban* (Holy Bible) (Hong Kong: Hong Kong Bible Society, 1989), 411.] 本文的圣经引文均出自该译本。

能发现她们本来就是神祇。底波拉与迦南风暴神巴力的配偶阿纳特（Anath）有关。《士师记》第5章的底波拉之歌称："在亚拿（Anath）之子珊迦的时候，又在雅忆的日子，大道无人行走"（5：6）。据考其中的亚拿就是阿纳特，"亚拿之子"突出了亚拿的母亲身份，而底波拉被誉为"以色列的母"（士5：7），可见亚拿/阿纳特与底波拉的关系以文化记忆的方式联系起来。从词源学上考察，雅亿（יָעֵל）的希伯来文原意为"山羊"（יָעֵל）、"狩猎者"①，在迦南文学里，牧放山羊的神亚斯他录（Astarte）常被冠以"女猎人"的称号②。亚斯他录和雅亿都有"击打头骨"的战绩。例如，"愿赫隆（Horon）击打你的头部，亚斯他录……（击打）你的王冠"③。亚斯他录（与赫隆）赢得了打落敌首（王冠）的美名。从《士师记》第5章就能看到雅亿击打西西拉头骨的战绩："雅亿左手拿着帐棚橛子，右手拿着匠人的锤子，击打西西拉，打伤他的头"。（5：26b）不难看出，雅亿和亚斯他录神的关联性非常明显。

底波拉与阿纳特、雅亿与亚斯他录之间的关系渐次清晰，两位女英雄都有迦南神话背景。而且，阿纳特和亚斯他录经常被并列提及，她们几乎是一对姊妹神，两位神祇之间的紧密关系实际上反映出迦南神话发展到晚期的形态。希伯来圣经深受古代迦南宗教神话的影响，因而《士师记》第4–5章描写底波

① F. Brown, S. Driver, and C. Briggs, *The Brown-Driver-Briggs Hebrew and English Lexicon: With an Appendix Containing the Biblical Aramaic* (Boston: Hendrickson Publishers, 2003), 418.

② J. Glen Taylor, "The Song of Deborah and Two Canaanite Goddesses," *Journal for the Study of the Old Testament* 7, issue. 23 (1982): 103.

③ Ibid., 101.

拉的事迹后紧接着叙述雅亿的故事。底波拉之歌将底波拉与雅亿并置，乃是对这两位迦南神祇在遥远往昔共生共现的提醒：底波拉体现出对古代战神阿纳特的神话记忆，雅亿以战神亚斯他录的神话想象补充了阿纳特的历史。底波拉虽然有战神的神话影像，在《士师记》里并没有直接参战。她打仗的能力在雅亿身上得到实现："雅亿左手拿着帐棚的橛子，右手拿着匠人的锤子，击打西西拉，打伤他的头，把他的鬓角打破穿通。西西拉在她脚前曲身扑倒。"（士 5: 27）诗歌展现了战争的残酷，也表现出雅亿的英勇无畏。很多读者认为雅亿锤杀西西拉的场面过于血腥，他们无法理解圣经这本圣书居然宣扬暴力，然而雅亿的行为在两国交兵的战争语境里，在生存高于一切的战争法则下却是正当的。底波拉和雅亿的原型居然是迦南神话里阿纳特和亚斯他录两位战争女神，这从神话学的角度揭示出，底波拉和雅亿何以在众强林立的男性社会留下自己的姓名。

中国古典话本小说《杨家将演义》叙述北宋初年杨家兵将抗击辽国及西夏的入侵，留下可歌可泣的战争故事，突出表现了穆桂英穆柯寨比武招亲、大破天门阵、亲率十二寡妇西征等奇功伟业。穆桂英几乎是在杨家后继乏人的情况下挂帅出征的，拯救了满门忠烈的杨家，亦拯救了赵宋王室因边患岌岌可危的江山。明代的《杨家将演义》对女英雄穆桂英不乏超凡脱俗的美化描写，说她的超强武艺是神女所赐："曾遇神授三口飞刀，百发百中。"① 另一种传说《杨家府演义》形容穆桂英"曾遇

① 熊大木：《杨家将演义》（杭州：浙江古籍出版社，2017），112。[Xiong Damu, *Yang Jiajiang yanyi* (Legend of Warriors of Yang Family) (Hangzhou: Zhejiang Classics Publishing House, 2017), 112.]

神女，传授神剑飞刀”[①]。穆桂英在与敌将白天虎交兵的战场上颇有气吞山河之势：“只见两口大刀像闪电一般，真是杀得日月无光，天昏地暗；两骑战马似蛟龙入海，往返盘旋奔驰，推波逐浪尘土扬。两人斗到十来回合，穆桂英灵机一动，卖个破绽，故意让对方来攻，遂顺手一刀背，将白天虎打下马来……将白天虎斩为两段。”[②] 穆桂英虽然不似底波拉和雅亿富于女神血统，但是其高超的武艺却是神祇所授，因而被称为韩信复生、战神在世，这令她的军旅生涯充满了传奇色彩。

二、女性意识的觉醒

女英雄跟男子一样保家卫国，建立功勋，女英雄亦克服了自身的性别限制，体现出合作精神与魄力。底波拉与雅亿的紧密关系不仅有神话背景做支撑，她们的故事也体现了不同女性间合作而非对抗的关系。底波拉指挥了对迦南王夏琐的战役，雅亿刺杀了迦南人的逃亡将军，二人合作击败了入侵的迦南人。传统社会普遍认为男性之间有较好的合作，女性自从成立家庭以后，彼此之间的联系就不那么紧密。然而，底波拉和雅亿却诠释着女性之间相互守望的合作关系。且雅亿的家庭与迦南人

---

① 《杨家府演义》，无名氏，竺少华标点（上海：上海古籍出版社，1980），150。[*Yangjia fu yanyi* (The Romance of Yang Family), punctuated by Anonymous and Zhu Shaohua (Shanghai: Shanghai Classics Publishing House, 1980), 150.]

② 林邦柱：《忠勇烈火情——穆桂英演义》（北京：中国文联出版公司，1989），78–79。[Lin Bangzhu, *Zhongyong liehuo qing: Mu Guiying yanyi* (Loyal and Brave Passion: Romance of Mu Guiying) (Beijing: China Federation of Literary and Art Circles Publishing Corporation, 1989), 78–79.]

通好，她刺杀迦南将军西西拉堪称背叛了自己的家庭，可见她与以色列士师底波拉的合作非常彻底。

《杨家将演义》除了描写精忠报国的女英雄穆桂英之外，还塑造了至辽营参战的西夏国郡主黄琼女一角，对黄琼女的描写充满了神秘奇幻的想象。黄琼女把守的连弩营“阴风凛凛”，该女“手执骷髅”，营内妇女“披露形体”，这显然是有意将黄琼女妖魔化的书写策略。① 黄琼女钦佩穆桂英的军事才能，穆桂英乘机成功地策反黄琼女，二人里应外合攻破了辽人的天门阵。然而她们之间的合作并非简单的女性间合作。穆英雄和黄琼女分别是传统男性社会定义的天使形象和女妖形象，她们的关系仿照了传统社会两性关系模式，即男性支配女性，女性崇拜男性。作为女妖的黄琼女崇拜近似于伟岸男子的穆桂英。黄琼女投降宋军的情节设计，跟圣经里主动献降的外邦妓女喇合有类似的象征含义。

底波拉显示出充分的女性自觉意识。她首先预言荣耀将归于雅亿，并为雅亿唱赞歌，说人们所处的时代是“雅亿的日子”（5: 6），“愿基尼人希百的妻雅亿比众妇人多得福气”（5: 24）。穆桂英亦体现出女性意识的觉醒。杨家将故事最突出的成就是在以男性为主导的世界里描绘塑造出一个不容忽视的女性群体——杨门十二女将。穆桂英的形象更是杨门女将中的翘首。在男尊女卑的文化环境里，她以一种决然独立的社会文化角色投身战争。古代女子要参与社会生活，大多通过异装来寻求主流男性文化的认可。著名女英雄花木兰替父从军十四载，同行未认出她的女子身份，可见其隐藏之高明。祝英台着男子

① 林邦柱：《忠勇烈火情——穆桂英演义》，116。

服装异地求学三载，质朴的梁山伯在其几经暗示下都未认出她的女儿身份。民女冯素珍为救夫婿李兆廷，女扮男装考中状元，竟被当朝皇帝召为驸马。古代女子参与社会生活，要么就像穆桂英这样红颜武装，将巾帼将领的风采直接示人：头戴金翅凤冠挑雉尾，身着凤凰裙，骑一匹桃花马，手执秀鸾大刀。这种鲜明的性别区分在古代军营里异常抢眼，其意义不亚于坐在棕树下统治以色列的底波拉。穆桂英虽为女流，却是古今罕见的军事奇才。她年纪轻轻，即在天波府挂帅出征。用兵布阵神出鬼没，大破辽兵天门阵，为其树立极高威信。她敢作敢为，战场上生擒杨宗保，逼婚择婿。[①] 很难想象在北宋封建文化的帷幕下，能涌现出这样一位不受宗法约束、颠倒乾坤的女中豪杰。然而，她又绝非了无女性特征、被异化了的“男性在场”。相反，她用自己的言行生动诠释了女子也能是保家卫国的坚强柱石，是不可或缺的“半边天”。[②]

三、个人英雄主义与集体英雄主义

底波拉/雅亿两位希伯来女英雄身上体现了强烈的神圣预定论个人英雄主义。个人英雄主义传统在希伯来圣经里最初与先知有密切关系。作为上帝的代言人，先知大多过着离群索居、标新立异的生活，他们那离奇的经历，奇特的视野，大胆的言

① 周传家:《家国情怀和女性意识的交响迭奏》,《戏剧综论》, 2019年第5期, 12。[Zhou Chuanjia, “Jiaguo qinghuai he nüxing yishi de jiaoxiang diezou” (Duet of State Nationalism and Female Awareness), *A Comprehensive Review of Drama*, no. 5 (2019): 12.]

② 周传家：《家国情怀和女性意识的交响迭奏》，9–13。

论被时人视为病人、疯子、不受欢迎的人，然而他们却是那个时代引领“潮流”、左右风向的狂飙式人物，是彼时不受认可的宗教领袖，和凭借一己之力推动文化变革的英雄。

在希伯来圣经中，最早的这类英雄是先知摩西。摩西带领希伯来同胞降十灾、过红海、出埃及，其拯救伟业被一代代以色列人讲述，已然融入民族血脉和历史神话记忆中。它也是当今西方文化一个经久不衰的话题，好莱坞将出埃及故事拍成动画片，把自由、平等、独立等西方传统价值观多手法、全方位地传递给全世界的青少年，反映出美国对古老圣经传统与时俱进的文化理念。先知以赛亚有关和平的预言“他们要将刀打成犁头，把枪打成镰刀；这国不举刀攻击那国，他们也不再学习战事”（赛 2: 4），被刻写在联合国总部大厦，成为这个时代国家之间交往的基本准则。写下《耶利米哀歌》的先知跟其他以色列人一同遭遇了首都耶路撒冷被巴比伦人摧毁的恐怖灾难，当人们纷纷出逃去外地谋生时，耶利米却在首都买田置地，谋求长期发展，以此坚定人们的信心（耶 32）。耶利米以身垂范，起到凝聚人心和重塑梦想的作用。先知阿摩司有关公义的预言“惟愿公平如大水滚滚，使公义如江河滔滔”（摩 5: 24）是被现代西方法律体系钟爱的名言，经常被镌刻在法庭外墙的显眼处。先知何西阿是那永恒不变的丈夫，象征背约的以色列虽然三番五次离弃耶和华，却依然得到怜悯和拯救。时至当今，“以诚实和慈爱待人”（何 2: 19）已超出家庭伦理范畴，成为人际关系的基本准则。先知约拿对外邦人的态度，从敌视转向和睦，向敌族传递和平的信息，超越了狭隘民族主义，符合当下普世主义的价值诉求。这些希伯来先知是当时社会的先锋、前卫的思想引领者，也是今天普世文化价值的源头活水。先知是孤独的英雄，是能力超群的个人，更是以色列社群的神圣言说者。先知的个人英雄主义总是由其身后的神圣力量所带领，他们那引领时代、创造文化的变革能力，往往与超自然力量推动人类历史变革的唯心主义神学观交相混融。不难发现，底波拉 / 雅亿的个人英雄主义是以耶和华上帝为导向的，体现出彼岸世界对此岸世界文化价值观的介入和引领。

中国古典文学标榜的巾帼女英雄则是儒家忠孝节义文化孕育出的集体主义英雄，她们为家庭、民族、国家这些大大小小的集体服务，强调最大限度地隐藏或者抹杀个体的、女性的特征。穆桂英驰援莱州时怀有身孕，当朝廷请她出征时，她接受“国难当头”的召唤，再次征战沙场，多次与敌人短兵相接。[①]因此，穆桂英身上体现了家国一体、家国同构的集体主义英雄观，在处理家与国的关系时，英雄往往舍小家而顾大家，甚至抛弃和抹杀自身的生理特征，寻求得到社会多数人认可。其中没有绝对超越者的介入和引领，有的是国家政治力量主导下的意识形态，也就是忠君爱国的思想品格。

中国古典文学中类似的集体主义英雄还有花木兰。《木兰辞》这首诗的主题并不在于描写“将军百战死，壮士十年归”的争战场面，木兰参军的动机是“替爷征”[②]，也就是说，儒家孝道文化才是支撑木兰出生入死、征战沙场的力量来源，保

① 周传家：《家国情怀和女性意识的交响迭奏》，158。

② 王青、李敦庆：《两汉魏晋南北朝民歌集》（南京：南京师范大学出版社，2014），345–348。[Wang Qin, Li Dunqing, *Lianghan Weijing Nanbei Chao minge ji* (A Collection of Folk Songs in the Han, Wei, Jin, Southern and Northern Dynasties) (Nanjing: Nanjing Normal University Press, 2014), 345–348.]

家卫国、报效朝廷并非其参军的动力[①]。但《杨家将演绎》基本上用战争场面构筑了整个叙事底色，穆桂英的英雄本色也主要通过杀敌立功表现出来。抵御侵略、尽忠朝廷、渴望和平的价值体系，规范和制约着穆桂英等杨门女将的英雄主义行为。因此，穆桂英与希伯来圣经女士师底波拉/雅忆的战争形象存在可比性。

无论是底波拉/雅忆在超越性力量引导下的个人英雄主义，还是穆桂英等中国古典文学表现的集体英雄主义，都饱含着爱国主义情怀。只要有民族国家存在，爱国主义就不会过时。

结 语

希伯来文化里的女士师底波拉和雅亿拯救了身处士师时代的以色列人，迦南文化的阿纳特和亚斯他录是其拯救力量的原型和守护神。文学作品也多将其塑造成能征善战的战神形象。希伯来和中国文化中的女英雄都体现出强烈的家国情怀，她们完全将个人的生死荣辱置之度外。她们身上亦体现出觉醒的女性意识，底波拉主动与外邦女子雅亿合作，穆桂英与西夏郡主黄琼女联合反辽，在传统社会书写出女性对民族关系的认识自

① 陈思宇：《两种文化背景下的女英雄——〈木兰辞〉与好莱坞卡通片〈木兰〉的对比研究》，载《电子科技大学学报》（社科版），2010 年第 1 期，93-96。[Chen Siyu, "Liangzhong wenhua bejing xia de nü yingxiong: 'Mulan ci' yu Haolaiwu katongpian 'Mulan' de duibi yanjiu" (A Heroine with Two Cultural Identities: The Ballad of Mulan v.s. Its Cartoon Version), in *Journal of University of Electronic Science and Technology of China* (Social Sciences Edition), no. 1 (2010): 93–96.]

觉。她们的家国情怀和醒觉的女性意识也有时代局限性，这种宏大的家国叙事往往以主流文化为认同机制，不同文化下的女性都服从主从性别地位角色的设定。女英雄对当代文化有着鲜明的启发意义。底波拉和雅亿体现着神圣预定的个人英雄主义，中国古典文学的巾帼将领是儒家忠孝节义文化孕育出的集体主义英雄，这些不同文化下的巾帼英雄诠释着各自所属的爱国主义情怀，创造了属于她们那个时代的英雄文化，对我们重新审视现时代的爱国主义教育有着重要的借鉴和启发意义。

参考文献 [Bibliography]

Brown, F., S. Driver, and C. Briggs. *The Brown-Driver-Briggs Hebrew and English Lexicon: With an Appendix Containing the Biblical Aramaic.* Boston: Hendrickson Publishers, 2003.

Taylor, J. Glen. "The Song of Deborah and Two Canaanite Goddesses." *Journal for the Study of the Old Testament* 7, issue. 23 (1982): 99–108.

陈思宇：《两种文化背景下的女英雄——〈木兰辞〉与好莱坞卡通片〈木兰〉的对比研究》，载《电子科技大学学报》（社科版），2010 年 第 1 期，93–96。[Chen Siyu. "Liangzhong wenhua bejing xia de nü yingxiong : 'Mulan ci' yu Haolaiwu katongpian 'Mulan' de duibi yanjiu" (A Heroine with Two Cultural Identities: The Ballad of Mulan v.s. Its Cartoon Version). In *Journal of University of Electronic Science and Technology of China* (Social Sciences Edition), no. 1 (2010): 93–96.]

林邦柱：《忠勇烈火情 —— 穆桂英演义》，北京：中国文联出版公司，1989。[Lin Bangzhu. *Zhongyong liehuo qing: Mu Guiying yanyi* (Loyal and Brave Passion: Romance of Mu Guiying). Beijing: China Federation of Literary and Art Circles Publishing Corporation, 1989.]

王青、李敦庆：《两汉魏晋南北朝民歌集》，南京：南京师范大学出版社，2014。[Wang Qin, Li Dunqing. *Lianghan Weijin Nanbei Chao minge ji* (A Collection of Folk Songs in the Han, Wei, Jin, Southern and Northen Dynasties). Nanjing: Nanjing Normal University Press, 2014.]

熊大木：《杨家将演义》，杭州：浙江古籍出版社，2017。[Xiong Damu. *Yangjiajiang yanyi* (Legend of Warriors of the Yang Family). Hangzhou: Zhejiang Classics Publishing House, 2017.]

《杨家府演义》，无名氏、竺少华标点，上海：上海古籍出版社，1980。[*Yangjia fu yanyi* (The Romance of the Yang Family). Punctuated by Anonymous and Zhu Shaohua. Shanghai: Shanghai Classics Publishing House, 1980, 150.]

周传家：《家国情怀和女性意识的交响迭奏》，《戏剧综论》，2019 年 第 5 期，9–13。[Zhou Chuanjia. "Jiaguo qinghuai he nüxing yishi de jiaoxiang diezou" (Duet of State Nationalism and Female Awareness). *A Comprehensive Review of Drama*, no. 5 (2019): 9–13.]

“前先知书”历史叙事的批判性特征及其成因*

张若一

内容提要：“前先知书”是《希伯来圣经》中历史书卷的重要代表，其叙事带有鲜明的批判性，编纂者（申命派作者）罗列历史上以色列君主与民众的诸多恶行，并对此进行有针对性的深刻批判，用以表明自身所秉持的宗教与历史观念。为达到这一目的，申命派作者以套语构成批判性框架，将历史叙事镶嵌其中，并撰写大量民族领袖的宣讲词，直陈其对民族过往的批判态度，而这一切的思想基础都建立在出自《申命记》的“神圣报应”原则之上。本文将前先知书历史叙事的批判性这一文本特征为研究对象，结合其文献来源与编纂状况，对其文学结构、批判内容及编纂理念进行系统研究，进而揭示此文学现象的成因。

关键词：前先知书，申命派作者，历史叙事，批判性

* 本文系国家社科基金重大项目“流散文学与人类命运共同体研究（项目编号：21&ZD277）”阶段性成果。[This paper is a phased achievement of the Major Project of National Social Science Fund “Research on Diaspora Literature and Community of Common Destiny for All Mankind” (21&ZD277).]

作者单位：上海外国语大学文学研究院

Critical Feature and Its Origin of the Historical Narrative of "the Former Prophets"

ZHANG Ruoyi

Abstract: The Former Prophets are representative historical scrolls in the Hebrew Bible with sharply critical narratives, whose. redactors, namely the Deuteronomists, enumerated wicked deeds of Israelite kings and people and whose severe criticism indicates their religious and historical views. In order to achieve this, the Deuteronomists used a formulaic critical framework, embedded historical narratives within it, and wrote a large number of didactic speeches by Israelite leaders to express their critical attitude towards the nation's past, all based on an ideological foundation of divine retribution derived from Deuteronomy. By referring to the sources and compilation of the Former Prophets, this essay systematically analyzes their literary structure, critical content and compilation purpose, in order to reveal the reasons for the characteristically critical nature of the historical narratives.

Keywords: Former Prophets, Deuteronomist, historical narratives, criticality

Author's Contact info: Institute of Literary Studies, Shanghai International Studies University. Email: paladin188@sina.com

根据犹太教的划分方式，《约书亚记》《士师记》《撒母耳记》和《列王纪》四卷书被称为"前先知书"（נביאים ראשונים），完整记述了古代以色列民族自进驻迦南到"巴比伦之囚"之间六百余年的历史（公元前12世纪初至公元前6世纪初）。前先知书被学界视为古代以色列/犹太史的史学典范，① 其中显著的文学特征近年来也得到文学批评家的广泛关注。②

前先知书的历史叙事呈现出鲜明的批判性，该现象亦引起了一些学者的关注，如宗教学者诺逊·舍尔曼（Nosson Scherman）、历史学者约翰·范·赛特斯（John van Seters）等。③

---

① 典型代表如冯拉德（von Rad）与卡苏托（U. Cassuto）等。冯拉德将以色列历史与希罗多德的著作相提并论，认为只有希腊和以色列产生了"历史意识"（historical sense），具体表现为：第一，《希伯来圣经》使用释源传说（etiological legend）来解释时局；第二，以色列历史作者发展出了简洁精炼的叙事风格；第三，以色列历史作者拥有明确的神学导向，即一种价值判断体系。这种历史意识被用于归纳与反思一系列政治事件的前因后果，详见 G. von Rad, *The Problem of the Hexateuch and Other Essays*, trans. E. W. Truman Dicken (Edinburgh: Oliver and Boyd, 1966), 166–204。卡苏托则认为以色列是世界上最早形成史学观念的民族，甚至早于希罗多德；而彼时的古代地中海文化圈尚未摆脱以神话、传说等文类讲述过往的阶段，详见 U. Cassuto, *Biblical and Oriental Studies*, trans. Israel Abrahams (Jerusalem: The Magnes Press, 1973), 1:7–16。

② 代表性学者及其专著如 Robert Alter, *The Art of Biblical Narrative* (New York: Basic Books, 2011)； Shimon Bar-Efrat, *Narrative Art in the Bible* (Sheffield: Sheffield Academic Press, 1997)。

③ 诺逊·舍尔曼拉比是《塔纳赫（司通版）》的主编，该版《塔纳赫》有关前先知书的导读往往强调相应书卷中应被批判的特征，如在《士师记》的导读中写道："由于各支派并不愿意在迦南地上消除迦南人的影响，他们往往沾染了当地居民的恶俗。"又如《列王纪》的导读反复强调了该卷书所写的历史是"堕落的"（downward），满是"耻辱"（disgrace）和"邪恶"（wickedness）。详见 Rabbi Nosson Scherman, ed., *Tanach: The Stone Edition* (New York: Mesorah, 2001), 518, 796。约翰·范·赛特斯对前先知书的批判性认识主要在于其追因性，认为以色列历史强调民族性，进而追查造成现实情形或局面的原因，这种追因带有批判性，见 John van

不过，这些研究的关注点仍集中于对其背后的神学意义或历史学价值的探讨，而非对此现象本身的文学形态及其成因的系统分析。

前先知书历史叙事的批判性集中表现在对以色列君主与民众恶行的罗列。不仅如此，其编纂者也使用极具辨识度的套语（formula），对上述恶行进行评述。这些套语反复出现在历史事件的起因与结果部分，构成了完整的叙事框架。前先知书的历史叙事，是编纂者精心镶嵌在该框架之中的，两者的关系类似新批评学者兰色姆（Ransom）提出的结构与肌质：结构就是批判性的叙事框架，作为前先知书的“逻辑观点”；肌质则是“附着于结构，却又不囿于结构的、意趣旁生的”具体的历史叙事。①

前先知书于公元前 7 世纪末至前 6 世纪中叶成书，由于其与《申命记》（Deuteronomy）关联紧密，学界将其统称为“申命历史”（Deuteronomistic History），其编纂者也被称为“申命派作者”（Deuteronomist）。申命派作者是犹大王国末期的一个文士群体，他们根据当时的政治文化语境，汇集大量叙事文本，以根植于古代以色列一神教的批判精神为指导，编纂了前先知书中的历史叙事。因而，若要深究其批判性的特征与根源，就要从前先知书的成书及其编纂者的相关问题谈起。

Seters, *In Search of History: Historiography in the Ancient World and the Origins of Biblical History* (New Haven: Yale University Press, 1983), 1–5。

① 王腊宝：“译序”，载《新批评》，约翰 · 克罗 · 兰色姆著，王腊宝、张哲译（南京：江苏教育出版社，2006），13。[Wang Labao, “Yi xu,” in *Xinpiping* (The New Criticism), by John Crowe Ransom, trans. Wang Labao and Zhang Zhe (Nanjing: Jiangsu Education Press, 2006), 13.]

一、前先知书的编纂者与成书过程

关于前先知书作者的身份，犹太传统观念认为，其作者乃是"前先知书"中的主要先知（例如《撒母耳记》的作者就是撒母耳本人①）。不过，现代学界研究表明，前先知书无论是其语言表述、文体风格还是思想观念，都与《申命记》十分接近，其中很多套语，仅仅出现在这五卷书的范围中，而基本不见于其他书卷，②因而这五卷书可能是由同一编纂者完成的。马丁·诺特（Martin Noth）提出："前先知书"与《申命记》的部分内容为独立著作，由一位"申命派作者"完成，其著作被命名为"申命历史"（Deuteronomistic History）。③诺特的具体观点虽存在争议性，但学界沿用了上述术语，并不断完善其理论学说，④

① J. Alberto Soggin, *Introduction to the Old Testament: From Its Origins to the Closing of the Alexandrian Canon* (Louisville: Westminster/ John Knox Press, 1989), 239.

② 典型案例如"尽心尽性"（בְּכָל-לֵב וּבְכָל-נֶפֶשׁ）、"遵守他的诫命、法度、律例"（וְלִשְׁמֹר מִצְוֹתָיו וְאֶת-עֵדְוֹתָיו וְאֶת-חֻקֹּתָיו）等。

③ 其代表作为《申命历史》：Martin Noth, *The Deuteronomistic History* (Sheffield: JSOT Press, 1981).

④ 马丁·诺特的该理论经过诸如F·M.克罗斯（F. M Cross）、鲁道夫·斯曼德（Rudolf Smend）等学者的发展与完善，颇具影响力。诺特认为申命史家的创作时期是公元前6世纪中叶（详见《申命历史》第79页）；此外，他认为申命史家所构筑的框架清晰，风格统一，是由一位编纂者所完成的（见《申命历史》第4-11页）。在他的基础上，F. M.克罗斯认为申命史家的创作存在两个阶段，由多位作者共同完成。他认为第一申命史家的工作主要反映了自摩西时代（公元前15世纪中后期）至犹大国王约西亚（公元前640—前609年）改革期间的历史内容，其主要依据是《列王纪》中对约西亚改革的详尽记述；而第二申命史家的工作反映了自王国灭亡至流亡时期（即公元前6世纪初至中后期）的历史内容，详见F. M. Cross, *Canaanite Myth and Hebrew Epics: Essays in the History of the Religion of Israel* (Cambridge: Harvard University Press, 1997), 274–289。

使之成为当今“旧约研究的基本假设”。[①]

综合既有的研究成果，笔者认为，申命派作者是一个活动于公元前 7 世纪末期至公元前 6 世纪中叶的文士群体，他们具备一定的宗教与政治独立性。原因在于，前先知书中鲜有对祭祀仪式等具体内容的详细描写，这与被认为是出自祭司手笔的文本（如五经中的 P 本）截然不同[②]；不仅如此，其对君主与王权的批判极为激烈，[③] 因此，申命派作者隶属于圣殿或国家机构的可能性很低，他们著书的直接目的并非服务圣殿祭司和国家王室，而主要是宣扬其自身的思想观念。

申命派作者活动的年代是以色列历史上颇为混乱的时期。公元前 7 世纪的犹大王国在失去了北方以色列王国的庇护后，[④] 直接暴露在古代近东强国争霸的夹缝中，新亚述、新巴比伦、埃及等强国对国家安全屡屡造成巨大威胁，其生存形势岌岌可危；而犹大王国内部纷扰频仍，信仰混乱、公义沦

---

① 游斌：《希伯来圣经的文本、历史与思想世界》（北京：宗教文化出版社，2007），101。[You Bin, *Xibolai Shengjing de wenben, lishi yu sixiang shijie* (The Literary, Historical and Thought World of the Hebrew Bible) (Beijing: Religious Culture Press, 2007), 101.]

② 《希伯来圣经》各卷都是文献层累（accretion）的结果，其成书过程普遍较为漫长，其中的层次（stratum）较多，专门探讨该方面问题的研究进路为文本批判（Textual Criticism）。其中，关于《希伯来圣经》前五卷（也有学者将范围扩大为前六卷）的成书理论，以威尔豪森创立的“底本说”（Documentary Theory）为基础，其主要观点认为，这些书卷主要由四个底本构成，分别为耶典（J）、神典（E）、申典（D）和祭典（P），而祭典主要由祭司群体完成，以大量关于献祭细节的内容与强调“圣洁”观念为特征。相比于祭典，申命历史中鲜有上述内容，因而可以判断其著者并非祭司群体。关于底本说的相关内容，可参考 Julius Wellhausen, *Prolegomena to the History of Ancient Israel* (Gloucester: Peter Smith, 1983)。

③ 如《列王纪》中对多位“昏君”及其结局的评判，申命史家直言其“行耶和华眼中看为恶的事”，其后果是全家“都灭尽了”，其言辞激烈决绝的程度可见一斑。

④ 北国以色列于公元前 722 年被新亚述帝国消灭。

丧、社会财富失衡等社会问题严重；最终，犹大王国也未能免于灭国的厄运，于公元前 586 年被新巴比伦王国消灭，大批犹大亡国者被迫流亡他乡。面对这种“生活背景”（Sitz im Leben），以色列人迫切需要回答：作为其信仰观念中唯一神的“选民”（chosen people），该民族缘何竟持续衰弱乃至国破家亡？而这，正是申命派作者著书的出发点。他们以“神圣报应”（divine retribution）观念对民族历史进行解读，该观念肇始于《申命记》第 28 章，概括来说，就是由于上帝与以色列人订立了圣约，以色列人若能遵行圣约之道，将得到神的嘉奖；反之，则会招致神的惩戒，其要点摘录如下：

> 你若留意听从耶和华你神的话，谨守遵行他的一切诫命，就是我今日所吩咐你的，他必使你超乎天下万民之上。你若听从耶和华你神的话，这以下的福必追随你，临到你身上。……你若不听从耶和华你神的话，不谨守遵行他的一切诫命律例，就是我今日所吩咐你的，这以下的咒诅都必追随你，临到你身上，你在城里必受咒诅，在田间也必受咒诅。（申 28:1，2，15，16）

一般认为，记载于《列王纪下》第 22、第 23 章中促成南国犹大君王约西亚（Josiah，公元前 640 年至公元前 609 年在位）进行改革的“律法书”，很可能就是《申命记》[①]，此乃

① 如末底改·科根（Mordechai Cogan）认为：“尽管（《列王纪》中）没有指明，但几乎可以确定的是，那卷使约西亚深受影响的‘律法书’就是《申命记》，这一观点在过去两个世纪已被圣经学者们详尽论述过”，见 Mordechai Cogan, *Understanding Hezekiah of Judah: Rebel King and Reformer* (Jerusalem: Carta, 2017), 8–9。

申命派作者著书的指导依据，也是其批判性思想的理论来源。申命派作者认为：神在历史中显现，与以色列民族以圣约的形式联结，不断对民众信仰的沦丧带去警告与惩罚，以期民族守约敬神。① 他们将所处时代视为民族堕落的低谷，认为民族、国家的过往并非一连串偶然事件的集合；相反，它所遵循的是神圣报应的发展逻辑。② 而其最终目的在于教化以色列人，使他们重拾圣约与律法，坚定民族信仰，传承民族文化。③ 达成这种教育目的的方式，则是通过编纂出具备深刻批判性的历史叙事，带给以色列人足够的"历史教训"，使他们归正。

为达到这一目的，申命派作者多方收集各种文献资料，进行了有效的历史叙事建构。前先知书历史叙事的编纂体例为编年史，这种发源于亚述帝国的史书体例是以色列 / 犹大王国官史的基本形态，本是申命派作者搜集到的王室官方档案与历史资料，作为其历史叙事的主要结构。除此之外，他们还搜罗了可能源自民间和其他来源的口头或书面文本，其中主要包括神

① 这种观念，与《希伯来圣经》中"后先知书"（Later Prophets，包含《以赛亚书》《耶利米书》《以西结书》《十二小先知书》）书卷中先知的部分观念有异曲同工之妙。后先知书的问世，得益于公元前 8 世纪中至前 5 世纪发生的"先知运动"，该运动因国家分裂、外敌威胁、社会公义沦丧、信仰失落等一系列严重问题而起，代表性著述如 Joseph Blenkinsopp, *A History of Prophecy in Israel* (London: Westminster John Knox Press, 1996)。这些"先知"（נביא）被认为是得到神的默示而发言之人，其观念主要包含呼吁以色列人重拾耶和华独一神信仰、要求社会公平正义，以及限制君主权力等，这些与申命史家的神圣报应观念存在着众多交集；此外，后先知书也主要采用了宣讲形式，记录先知对以色列民众的劝诫，这与下文将要探讨的申命历史的宣讲特征也有相似之处。能充分体现上述两个特征的相关文献有很多，颇具代表性的如《以赛亚书》第 22 章、《耶利米书》第 11 章、《以西结书》第 7 章等。

② Noth, *Deuteronomistic History*, 89.

③ Moshe Weinfeld, *Deuteronomy and the Deuteronomistic School* (Winona Lakes: Eisenbrauns, 1992), 53.

话、英雄传说、说教文学(didactic literature)和民间传说等。[①]这些素材的汇入，一方面丰富了前先知书历史叙事的面貌，使之更为生动鲜活；另一方面，这些非官方文本也有助于打破王室意识形态话语的独一性，使得前先知书具备批判性特征成为可能。最终，申命派作者于巴比伦之囚时期完成了前先知书的基本内容，[②]其中的诸多篇目也被希伯来圣经中的其他书卷所引述，成为同时代或后世以色列/犹太作者撰写历史叙事的典范。[③]

二、套语与宣讲辞：前先知书批判性的文本表征

前文已经提过，申命派作者使用了极具辨识性的套语来承载前先知书的批判性，这些套语构成的框架形成了文本的总体结构，而丰富的历史叙事则作为肌质（texture），服务于这一总体结构。在前先知书的不同书卷中，此类套语及其框架虽各

① 上述概念的相关定义，请参看 M. H. Abrams and Geoffrey Galt Harpham, *A Glossary of Literary Terms* (Boston: Wadsworth Cengage Learning, 2009), s.vv. “annals,” “myth,” “legend,” “didactic literature,” “folklore.”

② 《列王纪下》记述了犹大前国王约雅斤在巴比伦的情况：“犹大王约雅斤被掳后三十七年，巴比伦王以未米罗达元年十二月二十七日，使犹大王约雅斤抬头，提他出监，又对他说恩言，使他的位高过与他一同在巴比伦众王的位，给他脱了囚服。他终身常在巴比伦王面前吃饭。王赐他所需用的食物，日日赐他一份，终生都是这样。”（王下 25:27-30）约雅斤被掳后三十七年，已是犹大王国灭亡后二十多年，这表明前先知书的成书年代不会早于该时间点。

③ 《以赛亚书》《耶利米书》《历代志》等书卷中有大量与前先知书构成平行文本的历史叙事，特别是《历代志》，其对于王国历史的书写大量直接使用了源自《撒母耳记》和《列王纪》的素材，仅在细微之处做出了相应调整。

有差异，但本质上都是对以色列民族因追逐世俗权力而悖逆上帝的声讨。《士师记》和《列王纪》是该特征的典型代表。

《士师记》记述的是前王国时期以色列人进驻迦南之后的历史。这部书卷的总体框架就是由套语组成的，几乎每位士师的历史叙事，都被嵌入在这样一个框架之中，以以笏的叙事为例（士 3:12–30）：

起因	经过	结果
以色列人又行耶和华眼中看为恶的事，耶和华就使摩押王伊矶伦强盛，攻击以色列人。	以色列人呼求耶和华的时候，耶和华就为他们兴起一位拯救者救他们。	这样，摩押就被以色列人制伏了。国中太平八十年。

在不同士师的事迹中，申命派作者对该框架的具体对象与时间状语进行微调（如摩押王改为夏琐王、八十年改为四十年等）。这样一来，整部《士师记》就都处在这样一个套语框架的统摄之下，而这些被连缀起来的历史叙事均指向一个批判性的核心：以色列人在本性上就是悖逆上帝的，这一点在《士师记》第 2 章中已有非常明确的论断。不过，基于神圣报应的逻辑，由于上帝与以色列人有神圣的西奈之约（即以十诫为核心的所谓“旧约”），以色列人的悔改将带来上帝的拯救，因此，《士师记》就陷入某种悖逆—悔改—得救—悖逆的循环之中，这也引起了诸如弗莱（Northrop Frye）等批评家的关注，并常常被视为圣经的原型结构。①

① 弗莱观察到：“《士师记》记述了以色列反复背叛与回归的神话情节，并以此为背景讲了一系列传统部族英雄的故事。这个内容给了我们一个大体是 U 型的叙事结构：背叛之后是落入灾难与奴役，随后是悔悟，然后通过解救又上升到差不多相当于上一次开始下降时的高度。”见诺思洛普 · 弗莱：《伟大的代码——圣经与文学》，郝振益等译（北京：北京大学出版社，1998），220。[Northrop Frye, *Weida de daima: Shengjing yu wenxue* (The Great Code: Bible and Literature), trans. Hao Zhenyi et al. (Beijing: Peking University Press, 1998), 220.]

《列王纪》亦是如此。这篇专门记载王国时期南北两国君主的史著，亦有着引人注目的套语，那就是申命派作者对列王的评语：

积极	消极
行耶和华眼中为正的事 （וַיַּעַשׂ הַיָּשָׁר בְּעֵינֵי יְהוָה）	行耶和华眼中为恶的事 （וַיַּעַשׂ הָרַע בְּעֵינֵי יְהוָה）

不难看出，申命派作者对列王事迹的编纂，根本目的仍然出于从宗教角度对民族历史的批判。以色列 / 犹大王国最终惨遭灭亡的根本原因，也在《列王纪下》第 17 章得到直陈：

> 他们直到如今仍照先前的风俗去行，不专心敬畏耶和华，不全守自己的规矩典章，也不遵守耶和华吩咐雅各后裔的律法诫命。（王下 17:34）

其中的“敬畏耶和华”“遵守典章、律法、诫命”也是在《申命记》和前先知书中常见的套语。

在上述由套语构成的文本框架之下，申命派作者主要通过在历史叙事中编排宣讲词的方式来直接表达其批判立场。那些宣讲辞乃是申命派作者为历史上的民族领袖编纂的讲义，往往被安排在民族历史的关键节点上，用以向民众宣讲历史事件的意义，并重申圣约的相关内容，如约书亚带领以色列人占领迦南并分配土地之后（书 23–24）、撒母耳为以色列人膏立扫罗为王之后（撒上 12）等。这些宣讲词逻辑清晰，语言精练，极具文学表现力，其内容多以训诫以色列人遵守圣约为主，其中也饱含着对以色列人时常悖逆上帝的批判之语（详后）。

具体而言，宣讲词具备两个主要特征。第一，拥有完整统一的框架，其形式为民族领袖在公共场所向会众发表演说，这源于以色列民族的“演说传统”（Oration Tradition），该传统是古代以色列民族领袖管理民众、维持社群秩序的重要手段。① 其范本源自《申命记》，该书卷的主体部分由摩西的三篇演说组成，每一篇都按照以下固定的框架展开：②

宣讲前	宣讲词本体	宣讲结束
简要记述演说的背景。	演说的主要内容，包括对听众的训诫、劝勉、教谕等。	言明演说的结果，如立约、筑坛、取得战绩等。

申命派作者以此为范本，在前先知书中进行编排。以《约书亚记》第 8 章为例，民族领袖约书亚带领以色列人过约旦河向迦南进驻 ③，他对百姓的宣讲通过以下框架展开：宣讲前，交代约书亚召集听众的背景是即将进攻艾城；宣讲过程中，申命派作者只记述约书亚的讲演内容，却不记述听众的反应，以显明约书亚的权威；宣讲结束后，申命派作者强调其结果，听众照约书亚所言而行，攻占了艾城，并为此役筑坛，再度宣读

---

① 以色列民族的演说传统发端于族长时代（patriarchal period），成熟于摩西时代，带有明显的上古色彩。在古代以色列，文字系统尚未普及，族长制是社群的主要组织形式，家族首领对成员的公开训话是家族管理的基本方式。而到了摩西时代，以色列民族初步形成了超越家族范围的社会制度。该社会现象在《出埃及记》与《申命记》中都有体现，表现为摩西为管理民众而选立官长（שר），他们大事呈报摩西，小事自行管理，详见《出埃及记》第 18 章第 13–27 节与《申命记》第 1 章第 9–18 节。为了有效维持稳定，贯彻迁往迦南的既定目标，公众宣讲必不可少。例如《出埃及记》中，民众离开埃及，在旷野中因缺食少水而发生骚乱，摩西召集民众，发表演说，稳定民心（如《出埃及记》第 16 章）。正是这一篇篇宣讲，多次将以色列民族从混乱崩溃的边缘挽救回来。直到以色列王国时期，演说传统仍有强大的生命力。

② 典型案例，可参看《申命记》第 1 至第 4 章。

③ 在古代以色列历史语境中，“迦南”（כנען）这一概念拥有较为明确的时空范畴，一般指公元前两千纪晚期至公元前一千纪早期的黎凡特（Levant）地区，在《希伯来圣经》中的地理空间表述详见《民数记》第 34 章第 3–12 节。

律法。

第二，这些宣讲词反复提及耶和华与以色列人的圣约关系，而这正是以色列民族"律法传统"（Torah Tradition）的精髓。[1] 从根本上说，以色列民族的身份认同确立于以"十诫"（Decalogue）为核心的"圣约"（ברית）之上：神从世间万民中拣选以色列为圣民，其依据是他对亚伯拉罕的应许（创 15）；这种圣约本质上类似于古代近东文献中的"条约"（treaty，阿卡德文 *Adê*，希伯来文 עדות），因而同样具有约束力。[2] 通观妥拉中的圣约，不难看出其条例分明、刑罚清晰的律法色彩。[3]

申命派作者娴熟地运用上述手法，将宣讲词编排在民族历史的各个拐点上，巧借众先贤之口来直陈其对于民族的批判态度。以《士师记》中的基甸叙事为例，以色列人因"又行耶和华眼中看为恶的事"，被上帝"交在米甸人手里"，以色列人被米甸人及其联盟打得连年饥荒、极其穷乏；当以色列人呼求上帝时，上帝差遣了一位先知说出如下宣讲词：

> 耶和华以色列的神如此说："我曾领你们从埃及上来，出了为奴之家，救你们脱离埃及人的手，并脱离一切欺压你们之人的手，把他们从你们面前赶出，

---

① 需要指出的是，以色列民族文化中的"律法"并非现代意义上的法律与法制，而是指其民族信仰中的教法。

② 关于该方面研究的代表性成果，可参考 Dennis J. McCarthy, *Treaty and Covenant: A Study in Form in the Ancient Oriental Documents and in the Old Testament* (Rome: Biblical Institute Press, 1978)。

③ 如《出埃及记》第 20–23 章，《利未记》第 11–15 章，《民数记》第 15 章，《申命记》第 14–25 章等。

将他们的地赐给你们。”又对你们说：“我是耶和华你们的神。你们住在亚摩利人的地，不可敬畏他们的神。你们竟不听从我的话。”（士 6:8–10）

尽管其后上帝兴起了基甸拯救以色列人，但此处批判的意味已经颇为明显了：以色列人忘恩负义、不知感恩的劣根性，导致他们再一次背离上帝，从而陷入神的惩戒之中。申命派作者精心撰写的套语与宣讲词构成了层层呼应的批判架构，从宏观的历史发展潮流到微观的历史人物事迹，都被置于申命派作者的审视之下。

三、前先知书历史叙事批判性特征的成因

申命派作者批判的主要对象最终汇集在以色列 / 犹大列王的身上，或者可以说，其批判的激烈性与深刻性在君主身上达到顶峰，例如评价“恶王”亚哈时说：“从来没有像亚哈的，因他自卖，行耶和华眼中看为恶的事，受了王后耶洗别的耸动，就照耶和华在以色列人面前所赶出的亚摩利人，行了最可憎恶的事，信从偶像。”（王上 21:25–26）这种批判精神本身并非凭空出现，其根源可以追溯至早期希伯来传说及史诗中，矛头对准的亦是民族之恶。① 前先知书的批判性正是建立在这种

① 这种批判传统，将种种罪恶归结为人对神的悖逆，这种观念在摩西五经中可以找到大量例证。如在《创世记》第 4 章中，该隐因神未能看中自己献上的贡品而发怒，神则对他说：“你若行得不好，罪就伏在门前。”（第 7 节）又如在《出埃及记》第 32 章中，神将律法赐给摩西，然而在该过程中，以色列人铸造金牛犊并下拜，这是对十诫中“不可雕刻、跪拜偶像”律例的严重违背，摩西评判道：“这百姓犯了大罪，为自己作了金像。”（第 31 节）并代表

传统之上，不过其现实性与深刻性却大为增强。

申命派作者的批判，并非完全出于对当政者政绩的不满；他们所批评的，是民族对“正道”的悖逆，而这种悖逆，在君主制这一政体中达到顶峰。其主要原因是：在君主制度下，世俗权力对民族信仰的管束最为严重。一方面，君主制的建立使得以君主为首的世俗力量获得了空前的权力；自大卫以来，国家的宗教首脑就由君主任命。① 不仅如此，据《列王纪》的记载，王国时期，多数祭司与部分先知团体已成为国家机构的一部分，难以对君权产生有效制衡。② 另一方面，王国时期的多神崇拜状况很可能更甚于建国之前。国家的建立，势必需要更加频繁地对外交流，而这却导致了多神崇拜的泛滥与以色列独一神信仰的颓丧。从《列王纪》对所罗门的记载看，这位将以色列推向全盛顶峰的君主，也是导致国家多神崇拜盛行的“罪魁祸首”（详见王上 11）。在他之后，众多以色列君王甚至

以色列人向神求情赎罪。不难看出，在以色列民族的观念中，罪恶的本质是人对神的悖逆，因而相关作者对其展开的批判入木三分，毫不留情。

① 例如，当大卫称王之后，他任命“亚希突的儿子撒督和亚比亚他的儿子亚希米勒作祭司长”（撒下 8:17）。大卫这一举措不但开以色列历史上世俗领袖任命宗教领袖之先河，而且这种双祭司长制度是制衡宗教权力的巧妙手腕。这些举措，使得大卫王室对宗教事务拥有实际管理权。

② 需要特别指出的是，先知团体被纳入王室管理体系是以色列王国对宗教事务拥有实际管理权的重要标志。在以色列历史中，“先知”（נביא）最初是那些在民间从事诸如占卜、解梦等工作的人，兼司传教、阐释教义等职务，此时的“先知”仍被称为“先见”（ראה）。而据《撒母耳记》，自撒母耳开始，先知逐渐成为一支社会力量，他们形成团体，在民间享有一定的宗教威望。这股来自民间的社会力量，对以色列的君主制有重要的制衡作用。从《列王纪》中的记载来看，先知对于君主的指控与批评（如先知以利亚对亚哈王的指责，参见《列王纪上》第 17–18 章）足以对后者的统治产生严重影响。因而，先知团体被纳入王室管理体系，足以显明以色列王国对民间信仰力量的管制。

转而敬拜迦南地区的其他神祇。此外，迦南宗教的信仰观念与仪规也向以色列传统信仰中渗透，使后者遭受巨大冲击。①

按此逻辑，在民族信仰归正的问题上，君主制成为最大障碍。正如前文所述，申命派历史著述的重要出发点在于“为北、南二国的倾覆提供神学解读的需求”，②这种解读，不但着眼于指出倾覆的原因，更在于找到民族归正的途径，那就是：必须让人们充分认识到以君主制为代表的世俗权力对信仰的消极影响，从而放弃对国家幻境的执念。

申命派作者以前文提到的神圣报应观念为理论武器，对君主制展开批判。从根本上说，申命派作者对君主制似乎从未抱有积极看法，从撒母耳被迫为以色列立王的宣讲词中可见一斑：

> 管辖你们的王必这样行：他必派你们的儿子为他赶车、跟马，奔走在车前；又派他们作千夫长、五十夫长，为他耕种田地，收割庄稼，打造军器和车上的器械；必取你们的女儿为他制造香膏，做饭烤饼；也必取你们最好的田地、葡萄园、橄榄园，赐给他的臣仆。你们的粮食和葡萄园所出的，他必取十分之一给他的

---

① F. M. 克罗斯详细论述了所罗门王对迦南宗教的吸收与继承。首先，以色列民族至为重视的圣殿传统是在继承了迦南神庙二元对立的象征原型（typology）基础上发展而来的：圣殿的建立是神秘创造的见证，它与大卫王室一起被固定在“创造秩序”（orders of creation）中，因而永久坚立；此外，所罗门的智慧传统也是源自迦南，他像外国（特别是埃及和腓尼基）的宫廷首脑一样，在敬拜传统中强调“普世与包容”（cosmopolitan and tolerant）的智慧；更重要的是，所罗门允许外来神及其敬拜仪式在耶路撒冷存在。详见 Cross, *Canaanite Myth*, 219–273。

② Lothar Perlitt, *Bundestheologie im Alten Testament* (Neukirchen-Vluyn: Neukirchener Verlag, 1969), S.7.

> 太监和臣仆；又必取你们的仆人婢女、健壮的少年人和你们的驴，供他的差役。你们的羊群，他必取十分之一，你们也必作他的仆人。（撒上 8:11-17）

而借撒母耳之口，申命派作者道出了以色列人急于立王的根由：“因为他们不是厌弃你，乃是厌弃我（指上帝），不要我作他们的王。”（撒上 8:7）可见，申命派作者始终认为君主制有违信仰的本意，该制度本质上就是对神的悖逆。即便如此，神仍然按照神圣报应的基本原则，默许了以色列建立君主制。不过申命派作者认为，君主制使得君主成为民族的全权代表，使得他们的个体效用被无限放大，导致其行为足以对民族命运产生决定性影响。《列王纪》中所记载的种种恶行，如多神崇拜、拜偶像、鱼肉百姓、篡位弑君等，本是君主的个人行为，却使神的愤怒与惩罚降临在整个民族，这是神圣报应观念的典型体现，如：

> 因犹大王玛拿西行这些可憎的恶事，比先前亚摩利人所行的更甚，使犹大人拜他的偶像，陷在罪里，所以耶和华以色列的神如此说：我必降祸于耶路撒冷和犹大，叫一切听见的人无不耳鸣。（王下 21:11-12）

当然除了惩罚，神圣报应也包含了另一维度：蒙福，但前提是君主必须遵守圣约与律法，顺服上帝。因而，申命派作者所描述的国王也并非皆是恶王，[①] 如耶户、约阿施、希西

---

① 从《列王纪》的记述来看，北国以色列的国王几乎都是十恶不赦的昏君，而南国犹大的情况则不同，不但有明君，而且昏君的作恶程度也远不及北国。其原因主要在于申命

家、约西亚等，申命派作者称赞他们“行耶和华眼中看为正的事”（如王下 22:2）；相应地，他们就蒙神保佑（如王下 18:7）。但必须指出的是，这些明君的出现，并不能代表申命派作者对君主制大加赞扬；相反，这恰好表明了其批判立场。他们的事迹主要在于光复民族信仰，以犹大王国君主约西亚（公元前 640 年—前 609 年在位）为代表，他推行了废除异教崇拜、守逾越节、消灭偶像等改革，总之一句话：“尽心、尽性、尽力地归向耶和华，遵行摩西的一切律法”（王下 23:25）。只是，我们并未看到约西亚在治国理政方面的任何记载。而最后，约西亚惨死沙场，申命派作者将其归结为前任君主玛拿西的恶劣影响（王下 23:26）。在他们看来，在君主制度下，即使有屈指可数的明君为政，仍无法从根本上扭转以色列民族因悖逆而招致的厄运。

除了上述思想滥觞外，申命派作者编纂批判性的历史叙事也有其具体的生活背景。申命派作者活动的时代，正是犹大王

史家对南国的偏袒。北国早于南国一百多年毁灭，且奉行与南国不同的敬拜方式（如铸造金牛犊、设邱坛祭司等），这在申命史家看来就是悖逆神与律法的严重罪孽（以耶罗波安为典型，见《列王纪上》第 12 章），因而，北国早早破灭的命运与其所谓对神的“犯罪”被申命史家赋予了因果联系，即北国的沦亡是出于神圣报应的必然结果。为了使这一观念更加可信，申命史家在建构北国历史的时候，有意识地更多选取甚至少量杜撰对北国君主不利的史料，使之传达出“悖逆神必遭灭亡”的信息。此外，由于申命史家仅仅采用捍卫信仰的立场来评判君主的优劣，导致君主的其他政绩，如经济、社会、军事等方面的成就被忽略，以至于其对多数君主的评价有失公允。典型案例如北国国王暗利（Omri），在《列王纪上》第 16 章第 21–28 节的记载中被描述为数一数二的恶王；然而现代学者在重构暗利的执政事迹之后，却倾向于认可暗利的重要历史地位，例如，可参考 Soggin, *Introduction*, 181–182。而南国犹大由于是圣殿的所在地，王室成员也大都是大卫的血脉，因而申命史家对其给予了更多宽容与同情。但是，这并不意味着申命史家从根本上支持南国犹大的君主统治，至多只能被视为出于对大卫血脉与圣地耶路撒冷的情感偏袒。

国命运衰落并最终跌至谷底的历史阶段，国家被毁、圣殿荡然无存（公元前 586 年），导致以色列民族原有的政治、宗教、文化等公共机构分崩离析。这不仅对民族精神造成了致命打击，更重要的是，以耶路撒冷圣殿为中心的敬拜系统、宣传系统和文教系统亦遭受重创，被迫终止。

面对这种境况，若要挽救信仰、抚慰民心，就势必要给出民族所经历磨难的合理阐释。申命派作者以神圣报应原则书写历史叙事，亦能够给予犹大遗民对民族信仰的信念感：眼前的灾难只是深重的“教训”，这不是民族灭亡的最终结局，而不过是神对于悖逆之徒的惩罚；历史上以色列人多次悖逆神，神最终也并未弃绝他们，而是存续了他们的血脉。历史的走向固然由神决定，然而，历史的主体——以色列民族——却并非毫无自由；相反，蒙受特殊恩典而被神拣选的以色列民族，在看似固定的历史轨迹上具备一定程度的选择权——他们可以守约，从而得到神的赐福；也可以违约，受到神的惩罚。换句话说，在很大程度上，以色列民族可以决定自己的命运。这种命运，不仰仗于他们自己的艰苦奋斗、聪明才智、敢想敢为等优秀品质，不决定于他们在具体历史语境下的行为与决策，而仅仅在于他们的人生态度。

正是在此意义上，前先知书的批判性特征才有更为现实的教育意义：在申命派作者看来，民族复兴并非遥不可及；相反，事实上甚至可能只是“举手之劳”：只要以色列人回归圣约，一切问题便能迎刃而解。在申命派作者看来，王国时期的以色列人在君主制的影响下离弃上帝的程度最甚（这也是其对君主制持消极态度的原因），因此招致的报应最为惨痛。而以色列人如果最终能够放弃对世俗权力的幻想，重新归回正道，神的赏赐就必将如期而至。因而，对过去悖逆时代的批判越严厉，对现实中亡国的犹大遗民的安慰效果反而越显著。这也是申命派作者想要通过前先知书在同胞中传播的希望。

参考文献 [Bibliography]

Abrams, M. H., and Geoffrey Galt Harpham, eds. *A Glossary of Literary Terms*. Boston: Wadsworth Cengage Learning, 2009.

Alter, Robert. *The Art of Biblical Narrative*. New York: Basic Books, 2011.

Bar-Efrat, Shimon. *Narrative Art in the Bible*. Sheffield: Sheffield Academic Press, 1997.

Blenkinsopp, Joseph. *A History of Prophecy in Israel*. London: Westminster John Knox Press, 1996.

Cassuto, U. *Biblical and Oriental Studies*. Vol. 1. Translated by Israel Abrahams. Jerusalem: The Magnes Press, 1973.

Cogan, Mordechai. *Understanding Hezekiah of Judah: Rebel King and Reformer*. Jerusalem: Carta, 2017.

Cross, F. M. *Canaanite Myth and Hebrew Epics: Essays in the History of the Religion of Israel*. Cambridge: Harvard University Press, 1997.

McCarthy, Dennis J. *Treaty and Covenant: A Study in Form in the Ancient Oriental Documents and in the Old Testament*. Rome: Biblical Institute Press, 1978.

Noth, Martin. *The Deuteronomistic History*. Sheffield：JSOT Press,

1981.

Perlitt, Lothar. *Bundestheologie im Alten Testament.* Neukirchen-Vluyn: Neukirchener Verlag, 1969.

Scherman, Nosson, ed. *Tanach: The Stone Edition*. New York: Mesorah, 2001.

Soggin, J. Alberto. *Introduction to the Old Testament: From Its Origins to the Closing of the Alexandrian Canon.* Louisville: Westminster/ John Knox Press, 1989.

Van Seters, John. *In Search of History: Historiography in the Ancient World and the Origins of Biblical History.* New Haven: Yale University Press, 1983.

Von Rad, Gerhard. *The Problem of the Hexateuch and Other Essays*. Translated by E. W. Truman Dicken. Edinburgh: Oliver and Boyd, 1966.

Weinfeld, Moshe. *Deuteronomy and the Deuteronomistic School*. Winona Lakes: Eisenbrauns, 1992.

Wellhausen, Julius. *Prolegomena to the History of Ancient Israel.* Gloucester: Peter Smith, 1983.

诺思洛普·弗莱:《伟大的代码——圣经与文学》,郝振益、樊振帼、何成洲译，北京：北京大学出版社，1998。[Frye, Northrop. *Weida de daima: Shengjing yu wenxue* (The Great Code: Bible and Literature). Translated by Hao Zhenyi, Fan Zhenguo, and He Chengzhou. Beijing: Peking University Press, 1998.]

约翰·克罗·兰色姆：《新批评》，王腊宝、张哲译，南京：江苏教育出版社，2006。[Ransom, John Crowe. *Xinpiping* (The New Criticism). Translated by Wang Labao and Zhang Zhe. Nanjing:

Jiangsu Education Press, 2006.]

游斌：《希伯来圣经的文本、历史与思想世界》，北京：宗教文化出版社，2007。[You Bin. *Xibolai Shengjing de wenben, lishi yu sixiang shijie* (The Literary, Historical and Thought World of the Hebrew Bible). Beijing: Religious Culture Press, 2007.]

哈斯蒙尼王国与罗马共和国的早期互动：基于《马加比传一书》与《犹太古史》的比较研究

张 帅

内容提要：公元前 2 世纪中叶，犹太民族与罗马共和国开始了正式的官方互动。相关史实多记载于《马加比传一书》和《犹太古史》中，二者之间既存在一定的关联，又具有一定的差异。通过对比研究两份文献的记载，能比较准确地还原公元前 2 世纪犹太民族与罗马共和国互动的历史脉络。总体来说，这种互动实际上是双方在特定历史背景下进行的利益选择。罗马共和国希望通过支持犹太人的方式削弱塞琉古王国的实力，犹太人则希望借助罗马共和国的威势脱离塞琉古王国的统治，为自己赢得独立。因此，犹太民族与罗马共和国的互动，本质上是大国博弈与民族独立相互作用的产物。

关键词：《马加比传一书》，《犹太古史》，罗马共和国，民族独立

作者单位：首都师范大学历史学院

The Early Interaction between the Hasmonean Dynasty and the Roman Republic: A Comparative Study of *I Maccabees* and *Jewish Antiquities*

ZHANG Shuai

Abstract: In the middle of the second century BCE, the Jewish people and the Roman Republic began official interaction. Relevant historical information is mostly recorded in *I Maccabees* and *Jewish Antiquities*. There are certain connections but also discrepancies between these: by comparing the two records, we can more accurately restore the historical context of the interaction. In general, this interaction is actually a choice of interests under a specific historical background. The Roman Republic hopes to weaken the strength of the Seleucid Dynasty by supporting the Jewish people, while the Jewish people hoped to break away from Seleucid rule and gain independence with the help of the Roman Republic. Therefore, the interaction between the Jewish people and the Roman Republic is essentially the result of the interaction between great power games and national independence.

Keywords: *I Maccabees, Jewish Antiquities*, Roman Republic, national independence

Author's contact info: School of History, Capital Normal University. Email: 1135877868@qq.com

《马加比传一书》和《犹太古史》是两约之间的重要文献。前者被视为宗教经典，后者则是犹太研究领域的重要史料。二者虽然成书年代不同，却都对马加比起义和哈斯蒙尼王国的早期历史有所涉猎。据记载，公元前 167 年，在塞琉古王国统治者安条克四世（Antiochus Ⅳ）的迫害下，虔诚的犹太人发动了起义，史称“马加比起义”。马加比起义后，犹太人建立了哈斯蒙尼王国。这是继统一希伯来王国以后，犹太人建立的又一个相对独立的政权。① 正是在哈斯蒙尼王国时期，犹太人与罗马共和国建立了正式的外交关系。关于这一问题，20 世纪

① 关于哈斯蒙尼王国建立的时间和标准，学界尚有争议。塞西尔・罗斯（Cecil Roth）认为，前 140 年西蒙被大议会任命为大祭司、君主和军事领袖，并从此成为一个世袭的王国。参见塞西尔・罗斯：《简明犹太民族史》，黄福武、王丽丽等译（济南：山东大学出版社，2004），87。[Cecil Roth, *Jianming youtai minzushi* (A Short History of the Jewish People), trans. Huang Fuwu and Wang Lili et al. (Jinan: Shandong University Press, 2004), 87.] 埃米尔・舒勒（Emil Schürer）也持有相同观点，参见 Emil Schürer, *The History of the Jewish People in the Age of Jesus Christ (175 B.C.–A.D. 135)* (Edinburgh: T.&T. Clark, 1973), 1:193–194。张倩红将哈斯蒙尼王国的起止时间定为前 142 年—前 63 年。参见张倩红、张少华：《犹太人千年史》（北京：北京大学出版社，2016），51。[Zhang Qianhong and Zhang Shaohua, *Youtairen qiannian shi* (A Thousand Years of Jewish History) (Beijing: Peking University Press, 2016), 51.] 晁燕燕认为，公元前 141 年犹太人攻占耶路撒冷的一座希腊城市阿克拉（Acra），标志着犹太人政治独立的实现和哈斯蒙尼王国的正式建立。参见晁燕燕：《哈斯蒙尼王朝时期犹太人的希腊化倾向研究》（博士学位论文，河南大学，2014），13。[Chao Yanyan, “Hasimengni wangchao shiqi Youtairen de Xilahua qingxiang yanjiu” (A Study on the Hellenism of Jews during the Hasmonean Dynasty) (PhD diss., Henan University, 2014), 13.] 肯尼斯・阿特金森（Kenneth Atkinson）认为，各种信息表明，公元前 146 年发生的事件导致了哈斯蒙尼王国的建立。参见 Kenneth Atkinson, *A History of the Hasmonean State: Josephus and Beyond* (London: T&T Clark, 2016), 42。实际上，学界争论的缘由在于其认定哈斯蒙尼王国建立的标准不同。对于哈斯蒙尼王国自身来说，没有一个宣告王朝建立的标志性事件发生。笔者认为，哈斯蒙尼王国的建立是历时性的过程。结合犹太传统和希腊化背景，在缺乏其自身权威认知的情况下，哈斯蒙尼王国建立的时间必然不是唯一的。相比较之下，公元前 142 年和公元前 140 年具有更为重要的意义。

以来学界已有颇多关注。埃米尔 · 舒勒（Emil Schürer）是诸多学者中的佼佼者，他以史料为基础，对传世犹太文献进行了系统的考究和梳理。除犹太文字史料外，他还通过运用大量的希腊文献（残文）、希伯来硬币、犹太历法等材料，进一步勾勒出犹太历史的发展脉络，尤其是对“犹太—罗马”关系进行了较为科学的重构。在舒勒研究的基础上，后继学者对此进行了更加深入的考察。[①] 经过数代学者的努力，犹太与罗马的早期互动过程日渐清晰，但仍有不少问题亟待商榷，尤其是对关键史料的时间定位问题。笔者在汲取前代学者研究成果的基础上，对《马加比传一书》和《犹太古史》的文本内容进行比较分析，力求更加准确地重构哈斯蒙尼王国时期犹太民族与罗马共和国的互动过程。

---

① 相关研究成果参见：Jonathan A. Goldstein, *I Maccabees* (New York: Doubleday, 1976); E. Mary Smallwood, *The Jews under Roman Rule From Pompey to Diocletian (Studies in Judaism in Late Antiquity)* (Leiden: Brill, 1976); A. N. Sherwin-White, *Roman Foreign Policy in the East 168 B.C. to A.D. 1* (London: Gerald Duckworth, 1984); W. D. Davies and L. Finkelstein, eds., *The Cambridge History of Judaism*, vol. 2 (Cambridge: Cambridge University Press, 1989); Daniela Piattelli, “An Enquiry into the Political Relations Between Roma and Judaea from 161 to 4 B.C.E.,” *Israel Law Review* 14, no. 2 (1979): 195–236; Martin Sicker, *Between Rome and Jerusalem: 300 Years of Roman-Judaean Relations* (Westport: Praeger, 2001); Nadav Sharon, “The Title Ethnarch in Second Temple Period Judea,” *Journal for the Study of Judaism* 41, no. 4 (2010): 472–493; Benedikt Eckhardt, “The Hasmoneans and their Rivals in Seleucid and Post-Seleucid Judea,” *Journal for the Study of Judaism* 47, no. 1 (2016): 55–70; Linda Zollschan, *Rome and Judaea International Law Relations: 162–100 BCE* (London : Routledge, 2017); 宋立宏：《罗马的犹太政策》，《学海》，2006 年第 1 期，13–19。[Song Lihong, “Luoma de Youtai zhengce” (Roman Jewish Policy), *Academia Bimestris*, no. 1 (2006): 13–19.]

一、犹大·马加比：犹太与罗马首次缔约

在犹大·马加比担任犹太首领之际，耶孙（Jason）和欧波来姆斯（Eupolemus）出访罗马，这是犹太人首次出使罗马，揭开了"犹太—罗马"关系史的第一幕。罗马史学家查士丁（Justin）认为，（犹太）使者是东方民族中第一个前往罗马寻求友谊的人。① 戈尔茨坦（Jonathan A. Goldstein）通过分析范尼乌斯（Gaius Fannius）要求地方政府保护返程犹太使节安全的信件，论证公元前161年犹太人访问罗马的真实性。② 在此基础上，左香（Linda Zollschan）对该次出访时间做出进一步的考证，认为犹太使者大致于公元前162年9月离开耶路撒冷，同年10月抵达罗马，并于次年（公元前161年）返回耶路撒冷。③ 根据《马加比传一书》8:23–30所述，在该次出使过程中，犹太使者与罗马签订了盟约：

> 愿罗马人及犹太民族，在海陆上永远幸福，愿他们永无刀兵与敌对之事！若罗马或其领土上的同盟国先遇到战事，犹太国应在可能的环境内，尽心帮助同盟国；应按罗马人所决定的，不得给予或供应敌人粮食、武器、银钱和船只，且应尽自己的责任，毫无所求。同样，若犹太国先遇到战争，罗马人也应该在可

---

① Marcus Junianus Justinus, *Epitome of the Philippic History of Pompeius Trogus*, trans. J. C. Yardley (Atlanta: Scholars Press, 1994), 36. 3. 9.

② Goldstein, *I Maccabees*, 346.

③ Zollschan, *Rome and Judaea*, 32.

> 能的环境内，尽心帮助同盟国。应按罗马人所决定的，不得给予或供应敌军粮食、武器、银钱和船只。且应尽自己的责任，不可诡诈。根据这些话，罗马人同犹太民族签订了盟约。假使日后，双方愿意有何增删，经双方同意后，所有增删皆为有效。

这一盟约的重要性不言而喻，它为日后“罗马—犹太”之间的互动奠定了基调。因此，学界对此关注颇多。关于盟约的真实性，目前尚存争议，学者们从不同角度进行了激烈的辩论。[①] 由于史料的严重匮乏，对现存史料进行系统考证，是研究这一时期“犹太—罗马”关系史的必要前提。

在传世的古代文献中，《马加比传一书》和《犹太古史》对此有着详细的记载。根据《马加比传一书》所述，盟约被刻在铜板上，复本以“书信”的形式送到耶路撒冷，叫犹太人保存，作为和平联盟的纪念（8:22）。[②] 约瑟夫在《犹太古史》中记载道：“犹大委派耶孙（Jason）和欧波来姆斯（Eupolemus）出使罗马的目的是：请求与罗马成为同盟和朋友，并希望罗马写信给德米特里乌斯不要与犹太人征战。罗马元老院不仅接待了犹太使者，还批准了结盟请求，将法令刻在铜板（bronze tablets）上，并将铜板放置于朱庇特神庙（Capitol）”[③]。如此看来，约瑟夫与《马加比传一书》的文本叙述大体一致，但也存在一定的差异。根据《马加比传一书》所述，副本是以“信”

---

① 相关讨论参见 Zollschan, *Rome and Judaea*, 1–7。

② 戈尔茨坦认为，《马加比传一书》作者的表述是真实的。参见 Goldstein, *I Maccabees*, 364。

③ Josephus, *Jewish Antiquities*, 12. 415–416.（本文古典文献均参考“洛布古典丛书”）

的形式送到耶路撒冷交与犹太人保存，未曾提及原版的去向问题。约瑟夫则记载道，交给犹太人的是复制品，原版被放置在朱庇特神庙。相比之下，约瑟夫对于原铜板去向的叙述更为清晰，但没有提及复本的情况。事实上，罗马缔约的通常程序是将条约文本刻在铜板上，并将其放置在朱庇特神庙内，特使则以信件方式将条约带回自己所在城市，并刻在铜板上保存。① 苏埃托尼乌斯（Suetonius）也曾提到，在朱庇特神庙内有三千多块铜板被毁，其内容就包括联盟、条约和授予给个人的特权等。② 因此，《马加比传一书》和《犹太古史》中关于铜板的记载，符合当时的历史背景。该铜板的真实性同样得到犹太传统以外文献的支持。中世纪文本《罗马城市奇迹》（*Mirabilia Urbis Romae*）中提到，圣巴西利奥（San Basilio）教堂墙壁的青铜板上述及在犹大·马加比时期，罗马人与犹太人存在友谊（amicitia）关系。③ 这座教堂建立在马尔斯（Mars Ultor）神庙遗址之上，该神庙建成于奥古斯都统治时期，修建时间晚于朱庇特神庙，主要具备军事功能，诸如举行军队出征前的祈福、凯旋后的嘉奖等。④ 据苏埃托尼乌斯记载，奥古斯都曾在

---

① Zollschan, *Rome and Judaea*, 127.

② Suetonius, *Vespasian*, 8. 5。事实上，朱庇特神庙并非放置铜板的唯一场所。学者的研究表明，其他神庙也会悬挂刻有相关法令的铜板。参见 Zollschan, *Rome and Judaea*, 19。

③ Francis Morgan Nichols, *The Marvels of Rome, or a Picture of the Golden City* (London: Ellis and Elvey, 1889), 93.

④ Suetonius, *Galus Caligula,* 44. 2. Dio, *Roman History*, 55. 10. 2–5. 左香认为，该神庙具有外交功能，相当于罗马的“外交办公室”（Foreign Office）。参见 Zollschan, *Rome and Judaea*, 18。笔者认为，左香的观点虽有一定道理，却忽略了马尔斯神庙的本质功能，即军事功能。对于军事领域的外交也有所涉及，但它本质上仍是军事的，而非外交的。参见 Dio, *Roman History*, 55. 10. 2–5。

马尔斯神殿强迫蛮族首领宣誓，表示自己将维持与罗马的和平。[①] 由此可见，军事外交（同盟）事务也属该神庙的职能之一。因此，《罗马城市奇迹》中称马尔斯神庙保存有犹太铜板，这符合该神庙的主要功能，马尔斯神庙铜板的真实性较为可靠，为论证朱庇特神庙铜板的真实性提供了有力的支持。

综合上述论证，笔者认为，虽然当前的相关证据较为缺乏，但就现有资料来看，《马加比传一书》和《犹太古史》中关于铜板的记载均符合历史语境，并得到犹太传统以外文献的支持，铜板存在的真实性毋庸置疑。在犹大 · 马加比时期，犹太人出访罗马并与罗马人达成某种共识，这种共识很可能与军事外交相关，并通过刻写铜板的方式确定下来。

《马加比传一书》和《犹太古史》均记载了铜板上的条约内容，但却略有不同。在讨论这一问题前，有必要先探讨二者之间的文本关联。《马加比传一书》和《犹太古史》在记述这部分内容时，都强调了犹太人听闻到罗马人的力量，并通过列举史实的方式，论证罗马人的强大。根据《马加比传一书》记载，罗马人征服了高卢（Gauls）、西班牙（Spain）、马其顿的菲利普王和珀尔修斯王（the Kings Philip and Perseus of the Macedonians）、安条克大帝（Antiochus the Great）、希腊本土的希腊人（The Greeks of mainland Greece）（8:2–10）。约瑟夫也提及，罗马人征服了伊比利亚的迦太基（Carthage in Iberia）、加拉提亚（Galatia）、希腊（Greece）、珀尔修斯王和菲利普王（the Kings Perseus and Philip）、安条克大帝

① Suetonius, *The Deified Augustus*, 21. 2.

（Antiochus the Great）。[①] 值得注意的是，“伊比利亚的迦太基”实际上就是“西班牙”。《马加比传一书》中的“高卢”，指的是《犹太古史》中的加拉提亚。[②] 也就是说，二者在论证罗马人力量强大时采取的叙事框架、事例完全相同。在《马加比传一书》讲述犹大向罗马派出使节时，提到了使节的名字、家族关系及出使的目的，即“与罗马人建立友好和同盟联系”（8:17）。约瑟夫的叙述与之完全一致。[③] 由于二者在论证思路、史料选取和语言表达上存在着高度相似性，可以肯定，在这部分叙事中，约瑟夫主要的史料来源是《马加比传一书》。准确来讲，在一些具体部分，约瑟夫只是调换了《马加比传一书》中的叙事顺序、同义替换了部分词汇、简化了论述内容。

那么，《犹太古史》中的条约内容是否为单一来源？换言之，它仅仅是对《马加比传一书》的重述吗？通过对比发现，约瑟夫关于条约的记载与《马加比传一书》相比有很大不同。首先，最主要的区别是条约内容。约瑟夫记载的增加了序言的部分内容和犹太签约人的内容，且叙事顺序与《马加比传一书》有很大不同。根据对比罗马与其他国家签订的条约，能发现罗马条约的内容存在固定范式，以序言开头，之后依次是和平与联盟规定、中立条款、防御性支持义务、修正条款、公布条款。《马加比传一书》正是由于不符合罗马条约的一般范式，才引发学者们的广泛质疑。[④] 相比之下，《犹太古史》则更符合罗马条约的范式。除序言部分缺项、公布条款缺少外，其他部分

---

① Josephus, *Jewish Antiquities*, 12. 414.

② Goldstein, *I Maccabees*, 350.

③ Josephus, *Jewish Antiquities*, 12. 415.

④ 具体争论可参见 Zollschan, *Rome and Judaea*, 107–169。

的内容和顺序均符合罗马条约范式。在序言部分，约瑟夫仅记载了条约的题目和犹太签约大使，缺少对见证人、签订时间、签订地点、条约撰写人等的信息。同时还缺少作为最终条款的公布条款，这部分通常包括“元老院同意在朱庇特神庙和盟友所在城市的神庙中竖立铜板”之类内容。⑤ 笔者认为，通过对比罗马与其他国家签订的条约，从而归纳出一般性的条约范式，对于研究犹太条约具有重要意义。但是，正如左香所呈现的资料显示，似乎只有与马罗尼亚（Maroneia）、阿斯蒂帕利亚（Astypalaia）签订的条约完全符合上述范式的规定。与基比拉（Kibyra）、麦提姆那（Methymna）、卡拉斯（Callatis）、泰瑞恩（Thyrreion）、利西亚（Lycia）签订的条约都缺少部分内容。学者们推论的是最为理想化的条约范式，而在实际情况中，并非所有条约都能满足这一规定。因此，即便《犹太古史》中的条约内容略有缺失，却仍然符合条约范式适用的实际情况。事实上，戈尔茨坦等学者认为，约瑟夫对《马加比传一书》的条约内容进行了修改，以期符合罗马条约的基本范式。⑥ 相比于《马加比传一书》，约瑟夫调整了条约内容的顺序，简化了它的内容，这符合他处理史料的原则。左香认为，约瑟夫关于这些内容的补充，可能来源于他自身的知识储备，尤其是口述传统（oral traditions）。⑦ 这一说法并非空穴来风，犹太人有着根深蒂固的口述传统，该传统甚至成为犹太经典著作《塔木德》得以产生的理论依据。除此之外，根据《罗马城市奇迹》所述，在该文本来源资料成篇时，在圣巴西利奥教堂的墙壁上

⑤ Zollschan, *Rome and Judaea*, 127.

⑥ Goldstein, *I Maccabees*, 364; Smallwood, *Jews under Roman Rule*, 5.

⑦ Zollschan, *Rome and Judaea*, 153; Schürer, *History*, 214.

依然可见这块铜板。由此可知，在约瑟夫生活的时代，这块铜板很有可能依然放置在朱庇特神庙或马尔斯神庙内。如此说来，《犹太古史》不是对《马加比传一书》的简单抄录。在约瑟夫撰写该条约内容时，所参考的史料不仅仅是《马加比传一书》，可能还汲取了从口述传统中学习到的知识，以及与同时代相关的书面和口传材料。

最后，从历史背景来说，约瑟夫生活在文人相轻的罗马帝国时代，在那时的风气下，明显歪曲史实的作家很难逃避竞争对手的诟病。① 同时，罗马帝国官方意识形态中存在着反犹色彩。在弗拉维王国官方意识形态和反东方文化传统的共同影响下，很多罗马作家对犹太人抱有强烈的偏见，并在其作品中得到充分体现。②

综上所述，笔者认为，约瑟夫对条约的记载是真实可信的。《马加比传一书》的记载虽不符合罗马条约范式，并存在诸多值得商榷的疑点。但通过与《犹太古史》的对比，可知二者的叙述整体上相当一致，故《马加比传一书》对条约的记载同样具有较高的真实性。③

至此，我们可以更有信心地重构犹太与罗马首次互动的历史图景。公元前 166 年，犹大·马加比接替父亲继续领导起义。安条克四世忙于和帕提亚作战，调走了叙利亚的大部分兵

---

① 吕厚量：《“上帝选民”抑或“帝国子民”？——犹太教与罗马帝国两难抉择之间的史家约瑟福斯》，《世界历史评论》，第 3 辑，2015，55。[Lü Houliang, “Shangdi xuanmin yihuo diguozimin? : Youtaijiao yu Luomadiguo liangnan jueze zhijian de shijia Yuesefusi” (World Citizen vs. God’s Chosen People: Josephus between Judaism and the Roman Empire), *The World Historical Review*, no. 3 (2015): 55.]

② 同上，60–65。

③ Schürer, *History*, 172.

力，两年后他被帕提亚人所杀。这为马加比起义的持续开展创造了有利条件。[①] 犹太人听闻罗马的力量十分强大，征服了很多国家和地区，并得知他们对待盟友十分友善。因此，犹大派人出使罗马，渴望与罗马结盟以对抗塞琉古王国（马一 8:1-18）。这次出使的主要成果是与罗马签订了同盟条约，从内容上看，是适用于战争状态的同盟条约。在一方处于战争状态时，另一方有义务不向敌人提供战略物资，并有义务提供尽可能的援助。关于盟约中的“援助”条款，部分学者认为罗马人实际上未曾给予犹太人任何军事援助，并以此作为否定条约存在的依据。从《犹太古史》中能够看出这种“援助”的性质，其原文为“如果有国家攻击犹太人，罗马人要尽己所能援助他们。另一方面，如果有国家攻击罗马人，犹太人应以盟友身份帮助他们。”（ἐὰν δὲ ἐπίωσί τινες Ἰουδαίους, βοηθεῖν Ῥωμαίους αὐτοῖς κατὰ τὸ δυνατόν, καὶ πάλιν, ἂν τῇ Ῥωμαίοων ἐπίωσί τινες, Ἰουδαίους αὐτοῖς συμμαχεῖν. ）[②] 其中 βοηθεῖν 表示“去援助（to aid）”之意，该词本义较为中性，仅表示一般意义上的“援助”。罗马承诺将在犹太人处于战争状态时提供尽可能的“援助”，但通篇未曾提及“援助”的具体方式和类型。《马加比传一书》对于“援助”的规定也较为宽泛，未提及具体方式。值得注意的是，条约中的“尽己所能”属于模糊化表达，为罗马依据自身意愿解释部分条款提供了文本依据。事实上，罗马的确为犹太人提供了援助。根据《马加比传一书》所述，罗马在与犹太人签约后，曾给德米特里乌斯写了信，要求他不

① 宋立宏：《罗马的犹太政策》，14。

② Josephus, *Jewish Antiquities*, 12. 418.

可再压迫犹太人（8:31–32）。因此，罗马为犹太人提供了“援助”，只不过是以外交形式提供的，且效果十分有限。事实上，罗马人鼓励这些不和，最终目的是削弱王国的权力，为将来吞并大片领土奠定基础。①

综上所述，犹太人与罗马首次缔约是在犹大·马加比担任犹太首领之际，目的是借罗马的声望抗衡塞琉古王国。该条约是适用于战争状态的互助条约，属于有一定张力的同盟条约。依据现有史料看，罗马对犹太人与塞琉古王国之间的冲突进行过外交调解，虽然效果有限，意义却十分重大，表明罗马已开始介入到犹太文明的历史发展进程之中。

二、从约拿单到西蒙：犹太与罗马关系的进一步升温

公元前 160 年，犹大在阿斯达萨阵亡后，他的兄弟约拿单成为犹太首领。约拿单利用塞琉古王国的内部矛盾，先后谋得大祭司、将军和总督之职。②这表明，约拿单实际上已经掌握了政治权力。③此后，马加比起义的性质也从反抗宗教迫害逐步转向争取政治独立。④

根据《马加比传一书》和《犹太古史》的记载，大致在公元前 143 年，约拿单曾派遣使者到罗马，欲与罗马重申友好盟

---

① Piattelli, “Enquiry,” 201n8.

② 宋立宏：《罗马的犹太政策》，14。实际上，哈斯蒙尼王国的领导人善于利用塞琉古王国的内部矛盾为自己赢得利益。参见 Schürer, *History*, 178–180。

③ Schürer, *History*, 180; Goldstein, *I Maccabees*, 417.

④ 宋立宏：《罗马的犹太政策》，14。

约。[①]罗马元老院接待了他们，并为使者的安全返回提供了必要的便利。事实上，约拿单的这一行为具有更深层的意义。犹大死后，犹太人丧失了具有权威性的政治中心。[②]罗马元老院接待使者的行为，表明罗马承认了约拿单作为犹大继承者、犹太民族领袖，以及条约对象的政治主体地位。至此，约拿单得到了塞琉古王国和罗马共和国两个强国的认可，进一步巩固了他在犹太人中的地位。此外，戈尔茨坦从另一角度分析了重申条约行为的意义。他认为该行为使罗马人无法忘记犹太人，并让特力冯和德米特里乌斯在攻击超级大国的朋友（犹太人）之前深思熟虑。[③]笔者认为，该观点虽具有一定的合理性，但在接下来的历史进程中，重申条约行为并未有效保护犹太人的安危。特力冯甚至以友好会谈为由，诱杀了约拿单。[④]因此，约拿单派使者到罗马重申条约，其主要意义在于使约拿单本人得到了罗马的认可。同时，也在一定程度上为犹太人的自身安全探寻到强大的国际声援。

约拿单死后，西蒙接过指挥权。大致在公元前 142 年，德米特里乌斯承认西蒙为大祭司，并给予犹太人实际的独立。[⑤]对此《马加比传一书》评价道："异教徒的枷锁从犹太人身上解除了。"（13:41）公元前 140 年，西蒙在耶路撒冷召开的

---

① Josephus, *Jewish Antiquities,* 13. 163; Zollschan, *Rome and Judaea*, 7.

② Sicker, *Between Rome and Jerusalem*, 22.

③ Goldstein, *I Maccabees*, 446.

④ 事实上，约拿单很有可能在使者归来以前被害。参见 Sicker, *Between Rome and Jerusalem*, 24–25。

⑤ Davies and Finkelstein, *Cambridge History of Judaism*, 2:318.

大会议中被任命为大祭司、军事统帅、犹太人的族长。[①] 实际上，《马加比传一书》14: 41 暗示西蒙的权力是世袭的，[②] 哈斯蒙尼王国也从此成为一个世袭的国家。[③] 此后，西蒙加紧了与罗马人的联系。《马加比传一书》对于犹太与罗马互动过程的记载非常连贯。罗马人和斯巴达人得知约拿单死后，便写信给西蒙，重申友好盟约（14:17–18）。西蒙则派遣努米努斯（Numenuis）赴罗马，随身带去重达一千米纳（minas）[④] 的大金盾，以便与他们重申盟约（14:24）。最终，使者努米努斯从罗马带着致众君王和各邦国的书信归来。其原文如下：

> 罗马执政官卢修斯（Lucius）祝托勒密王安好！西蒙大祭司和犹太人民，派遣犹太使者，如我们的朋友与盟邦一样，来到我们这里，重申以前的友好盟约。他们还带来一座一千“米纳”的金盾。所以我们乐意写信通告各位君王，各邦国：不可对犹太人图谋不轨，不可攻打他们、他们的城池和国家，也不可与他们的敌人缔结同盟。我们乐意接受他们的金盾。所以，若有歹徒从他们国内逃到你们那里，你们应该将他们交于西蒙大祭司，使他们按照自己的法律施惩治。（马一 15: 15–21）

显然，该信件原本来自托勒密，《马加比传一书》中的信

① 塞西尔·罗斯：《简明犹太民族史》，87；Schürer, *History*, 193。关于“ethnarch”的相关讨论，参见 Sharon, “Title Ethnarch,” 472–493。

② Schürer, *History*, 193.

③ 塞西尔·罗斯：《简明犹太民族史》，87。

④ 约为 450 千克。参见 Goldstein, *I Maccabees*, 496。

件文本可能是西蒙收到的复本。[1]学者们普遍关注到文本叙事中的“时间错乱”这一重大问题，[2]这很可能导致约瑟夫在记述中放弃了使用《马加比传一书》的文本内容。他在《犹太古史》中只是简要提及西蒙与罗马结盟，并未引用《马加比传一书》中的信件文本。[3]由于叙事的“时间混乱”，引发了学界对该文本时间定位的广泛争论。舒勒以罗马执政官“卢修斯”为切入点，讨论该文本的具体年份。[4]她提出三个可能的时期：公元前 139 年卡普尔尼乌斯 · 皮索（Calpurnius Piso）担任执政官时期、公元前 142 年 L. 凯西留斯 · 梅泰勒斯 · 卡尔维斯（L. Caecilius Metellus Calvus）担任执政官时期、公元前 131 年 L. 瓦莱里乌斯 · 弗拉库斯（L. Valerius Flaccus）担任执政官时期。[5]上述三个时间点基本涵盖了当前学界争议的主要观点。

根据《马加比传一书》的叙述，西蒙派出使者出使罗马的事件被编排至德米特里乌斯被俘后，即公元前 140 年以后（14:1）。使者回归的事件被编排至安条克七世与特力冯决战的事件之后，大致为公元前 138 年以后（15:10）。据此，学者们普遍认为，犹太使者在公元前 140 年出使罗马，在公元前 139/138 年或前 138/137 年之前并未返回。[6]但是在这段时期内，没有本名为卢修斯的罗马执政官，这一说法存在明显的纰漏。在《马加比传一书》的叙事中，除“大叙事”以外，还插

---

① Goldstein, *I Maccabees*, 496. 关于《马加比传一书》叙事“时间混乱”的争论，参见 Schürer, *History*, 195。

② Goldstein, *I Maccabees*, 93–494.

③ Josephus, *Jewish Antiquities*, 13. 227.

④ Schürer, *History*, 196–197.

⑤ Ibid., 195–196。相近的观点参见 Smallwood, *Jews under Roman Rule*, 7。

⑥ Schürer, *History*, 195.

入了一段用以歌颂马加比家族功绩的总结性叙事，即 14:27–49。该段叙事被穿插到西蒙派遣使者出使罗马之后，与安条克七世缔约之前。由于篇幅较短，往往被忽略，但却展现出一条不同的历史脉络。根据 14:27–49 所述，德米特里乌斯任命西蒙为大祭司，因其听说罗马人称犹太人为朋友、同盟、兄弟；又听说罗马人曾热烈欢迎西蒙的使者（14:38–40）。由此可见，西蒙的使者在西蒙被德米特里乌斯任命为大祭司之前就已经到达了罗马。罗马对西蒙的热情款待，很可能是促使德米特里乌斯转变态度的重要因素之一。该观点得到了戈尔茨坦的支持，他认为第 40 节展现的内容是真实的。犹太人与罗马重申盟约的行为使德米特里乌斯做出了对西蒙有利的决定。犹太人的呼吁或许是罗马拒绝承认特力冯为国王的一个因素。① 犹太使者抵达罗马的时间必然在公元前 142 年及以前，也就是说，该信件文本很可能是由公元前 142 年担任罗马执政官的卢修斯·凯基利乌斯·梅特拉斯·卡尔弗斯（L. Caecilius Metellus Calvus）署名发出的。

至此，我们可以尽可能准确地重绘西蒙时期犹太与罗马的互动图景。虽然无法确定西蒙派出大使的具体时间，但可以肯定的是，公元前 142 年犹太使者已抵达罗马。他们带去重达约 450 千克的金盾，以求与罗马重申之前的条约。一方面，希望西蒙的身份得到罗马的认可；另一方面，期待罗马人给予犹太人一定的外交支持。罗马人遵照惯例批准了犹太人的请求，承认西蒙的地位，并写信给各国，要求他们不要入侵犹太。很可能由于罗马人的介入，安条克七世未能把胜利推

① Goldstein, *I Maccabees*, 496.

向最后的终点。[①]

三、约翰 · 许尔卡努斯：犹太与罗马互动的蜜月时期

公元前135/134年，西蒙和两个儿子玛他提亚（Mattathias）、犹大（Judas）被女婿托勒密（Ptolemy）暗杀，他的儿子约翰·许尔卡努斯（John Hyrcanus）成为合法继承人。在约翰 · 许尔卡努斯统治的第一年，安条克七世发动对犹太的侵略战争，占领了约帕（Joppa）、加扎拉（Gazara）、佩加（Pegae）等地。正是在这样的历史背景下，他积极开展了与罗马的外交联络。关于这一时期犹太与罗马的互动情况，仅在约瑟夫的著作有所记载。但是，他的作品存在严重的时空错乱问题，需要经过进一步的辨析与考证。

《犹太古史》14:145–148 中存在一段与《马加比传一书》15:15–21 内容高度相似的文本，二者内容的一致性引人注目到无法忽视的地步。[②] 首先，两份文本均由本名为卢修斯（Lucius）的罗马执政官署名。其次，二者记载的犹太使者均包括“安条克的儿子努米努斯”（Numenuis son of Antiochus）；[③] 再次，二者均记载犹太使者将金质盾牌赠送给罗马元老院；最后，二者在表达范式上也存在高度的相似性。

---

① 塞西尔 · 罗斯：《简明犹太民族史》，87。

② Schürer, *History*, 196.

③ 马尔库斯认为，《犹太古史》中的“耶孙的儿子亚历山大”（Alexander）应为“耶孙的儿子安提帕特”（Antipater, son of Jason）。参见 Josephus, *Jewish Antiquities*, 14. 146. g。如果马尔库斯的观点是正确的，则“安条克的儿子努米努斯”和“耶孙的儿子安提帕特”很可能在约拿单、西蒙、约翰 · 许尔卡努斯统治时期三次出使罗马。

可以说，两段文本内容的一致性程度远超过“历史巧合”的限度。但是，约瑟夫却将《犹太古史》14:145-148 的文本定位于许尔卡努斯二世担任大祭司的第九年（大致为公元前 68 年前后），与《马加比传一书》中所叙述事件的时间相差大半个世纪。对于这两封信的关系，笔者有两点猜测：其一，两段文本可能是对同一封信的不同记载。由于二者之间存在一定的差异，至少有一封信存在严重的史实偏差；① 其二，两段文本可能是时代相近的两封信件，所以部分历史人物有可能出现重合，其中至少有一封信存在时空定位问题。事实上，公元前 68 年并不存在名为卢修斯·瓦莱乌斯（Lucius Valerius）的罗马执政官，约瑟夫的说法存在明显偏差。

从文本渊源看，关于《马加比传一书》的成书时间，学界尚存争议。多数学者更倾向于认为《马加比传一书》成书于公元前 104 年约翰·许尔卡努斯死后，公元前 63 年罗马人插手许尔卡努斯二世（Hyrcanus Ⅱ）和阿里斯托布鲁斯二世（Aristobulus Ⅱ）斗争以前的某个时期。② 也就是说，在约瑟夫生活的年代，《马加比传一书》早已成书。《马加比传一书》是约瑟夫重要的史料来源，他必然看到过该文本的内容。或许是由于《马加比传一书》中该部分的内容存在“时间错乱”，以致约瑟夫不得不放弃使用罗马信件文本。③ 但是，作为史学家的约瑟夫显然不会将该文本滥用在与之相隔大半个世纪的许

---

① 部分学者将其归为西蒙时期的签约文本。见 Smallwood, *Jews under Roman Rule*, 8。

② 相关争论参见大卫·A. 德席尔瓦：《次经导论》，梁工、吴珊等译（北京：商务印书馆，2010），291-292。[David A. deSilva, *Cijing daolun* (Introducing the Apocrypha), trans. Liang Gong and Wu Shan et al. (Beijing: The Commercial Press, 2010), 291-292.]

③ Goldstein, *I Maccabees*, 496.

尔卡努斯二世时代。笔者认为，由于约瑟夫未能将多渠道来源的史料合理地融合为一，导致信件出现时间定位的问题。根据信件内容来看，约瑟夫史料指向的是另一封罗马信件，而非对《马加比传一书》中信件的仿写或补正。可以说，《马加比传一书》的信件与《犹太古史》中的信件分属于不同的两封信。关于《犹太古史》中信件的书写时间，学界主要出现三种不同的观点。以蒙姆森（Mommsen）为代表的学者认为，应当将其定位在许尔卡努斯二世期间，具体为公元前 47 年；以斯卡里格（Scaliger）为主要代表的学者则认为，该文本应该定位于许尔卡努斯一世第九年，即公元前 127/126 年。[①] 马尔库斯（Marcus）则认为，该文本成文时间应在公元前 106/105 年。[②] 实际上，在上述时间点均不存在名为卢修斯 · 瓦莱乌斯的罗马执政官，且无法解释该文本与《马加比传一书》相似的原因。因此，《犹太古史》14:145–148 的文本不属于上述三个时间点。笔者认为，两封信中有相似部分并非“巧合”，而是对历史的真实记载，二者的时代应该较为相近。[③] 约瑟夫文本中提到罗马警告自治城市和国王们不入侵犹太的国家和港口。[④] 犹太人的港口约帕于公元前 135/134 年被安条克七世占领，在约翰·许尔卡努斯时期，收复沿海失地是他的政治目标之一。[⑤] 元老院政令中着重强调“港口”的概念，这是之前条约从未提及的，

① 相关综述可见 Schürer, *History*, 195–196; Smallwood, *Jews under Roman Rule*, 8–9。

② Josephus, *Jewish Antiquities*, 14:144. a.

③ 该观点得到了戈尔茨坦的支持。他认为，两个文本几乎是同时代的。参见 Goldstein, *I Maccabees*, 496。

④ Josephus, *Jewish Antiquities*, 13:150.

⑤ 这也在约翰 · 许尔卡努斯统治时期元老院政令中得到了充分的体现，该政令被记录在《犹太古史》13:259–266。

其间反映出当时约帕存在被入侵的情况（或可能性），更加符合约翰·许尔卡努斯时期的历史语境。① 事实上，约瑟夫不止一次地将约翰·许尔卡努斯时期的文本错误地插入许尔卡努斯二世时期的论述中。②

综合考量约瑟夫提供的历史信息，《犹太古史》中的信件应定位于公元前 131 年，时值许尔卡努斯一世担任大祭司期间，是西蒙被德米特里乌斯承认为大祭司的第九年。当时的罗马执政官为卢修斯·瓦莱乌斯·弗拉库斯（Lucius Valerius Flaccus）。③ 公元前 135/134 年，面对安条克七世长达一年的围困④，许尔卡努斯一世谋求谈判并达成和解。从征服犹太地区到公元前 131 年，由于史料缺乏，安条克曾做了什么已经无从得知。但是，在公元前 131 年，他发动了东征帕提亚的战争。因此，当时他很可能正在忙于准备远征，许尔卡努斯也参与到安条克对帕提亚的作战中。善于利用各方矛盾谋求独立的犹太人，很可能欲借安条克远征的契机，寻求政治独立。于是，在公元前 132/131 年，趁塞琉古王国即将发动战争之际，许尔

① 自公元前 63 年庞培改组近东政局后，在罗马人的干预下，约帕已不归属犹太人管理。参见 William Horbury et al., eds., *The Cambridge History of Judaism* (Cambridge: Cambridge University Press, 1999), 3:97。大致在公元前 47 年及以后才归还给犹太人。参见 Josephus, *Jewish Antiquities*, 14. 205–210; Horbury, *Cambridge History of Judaism*, 3:100。此时，整个近东政局均掌握在罗马手中。罗马人要求自治城市和国王不得侵占犹太人的港口，显然不符合历史语境。因此，该文本不可能属于许尔卡努斯二世统治时期。

② 舒勒认为，《犹太古史》14:248–250 被错误地定位在许尔卡努斯二世时期，其实应属于许尔卡努斯一世时期。参见 Schürer, *History*, 204。

③ Sherwin-White, *Roman Foreign Policy*, 76.

④ 关于围困持续的时间学界尚存争议。但基本可以确定，这场战争很可能持续到公元前 132 年甚至更晚的时间。参见 Schürer, *History*, 203。

卡努斯一世派遣“安条克的儿子努米努斯”出使罗马，以求与罗马重申条约和同盟关系，并请求外交支持。

《犹太古史》13:259–266 记载了第二份罗马元老院的决议。根据约瑟夫的叙事顺序，该文本形成于公元前 126/125 年约翰 · 许尔卡努斯征服以土买前后。约瑟夫的记载得到了西克尔（Martin Sicker）的认可，在其著作中，他遵照约瑟夫的叙事顺序将出使罗马事件编排至约翰 · 许尔卡努斯征服以土买之后。① 戈尔茨坦分析认为，罗马人给大使的回信日期应在德米特里乌斯最终失败之前，即公元前 127/126 年以前。② 舒勒认为，该决议很可能是在公元前 135/134 年安条克七世发动对犹太战争期间颁布的。③ 事实上，直到公元前 114/113 年以后，约翰 · 许尔卡努斯才收复约帕等沿海失地。④ 公元前 135/134 年以后的二十余年时间里，在犹太人与罗马人的外交过程中，这些领土主张无疑是最有可能被反复提及的外交辞令。据约瑟夫所述，该决议是马尔库斯（Μάρκου）之子范尼乌斯（Φάννιος）担任执政官时期发布的。西塞罗在《论友谊》中提及，盖乌斯 · 莱利乌斯的女婿是盖乌斯 · 范尼乌斯，他是公元前 122 年的罗马执政官，亦即马尔库斯之子。⑤ 约瑟夫记载的元老院决议很有可能是在这位盖乌斯 · 范尼乌斯担任执政官时期发布的。⑥ 也

---

① Sicker, *Between Rome and Jerusalem*, 28.

② Davies, *Cambridge History of Judaism*, 2:327.

③ Schürer, *History*, 204. 相近观点参见 Smallwood, *Jews under Roman Rule*, 9。

④ Davies, *Cambridge History of Judaism*, 2:327.

⑤ Cicero, *Laelius on Friendship*, 1. 3.

⑥ 怀特持有同样观点，认为约瑟夫斯所指的“范尼乌斯”是公元前 122 年担任执政官的盖乌斯 · 范尼乌斯。参见 Sherwin-White, *Roman Foreign Policy*, 76。

就是说，该文本的时间应为公元前 122 年。罗马人重申了与犹太人的友好关系，但是对于一些具体操作，他们表示需要先处理完自己的事务后再做考虑。① 事实上，元老院只是根据瓦莱乌斯时期的决议，重申了与犹太人的友好关系，并对犹太领土的完整性提供了名义上的担保。当被要求从安条克获得补偿时，罗马没有采取任何坚定的行动。在之后同样的情况下，罗马也只是以外交信件方式为犹太盟友提供保护。②

《犹太古史》14:248–250 的决议内容通常被视为约翰·许尔卡努斯时期的条约。③ 诸如港口、堡垒等内容具有明显的时代特征。本次出使罗马的犹太使节包括亚历山大的儿子阿波洛尼，他曾于公元前 122 年作为大使出使过罗马。由此可见，《犹太古史》13:259–266 与 14:248–250 叙述的事件在时间上应当较为接近。信中明确要求安条克王不要伤害罗马的盟友犹太人，并要求他归还给犹太人他们被掠夺走的堡垒、港口等。关于该安条克王的身份，学界尚存争议。符合约瑟夫记载的只有安条克七世的儿子安条克九世，他于公元前 115 到前 95 年在位。以马尔库斯为代表的学者认为，他是德米特里一世的儿子安条克七世，而非“安条克的儿子”。持有这一观点的学者认为，约瑟夫的记载存在问题，他多次记错塞琉古统治者的名字。④ 舒勒虽持有相同观点，但也提出应当是安条克九世的可能性。⑤ 怀特结合《犹太古史》13:259–266 的内容分析认为，两份决

① Josephus, *Jewish Antiquities*, 13. 259–266.

② Sherwin-White, *Roman Foreign Policy*, 77.

③ Schürer, *History*, 204; Josephus, *Jewish Antiquities*, 14. 247. e.

④ Josephus, *Jewish Antiquities*, 13. 249. a.

⑤ Schürer, *History*, 205.

议要么属于安条克七世时期，要么属于安条克九世时期，或者分别属于二者统治时期。[①] 马丁则将罗马发布法令的时间定为公元前112年，这表明他支持安条克王是安条克九世的观点。[②] 综上，学界对于信件的时间定位尚存争议。该信件中还提及托勒密王亚历山大。马尔库斯分析相关学者的观点后认为，该托勒密王应当是托勒密七世。[③] 事实上，这主要是因为托勒密七世所处的时代更符合他所认为的安条克七世时代。然而，托勒密第一位名为亚历山大的国王是托勒密十世。他所执政的年代大致在公元前110至前109年、公元前107至前88年之间。这一时间段与安条克九世所处的时代相符，也是约翰 · 许尔卡努斯统治的末期。结合约瑟夫的记载，可以找到一个恰当的时间段来满足所有的历史条件。笔者认为，这位“安条克王”应该是安条克七世的儿子安条克九世；“托勒密王亚历山大”应该是托勒密十世。到公元前114/113年，安条克九世已经占领了塞琉古王国的大部分地区，尤其是西部沿海地区。这就解释了罗马的信件对该位“安条克王”提出要求的原因所在。从上述历史人物的在位时间可以推测，该信件的成文时间大致在公元前110至前105年。[④] 那一时期，约翰 · 许尔卡努斯利用塞琉古王国内讧积极扩张，并向罗马申请外交援助，得以有机会

---

① Sherwin-White, *Roman Foreign Policy*, 76.

② Sicker, *Between Rome and Jerusalem*, 29.

③ Josephus, *Jewish Antiquities*, 13:249, a.

④ 托勒密十世在公元前108年前后被废，但考虑到古代社会消息传递的时效性较慢，关于这一年本文姑且忽略不计。戈尔茨坦持有类似观点，认为该信件应该定位在公元前112年及以后。参见 Davies, *Cambridge History of Judaism*, 2:327。斯莫尔伍德持有相近观点，主张该文本应成文于公元前107年前后到前104年之间。参见 Smallwood, *Jews under Roman Rule*, 10。

扩张领土，甚至收复约帕等失地。[①] 至公元前 103 年，犹太人已经拥有包括约帕在内的诸多沿海城市。[②]

根据上述分析，可以还原约翰·许尔卡努斯期间犹太与罗马的互动图景。公元前 131 年左右，面对安条克七世入侵，约翰·许尔卡努斯派出的大使抵达罗马，重申犹太与罗马的关系。公元前 122 年，约翰·许尔卡努斯的大使再次抵达罗马，提出收复失地、评估战争损失等要求。罗马支持犹太人的请求，并给予外交保护，但未提供任何实质性的援助。在公元前 110 年以后，约翰·许尔卡努斯借安条克八世与安条克九世争夺最高统治权之际，加紧扩张领土，并再次派遣使者出使罗马，以求获得对约帕等失地主权的外交保护。罗马认可了犹太人提出的主权要求，约翰·许尔卡努斯很可能借此机会收复了约帕等地。值得注意的是，这是罗马最后一次以犹太盟友身份出现在传世史料中。公元前 104 年，约翰·许尔卡努斯去世后，阿里斯托布鲁斯（Aristobulus，公元前 104—前 103 年在位）、亚历山大·杨纽（Alexander Jannaeus，公元前 103—前 76 年在位）、亚历山德拉·莎乐美（Alexandra Salome，公元前 76—公元前 67 年在位）相继担任哈斯蒙尼王国的国王。[③] 由于该时期的传世文献中几乎未见反映罗马—犹太关系的史料，[④] 对此很难

---

① Davies, *Cambridge History of Judaism*, 2:327.

② Josephus, *Jewish Antiquities*, 13. 395–396.

③ 根据约瑟夫斯的记载，阿里斯托布鲁斯一世时，哈斯蒙尼王国的统治者获得了“国王”的头衔。参见 Josephus, *Jewish Antiquities*, 13. 417。

④ 亨德里库斯·A. M. 范·韦里克：《古代帝国中枢与地方政治之互动：公元前 44 年至前 40 年的犹太与罗马帝国》，《北京大学学报》（哲学社会科学版），2019 年第 2 期，107–121。[Hendrikus A. M. van Wijlick, “Gudai diguo zhongshu yu difang zhengzhi zhi hudong:

进行讨论。

四、结　语

公元前 2 世纪，犹大 · 马加比与罗马签订了同盟条约，规定了战争期间二者的互助关系，但罗马并未给予犹太人除外交声援以外的任何帮助。这实际上符合罗马的利益需求。对于罗马而言，它不愿卷入叙利亚地区的内战，但是又想不留余力地削弱塞琉古王国的实力。几代人以来，罗马的政策一直偏袒那些王位有争议者中的弱者，特别是在塞琉古王国，① 这种做法无疑是削弱塞琉古王国的绝佳手段之一。犹太民族作为一支强有力的反叛力量，对于削弱塞琉古王国的实力具有重大的作用。②

罗马与犹大 · 马加比签订条约绝非偶然之事，不断地重申这种条约亦非偶然。实际上，它构成了罗马武装干预的法律基

Gongyuanqian 44 nian zhi qian 40 nian de Youtai yu luoma diguo" (The Political Interaction Between Ancient Imperial Government and Its Localities: Judaea and the Roman Empire from 44 BC to 40 BC), *Journal of Peking University* (Philosophy and Social Sciences), no. 2 (2019): 107–121.] 斯莫尔伍德认为，此时联盟已经失败，因为它对任何一方都不再具有实际价值。参见 Smallwood, *Jews under Roman Rule*, 11。事实上，随着塞琉古王国的不断衰落，它对犹太王国的威胁日益减少。因此，犹太人不再需要像在公元前 2 世纪那样经常寻求罗马的支持。但另一方面，由于史料的严重匮乏，我们尚不能对此后的犹太—罗马关系发展妄下定论。西克尔则认为，亚历山大出于对罗马的不信任，没有采取与罗马结盟的策略，而是保持中立。参见 Sicker, *Between Rome and Jerusalem*, 37。

① Davies, *Cambridge History of Judaism*, 2:348.

② Smallwood, *Jews under Roman Rule*, 21.

础。[①] 在罗马共和国末期，尤其是从公元前 148 年起，一种有意识的帝国主义扩张政策诞生，[②] 罗马扩张趋势日益明显，黎凡特地区早已成为罗马的“囊中之物”。从后续的历史发展进程可以看出，公元前 2 世纪，罗马对犹太所谓的“支持”，只不过是日后罗马占据犹底亚地区的前奏。实际上，即便是生活在古代世界的犹太人，他们也自知罗马不会出兵援助。地理位置的特殊性导致古代犹太民族长期以来在大国博弈的夹缝中谋求生存。不断利用大国之间的矛盾，为自己谋求有利的生存环境，是自希伯来统一王国分裂后犹太统治者惯用的外交手段。

公元前 2 世纪罗马与犹太的互动实际上是双方在特定历史时空下进行的利益选择。罗马希望通过支持犹太人的方式削弱塞琉古王国的实力，犹太人则希望借助罗马的威势脱离塞琉古王国的统治，为自己赢得独立。因此，罗马与犹太的互动，本质上是大国博弈与民族独立相互作用的产物。许尔卡努斯去世后，犹太王国的独立性得到进一步的确立，塞琉古王国也日益衰落。此后，同盟便不再具有任何价值，最终走向没落。[③] 从更为宏观的视角来看，犹太与罗马的关系经历了从独立平等的外交关系，到犹太王国成为罗马的藩属国，再到被并入罗马帝国的行省体系的历史发展进程。自公元前 63 年庞培改组巴勒斯坦以后，犹太历史便丧失了独立发展的主动权。直至公元 2

---

① Piattelli, “Enquiry,” 214.

② 宋立宏：《罗马的犹太政策》，15。关于罗马共和国帝国主义动力的讨论见晏绍祥：《西方学术界关于罗马共和国帝国主义动力的讨论》，《全球史评论》，第 10 辑，2016，103–153。[Yan Shaoxiang, “Xifang xueshujie guanyu Luoma gongheguo diguozhuyi dongli de taolun” (Debates on the Motive Force of Roman Imperialism among the Western Scholars), *Global History Review*, no. 10 (2016): 103–153.]

③ Smallwood, *Jews under Roman Rule*, 11.

世纪，犹太人被迫开始了大流散的进程。可以说，罗马是影响犹太历史发展转向的重要因素。因此，对哈斯蒙尼王国与罗马共和国的早期互动加以研究，对于理解两千年来的犹太历史具有重要的意义。

参考文献 [Bibliography]

Atkinson, Kenneth. *A History of the Hasmonean State: Josephus and Beyond.* London: T&T Clark, 2016.

Davies, W. D., and L. Finkelstein, eds. *The Cambridge History of Judaism.* Vol. 2. Cambridge: Cambridge University Press, 1989.

Eckhardt, Benedikt. "The Hasmoneans and their Rivals in Seleucid and Post-Seleucid Judea." *Journal for the Study of Judaism* 47, no. 1 (2016): 55–70.

Goldstein, Jonathan A. *I Maccabees.* New York: Doubleday, 1976.

Nichols, Francis Morgan. *The Marvels of Rome, or a Picture of the Golden City*. London: Ellis and Elvey, 1889.

Piattelli, Daniela. "An Enquiry into the Political Relations between Roma and Judaea from 161 to 4 B.C.E." *Israel Law Review* 14, no. 2 (1979): 195–236.

Schürer, Emil. *The History of the Jewish People in the Age of Jesus Christ (175 B.C. –A.D. 135)*. Vol. 1. Edinburgh: T. & T. Clark, 1973.

Sharon, Nadav. "The Title Ethnarch in Second Temple Period Judea."

Journal for the Study of Judaism 41, no. 4 (2010): 472–493.

Sherwin-White, A. N. *Roman Foreign Policy in the East 168 B.C. to A.D. 1*. London: Gerald Duckworth, 1984.

Sicker, Martin. *Between Rome and Jerusalem: 300 Years of Roman-Judaean Relations*. Westport: Praeger, 2001.

Smallwood, E. Mary. *The Jews under Roman Rule from Pompey to Diocletian (Studies in Judaism in Late Antiquity)*. Leiden: Brill, 1976.

Zollschan, Linda. *Rome and Judaea International Law Relations: 162–100 BCE*. London: Routledge, 2017.

晁燕燕：《哈斯蒙尼王朝时期犹太人的希腊化倾向研究》（博士学位论文，河南大学，2014）。[Chao Yanyan. "Hasimengni wangchao shiqi Youtairen de Xilahua qingxiang yanjiu" (A study on the Hellenism of Jews during the Hasmonean Dynasty). PhD diss., Henan University, 2014.]

大卫·A. 德席尔瓦：《〈次经〉导论》，梁工、吴珊等译，北京：商务印书馆，2010。[DeSilva, David A. *Cijing daolun* (Introducing the Apocrypha). Translated by Liang Gong and Wu Shan et al. Beijing: The Commercial Press, 2010.]

吕厚量：《“上帝选民”抑或“帝国子民”？——犹太教与罗马帝国两难抉择之间的史家约瑟福斯》，《世界历史评论》，第 3 辑，2015，42–67。[Lü Houliang. "Shangdi xuanmin yihuo diguozimin? : Youtaijiao yu Luomadiguo liangnan jueze zhijian de shijia Yuesefusi" (World Citizen vs. God's Chosen People:

Josephus between Judaism and the Roman Empire). *The World Historical Review*, no. 3 (2015): 42–67.]

宋立宏：《罗马的犹太政策》，《学海》，2006 年 1 期，13–19。[Song Lihong. "Luoma de Youtai zhengce" (Roman Jewish Policy). *Academia Bimestris*, no. 1 (2006): 13–19.]

晏绍祥：《西方学术界关于罗马共和国帝国主义动力的讨论》，《全球史评论》，第 10 辑，2016，103–153。[Yan Shaoxiang. "Xifang xueshujie guanyu Luoma gongheguo diguozhuyi dongli de taolun" (Debates on Motive Force of Roman Imperialism among the Western Scholars). *Global History Review*, no. 10 (2016): 103–153.]

张倩红、张少华：《犹太人千年史》，北京：北京大学出版社，2016。[Zhang Qianhong and Zhang Shaohua. *Youtairen qiannian shi* (A Thousand Years of Jewish History). Beijing: Peking University Press, 2016.]

希伯来《哀歌》的心理学—精神分析研究述评

莫铮宜

内容提要：在当代圣经多元文论的背景下，《哀歌》的心理学—精神分析研究兴起于20世纪90年代并得到持续发展，它充分利用该领域的相关成果，从多个层面深入解读《哀歌》文本，开创出一条有别于传统上历史—神学研究的新路径，并取得了丰富的成果。本文拟对《哀歌》的心理学—精神分析研究做一梳理，重点介绍《哀歌》中幸存者面对耶路撒冷之灾时的心理状态、反应和心理变化过程，考察幸存者哀伤的目的与意义，及其祈祷的动机、类型与作用；在此基础上对这一研究做出总体评价。

关键词：《哀歌》，心理学—精神分析研究，述评

作者单位：浙江越秀外国语学院英语学院

A Review of Psychological and Psychoanalytic Research on *Lamentations*

MO Zhengyi

Abstract: In the context of contemporary pluralistic biblical studies, the psychological-psychoanalytic research on Lamentations arose in the 1990s and has continued to develop. It makes full use of relevant achievements in this field to interpret Lamentations from various perspectives and create a rich new path different to traditional historical-theological approaches. This article recaps to sort out the psychological-psychoanalytic research of Lamentations, focusing on the psychological state, reaction and psychological changes of survivors in Lamentations when they faced the destruction of Jerusalem, and examine the purpose and meaning of the survivors' mourning, and the motives, types, and effects of their prayers in its assessment.

Keywords: *Lamentations*, psychological and psychoanalytic research, reviews

Author's contact info: School of English, Zhejiang Yuexiu University. Email: mozy11@163.com

一、引　言

《哀歌》作为希伯来哀伤文学的经典，是以公元前 586 年耶路撒冷陷落和圣殿被毁为背景而写成的。[①]耶路撒冷事件对以色列民族和宗教的发展产生了直接而深刻的影响，因此历史—神学的进路曾一度是《哀歌》研究的主流方法，它基于希伯来圣经主导的“申命神学”传统，用“罪—罚”的模式来解读耶路撒冷事件，并以上帝的公义与慈爱为依据，为当下苦境的转变指出盼望。但历史—神学的进路存在着某些弊端，如过分强调《哀歌》神学上的整体性会遮蔽文本的开放性与多重性的涵义；又如，它过于关心教义却忽视了《哀歌》中幸存者的生存感受；此外，对《哀歌》跳跃性、意象性和矛盾性的文学特征也未予以应有的重视。

因而从20世纪90年代开始，学术界尝试从一些新的角度对《哀歌》做出诠释，由此开启了新的研究方向，其中以心理学—精神分析的研究最为显著。事实上，作为一种产生于19世纪下半叶的思维科学，心理学的发展推动了圣经心理学进入科学化发展的轨道。进入20世纪之后，心理学—精神分析的圣经研究更是出现了蓬勃发展之势，不同于来源批评、形式批评、编修批评等立足于历史事件和客观材料的研究进路，这类研究立足于人的主观精神世界，使得人们对内在于圣经的精神领域

---

① 《哀歌》在不同的宗教传统中名称并不一样。犹太教传统称其为《哀歌》，并将其放在希伯来圣经的圣卷之中，排在五小卷的第三卷。而基督教传统则称其为《耶利米哀歌》，因为最早从希腊文七十士译本开始，就认为其作者是耶利米先知，并将此书放在《耶利米书》之后，这一做法为拉丁文武加大译本所继承。无论犹太传统和基督教传统都认为，耶利米是《哀歌》的作者，这遭到许多现代学者的质疑。至于成书时间也有不同的观点，一般认为《哀歌》中的诗歌很可能早在公元前586年耶路撒冷被毁之后不久，就由不同的作者分别写成，至于最终编纂成书，有可能是在后流放时期，参见 Adele Berlin and Marc Zvi Brettler, eds., *The Jewish Study Bible* (Oxford University Press, 2004), 1589。本文沿用希伯来圣经的传统，故称此书为《哀歌》。

产生与日俱增的认识和理解。① 本文拟对《哀歌》的心理学—精神分析研究做一梳理，总结重要的研究成果，并对这种研究做出评价。

二、《哀歌》的心理学—精神分析研究

圣经学者们将心理学—精神分析的相关理论应用于《哀歌》研究，取得了许多突破与成果。其中心理学的研究主要注重于《哀歌》幸存者的心理状态、心理反应和心理变化过程，精神分析则通过"忧郁症"等现象来解读幸存者哀伤的目的与意义。

对于幸存者心理状态的分析主要借助创伤理论（trauma theory）来展开。该理论认为，人的创伤性体验并非伴随着灾难同时发生，而通常具有延迟性，且会长时间持续。由于创伤体验的延迟性，人对灾难的回忆与其在灾难中的即时性经历并不完全一致。② 在此意义上，杨森（James Yansen, Jr.）认为《哀歌》对耶路撒冷灾难事件的书写并非完全客观、真实地记叙，而是一种创伤性回忆。③ 他指出在这样的回忆中，《哀歌》幸存者有如下三种交织并存的心境，伴随着情绪的跳跃而转换，反映出幸存者复杂的心理状态。首先，它表达出幸存者遇到广

---

① 梁工：《当代文学理论与圣经批评》（北京：人民出版社，2014），406–407。[Liang Gong, *Dangdai wenxue lilun yu Shengjing piping* (Contemporary Literary Theory and Criticism of the Bible) (Beijing: The People's Press, 2014), 406–407.]

② Lawrence L. Langer, "Using and Abusing the Holocaust," in *Jewish Literature and Culture*, ed. Alvin H. Rosenfeld (Bloomington: Indiana University Press, 2006), 1–4.

③ James Yansen, Jr., "Daughter Zion's Trauma: Reading Lamentations with Insights from Trauma Studies" (PhD diss., Boston University Library, 2016), 57–58.

泛而深重的灾难，这种灾难以锡安女子个体和群体受难者的形式呈现，表明锡安所遭受的创伤无可比拟（1:12b; 2:13）。其次，锡安的现实创伤与人们对耶和华的信仰产生了强烈反差，因而整首《哀歌》中幸存者持续地处于忧郁状态中。最后，对锡安充满同情的叙述暗示着幸存者期望上帝对自己遭受的创伤会做出回应，从而恢复两者间的关系。①

如果说杨森主要从耶路撒冷事件刚发生后不久的视角来分析《哀歌》中幸存者的心理状态，那么史密斯·克里斯托弗（Smith-Christopher）就结合创伤重压后心态失调理论（Post-Traumatic Stress Disorder），从长期的视角来考察。②根据这一理论，个人或团体经历巨大的灾难事件时，会感到极大的精神痛苦且长时间持续，其间伴随着当事者或群体在体质性、社会性、职业性或其他方面功能的显著衰退。③史氏发现《哀歌》中不断出现城市毁灭、杀戮、暴力、饥荒等记忆，表明幸存者具有相当典型的创伤性重压后心态失调症。如食人肉（1:11; 2:12; 4:4、9–10）、饥荒（2:11–12; 4:4–10）、强暴（1:10; 5:11）及杀戮（1:1; 2:21）。此外，孤独感（1:2、9、16–17、21）和压抑感（1:20; 2:11）也是此症状的表现。《哀歌》中的这些表达夸张且给人留下刻板化印象，但史氏指出并不能由此认为这类表达都是虚假和伪造的，而是以一种艺术性的想象来反映出巴比伦的流放群体对耶路撒冷事件的创伤性记

---

① Yansen, "Daughter Zion's Trauma," 194–197.

② Daniel Smith-Christopher, *A Biblical Theology of Exile* (Minneapolis: Fortress, 2002), 75–104.

③ American Psychiatric Association, *Diagnostic and Statistical Manual of Mental Disorders* (Washington, DC: American Psychiatric Association, 1994), 424.

忆。尽管这一事件已过去很长时间，流放群体仍然受到创伤性重压后心态失调症的影响，据此，史氏认为，通过《哀歌》文本可窥见流放群体的心理状态和灵性状况。[①]

借助于心理学的相关理论，有学者也对《哀歌》中幸存者的心理反应做了探讨。比如拉班（Antje Labahn）借助于心理学家阿瑟(John Archer)关于悲伤本质的研究来解读《哀歌》。[②]阿瑟将悲伤归类为人类的丧失性反应与恢复性反应。前者表现出如抗议、排斥、愤怒等本能的情绪，后者则表现为自我懊悔、谴责、寻求受苦的意义等现象。[③] 拉班指出，《哀歌》的第 1、2、第 4 和第 5 章总体上表现出一种丧失性反应，体现出作者极度的痛苦与孤独，这种极度痛苦不但使人与上帝相隔绝，也使人与人之间相互隔绝。相比之下，3:21–39a 则是一种恢复性反应，呈现出新的转向，它也是整首诗歌的中心，成为作者摆脱哀伤的潜在途径，因着上帝的怜悯与帮助，以色列在经历灾难和痛苦之后开始迎来盼望，尽管此种盼望转向还只是潜在地隐含在《哀歌》之中。诗歌从丧失性反应到恢复性反应的总体转向表明，它旨在提出摆脱危机的途径，从此意义上看，该研究方法与传统的历史—神学解释途径有着相似之处。

对于《哀歌》中幸存者心理变化过程的解读，莱默尔(David Reimer）和乔伊斯（Paul Joyce）的研究最具代表性，他们分

① Smith-Christopher, *Biblical Theology of Exile*, 104.

② Antje Labahn, "Trauen als Bewältigung dear Vergangenheit zur Gestaltung dear Zukunft. Bemerkungen zur anthropologischen Theologies dear Klagelieder," *Vetus Testamentum* 52 (2002): 513–527. 转引自 Heath A. Thomas, "Relating Prayer and Pain: Psychological Analysis and Lamentations Research," *Tyndale Bulletin* 61 (2010): 193。

③ John Archer, *The Nature of Grief: The Evolution and Psychology of Reactions to Loss* (London: Routledge, 1999), 250, 104–107. 转引自 Thomas, "Relating Prayer and Pain," 192。

别通过库柏勒－罗斯（Kübler-Ross）的五阶段心理变化模型来展开分析。根据此模型，人在面临死亡时大致会经历五个阶段的心理反应：其一，不愿面对死亡，选择自我孤立；其二，表现出针对他人、自我和上帝的愤怒情绪；其三，迫切寻求减轻死亡带来的心理压力，如找到死亡的意义等；其四，对过去和未来表现出绝望心态；其五，停止挣扎接受死亡。①需要指出的是，这五个阶段并非总是前后衔接的线性进程，而是在不同阶段可能出现往复的跳跃。莱默尔发现《哀歌》中的大多数章节都能与濒临死亡的各个阶段的心理特征相对应。如第 1 章表现出作者在耶路撒冷遭难后的孤独与无助（1:22）。在第 2 章中作者向人格化的上帝发怒（2:1–9），抗议其惩罚（2:20–22），以此对耶和华使锡安遭难发出挑战。在第 3 章中作者希望通过自己的"良好表现"挽回局面，换取上帝的拯救，尽管这种拯救并不十分明确。第 4 章则表达出绝望之情，认为锡安城中虽曾经美好，珍贵的一切却尽遭毁灭，生命丧失，价值消亡，带来无尽的哀痛。第 5 章是祈求上帝关注幸存者的状况并进行干预，流露出面向未来的盼望。作者的祈祷将整卷《哀歌》整合成一体，其中的"纪念"（זכר 5:1）与"垂顾"（ראה 1:9、11、20）相呼应。除了第 5 章，其余四章的主题都能与库柏勒·罗斯的理论相合。②

乔伊斯并未将《哀歌》的每一章都对应于库柏勒·罗斯模型的各个阶段，而是打破了文本章节的束缚，以更灵活的方式

① Elizabeth Kübler-Ross, *On Death and Dying* (New York: Touchstone,1969), 51–146.

② David J. Reimer, "Good Grief? A Psychological Reading of Lamentations," *Zeitschrift für die alttestamentliche Wissenschaft* 114 (2002): 542–559.

来构建文本表述与模型阶段之间的关系。[①]比如，他发现《哀歌》中3:31, 39显示作者拒绝死亡，而1:2, 9, 16和21节则反映出作者孤立无助的状态，这些都对应了模型第一阶段的主题。2:20则对应了第二阶段"愤怒"的主题。而2:19; 3:40–42对应了第三阶段的减轻压力。5:15对应于第四阶段的绝望心态。最后，3:26, 37节对应第五阶段的接受死亡。

此外，乔伊斯还借助斯皮格尔（Yorick Spiegel）的四阶段模型考查《哀歌》，得出了与库柏勒·罗斯模型相似的结果。该模型认为人在面临死亡时，主要有惊恐、悲痛、逃避和接受四个阶段的心理变化过程。乔伊斯分析指出，1:1与第一阶段相对应，2:10与第二阶段相对应，1:7与第三阶段相对应，而3:32与第四阶段相对应。乔伊斯发现，《哀歌》的作者分别从上帝（1:5）、敌人（3:58–66）、耶路撒冷居民（5:16）、先知与祭司（4:13）和先祖（5:7）等角色来探寻锡安遭灾的根源，这些角色的表达并非连续性，而是分布在整卷书之中。通过探讨这些非连续性表达，乔伊斯认为，这反映出幸存者面对丧亡和哀伤时剧烈的心理变化。而对幸存者的心理分析也表明，《哀歌》中晦暗和模糊的"盼望"并非如在神学研究中那样清晰可见，成为整个文本的中心；相反，乃是透过幸存者的复杂情感变化过程流露出来。[②]总体上，在解读《哀歌》中幸存者遭灾时的心理反应和变化过程方面，乔伊斯与莱默尔取得了十分相似的结果。[③]

---

① Paul M. Joyce, "Lamentations and the Grief Process: A Psychological Rending," *Biblical Interpretation* 1 (1993): 309–311.

② Ibid., 313–315.

③ Ibid., 309–310.

圣经学者也通过精神分析理论中的忧郁症现象，对《哀歌》加以探讨。心理学家弗洛伊德（Sigmund Freud）最早区分了悲哀（mourning）和忧郁症（melancholia），认为当失去所爱的对象时，悲哀中的人能最终意识到这一现实，逐步摆脱对对象的依恋，过程虽痛苦，却最终能获得释放，因而它是正面的；但忧郁症患者则处于对失去所爱对象的无意识状态，会长期病态地陷入悲观厌世、自罪自责和自卑憎恨的自恋式痛苦中无法自拔。这种情绪不但困扰着忧郁症患者，也可能经由其内心投射给（introject）所失去的钟爱对象，因而忧郁症是负面的。[①] 据此，林纳菲尔德（Tod Linafelt）分析了《哀歌》文本，认为诗人陷入忧郁症之中无法自拔，但这并非毫无意义。以第1、2章为例，诗人既不是要寻找到遭难的原因，也不是要为摆脱苦境找到出路，而是自陈苦情，向上帝发出质疑。[②] 同样，第3章也不再是整首《哀歌》的核心，不再是从绝望到盼望的转折点。相反，它呈现出各种相互矛盾的情绪状态，这也与忧郁症的症状相符，患者通常不会呈现单一的情绪表达，而是变化多样地前后跳跃。因而，《哀歌》展现的并非一个默默接受神义论者，或是静坐一旁苦苦思索受苦的意义和目的者，而是一个公开向上帝哭泣、发出质疑甚至抗议的形象。诗人不再将苦难理解成以色列人罪孽的衍生物，相反，他直面苦难的实在性，以质问甚至发怒来表达对受苦的抗议，认为苦难对人尊严

---

① Sigmund Freud, "Mourning and Melancholia," in *General Psychological Theory: Theories on Paranoia, Masochism, Repression, Melancholia, the Unconscious, the Libido, and Other Aspects of the Human Psyche* (New York: Collier Books, 1963), 163–179.

② Tod Linafelt, *Surviving Lamentations: Catastrophe, Lament, and Protest in the Afterlife of a Biblical Book* (Chicago: University of Chicago Press, 1998), 4.

的侵犯无论如何解释都是不公义的、无意义的，也是无法接受的。这一转向反映出诗人作为幸存者面对苦难时的挣扎，而一个能够在苦难中发出哀声者恰恰表明他并未绝望，因为哀声本身就代表了幸存者的勇气，它也是幸存者宣泄感情、超越苦难的方式，反映出幸存者对生存的期盼和对生命意义的寻求，因而《哀歌》亦即“幸存者之歌”。①

与林纳菲尔德的观点不同，派博（Hugh S. Pyper）另辟蹊径，他借用了弗洛伊德的“自我与本我”（the Ego and the Id）概念，认为相对于灾难中的丧亡者，幸存者由于存活下来而产生了某种负罪感，此外，他还不得不承负所有因灾难而带来的痛苦记忆，变得焦虑不堪。为了摆脱心理焦虑，幸存者会不自觉地将自罪自责的矛头转向丧亡者。派博指出，《哀歌》中诗人针对锡安的谴责是一种典型的焦虑症表现，他向所爱者发出“反叛”言行，从而使自身陷入矛盾的心理状态。②《哀歌》中的诗人作为幸存者，将矛头指向女性化的锡安，指责她的犯罪与淫荡使以色列遭此大难，从而为摆脱负罪感和内心焦虑寻找途径。诗人通过描述锡安自认其罪，贬低作为“母亲”的耶路撒冷，以便维护作为“父亲”的耶和华的惩罚的正当性。另一方面，诗人又为锡安的遭遇哭泣、悲叹与祈求，期待发生改变。总体上看，派博的研究是通过贬低、牺牲女性形象，来为神义做出辩护。③

---

① Tod Linafelt, *Surviving Lamentations*, 141–142.

② Sigmund Freud, “The Ego and the Id,” in *On Metapsychology: The Theory of Psychoanalysis* (Harmondsworth: Penguin, 1991), 350–408; Hugh S. Pyper, “Reading Lamentations,” *Journal for the Society of the Old Testament* 95 (2001): 55–69, 57.

③ Pyper, “Reading Lamentations,” 63–68.

三、对《哀歌》中祈祷的研究

心理学界对祈祷做了专门研究，比如祈祷的各种形式，祈祷对于祈祷者的意向、感受等心理变化的影响，以及祈祷与回应的关系等。[①]在此基础上，圣经学者专门考察了《哀歌》中的祈祷，其中以托马斯（Heath A. Thomas）的研究最具代表性，详后介绍。

通过对《哀歌》中祈祷的深入分析，托马斯认为祈祷者主要有三个动机：[②]其一，盼望上帝干预，改变现状。祈祷者并不惧怕冒犯上帝，也不顾及其祈祷要求是否过高，只是期盼上帝介入，改变悲惨现状；其二，祈祷悔罪，以期得到宽恕。面对遭遇的灾难，祈祷者重新转向上帝，期待上帝从对手角色转变为拯救者，其中3: 42“我们犯罪悖逆，你并不赦免”的表述不易理解，托马斯认为它强化了人们罪行的程度，促使祈祷者更加紧迫地转向上帝。其三，祈祷者希望锡安的仇敌遭到报应，相信耶和华必亲手执行公义（1:21c–22b; 3:64–66; 4:22）。如此，既缓解了祈祷者内心的愤怒，不至长期陷入其中，也使得祈祷者放弃亲身复仇的行动。当然，在祈祷过程中这三个动机往往交织在一起。

托马斯还对《哀歌》中的祈祷做了归类。不同于形式批评

---

① Margaret M. Poloma and Brian Pendleton, “Exploring Types of Prayer and Quality of Life,” in *Psychological Perspectives on Prayer*, ed. Leslie John Francis and Jeff Astley (Gracewing: MPG Books, 2001), 249–257; Fraser Watts and Mark Williams, *The Psychology of Religious Knowing* (Cambridge: Cambridge University Press, 2007), 10–23, 109–115.

② Thomas, “Relating Prayer and Pain,” 201.

学将《哀歌》分为集体哀歌、个体哀歌、城市哀歌等类型，他从对话关系角度将其分为三种类型：祈愿式祈祷（petitionary prayer）、会话式祈祷（colloquial prayer）、默想式祈祷（meditation prayer），并认为三种祈祷的形式虽不相同，祈祷的内容却常常交织重叠。[①]其中祈愿式祈祷反复不断地呼求耶和华，希望他进行干预（1:9c、20、21–22; 3:55–56、59、64–66; 5:1、22），会话式祈祷包括了以下主题：恳求上帝减轻痛苦（1:20、22c），报复仇敌（1:21–22; 3:64–66; 4:22）；罪人悔罪（1:11c、20a; 5:16），向上帝表达抗议（2:20–22; 3:42–45）。[②]需要指出的是，就这两类祈祷方式而言，祈祷者虽然强烈要求上帝做出回应，改变当前处境，却更倾向于将回应的时间和方式留给耶和华来决定。相信作为超越者的上帝虽然乐于倾听人的呼求，但他并非“自动提款机”，而是依照其智慧和方式来应答人的祈求。[③]

相对于人直面上帝的祈愿式祈祷和会话式祈祷，默想式祈祷是以内省方式展开的。对此，托马斯借用心理学中的“冥想”概念来重点分析《哀歌》中默想式祈祷，认为祈祷者安静自己的身心，全神聚焦于内心深处，通过对上帝及其属性的持续性心灵默想找到盼望，进而从痛苦和绝望中恢复心绪。[④]默想式祈祷在《哀歌》3:21–39 最为典型，托马斯分析后指出，祈祷

① Thomas, “Relating Prayer and Pain,” 199.

② Heath A. Thomas, “The Liturgical Function of the Books of Lamentations,” in *Thinking Towards New Horizon: Collected Communications to the XIXth Congress of the International Organization for the Study of the Old Testament, Ljubljana 2007*, ed. M. Augustin and H. M. Niemann (Frankfurt am Main: Peter Lang, 2008), 137–139.

③ Reimer, “Good Grief?,” 552.

④ Thomas, “Relating Prayer and Pain,” 200.

者在耶和华的攻击下身处绝境，毫无盼望（3:1–20）。但当他静坐下来，将注意力转向内心深处（21a）时，便以“内省”的方式将自己所得的经验意识陈述出来。祈祷者通过回想耶和华守约的慈爱（חסדי יהוה 22 节）、不止息的怜悯（22b）、信实（23b），及其作为人的份（24a），开始形成对上帝的盼望。然而，比起所遭受的灾难，这一盼望是微弱的。于是祈祷者继续默想为何盼望救恩（25 节），明确其遭灾是神圣者的作为（28b），人是由于自己的罪而受罚（34–36 节；39a），由此，神圣者是公义的（35, 36 节）。同时，他也是全能的（37, 38 节）。进而，祈祷者认识到上帝虽然惩罚，却不会永远丢弃人（31 节），因为他原本不是要使人受苦（33 节），而是要照着丰盛的慈爱施怜悯（32 节）。这一认识回应了 3:1–20 的遭遇，反映出神圣惩罚与神圣慈爱在祈祷者内心的张力，正是默想到上帝的慈爱才使之重建对他的盼望，这成为获得拯救的心理依据。因此他要“无言独坐”（28 节），“安静等候救恩”（26 节）。借着默想式祈祷，《哀歌》作者获得了安慰，并摆脱情绪的波动，身心恢复平静，“盼望好似一束光照进黑暗的内心深处”，祈祷者呼吁会众悔改，重新归向耶和华（3:40–42）。

3:1–20 节的表述具有明显的智慧文学教导特征，① 给整个第 3 章带来积极的基调，这与阿瑟对恢复性反应的结论不期而遇。② 不仅如此，通过默想耶和华基于其信守盟约的慈爱，第 3 章中的默想式祈祷成为《哀歌》祷告的重要动力，推动了书

① Thomas, “Relating Prayer and Pain,” 200.

② Walter Kaiser, *Grief and Pain in the Plan of God: Christian Assurance and the Message of Lamentations* (Fearne, UK: Christian Focus, 2004), 22–23, 81.

卷中其他两类祷告的展开。与此同时，托马斯反对夸大3:21–39默想式祈祷的作用，而认为它与其他类型的祷告一体，共同构成了《哀歌》不可或缺的组成部分。

四、对上述研究的评价

概言之，以心理学—精神分析方法来研究《哀歌》，既有优点也有不足之处，其优点主要体现在以下几方面：

首先，该研究进路开启了《哀歌》研究范式的转向，提供了一条有别于传统的“申命神学”的解释新路径。按照希伯来圣经中的“申命神学”思想，以色列人守约会蒙福，背约则将受罚，它是建立在上帝对世界的绝对统治之上，并肯定他在人类的历史中的运作，对于以色列人而言，祸福的选择是清晰且有规律可循的，这一神学思想也成为解释《哀歌》的传统方法。然而，对《哀歌》的心理学—精神分析研究却提供了另一种可能，它不再依照惯例将第3章作为整卷《哀歌》的中心，而是将文本其他部分上升到同样重要的地位且作深层次考查。这一研究方法探讨人面对灾难和哀伤时复杂的心理反应，使幸存者直面痛苦的现实存在，指出在遭遇到极大灾难打击时，人的痛苦无法通过系统性的神义论解释得到完全消解，① 因此，单靠“申命神学”并不能完全解释以色列人复杂的信仰经验。心理学—

① 李炽昌、游斌：《生命言说与社群认同：希伯来圣经五小卷研究》（北京：中国社会科学出版社，2003），195。[Chi Chung Archie Lee and You Bin, *Shengming yanshuo yu shequn rentong: Xibolai Shengjing wuxiaojuan yanjiu* (Discourses and Community Identity: A Study of the Megilloth in the Hebrew Scripture) (Beijing: China Social Sciences Press, 2003), 195.]

精神分析的研究揭示出在希伯来圣经主流的神学传统之外，还有一个微弱却不容忽视的“哀怨传统”，它承认痛苦，并将经验痛苦完全表达出来，坚信神圣者虽然隐身，却能听到且接受这样的表达，理解这种痛苦；同时，受苦者则怀揣希望等待神圣者的回应。[①]

其次，传统上以“过去—现在—将来”的历时性视角来研究《哀歌》，忽略了文本中呈现出的跳跃性、意象性和矛盾性特征，而心理学—精神分析从共时性视角出发展开研究，很大程度上弥补了这一缺欠。[②]这一研究方法展现出《哀歌》中幸存者在面对灾难那一刻的巨大痛苦与无助，剖析主人公哀痛、悲悯、耻辱、负疚、愤怒、绝望、希望等矛盾和含混的心理状态。研究发现，文本中时间上的倒置与空间上的错位恰恰真实而生动地保留了历史动荡时期转瞬即逝的丰富体验。在这种生命体验的巅峰中，哭泣、悔罪、呼号、冥想、反省、祈祷和复仇的情绪同时集中体现在幸存者身上，它们在悲愤交集中，在激情的强力和自然活动所产生的内心移情中得到确认。其间，一方面绝望与盼望互为张力，另一方面两者又迷幻般地交织在幸存者身上。

再次，心理学—精神分析的研究纠正了人们对于描述性（descriptive）表达方式的认识偏差。传统观点认为，《哀歌》是以一种结论性（prescriptive）的表达方式来为当前的苦境寻找到盼望，以便从失丧状态转向恢复状态。相比之下，描述

① 汉语学界对《哀歌》与圣经“哀怨传统”的关联性研究见 Lina Rong（戎利娜），*Forgotten and Forsaken by God (Lam 5:19–20): The Community in Pain in Lamentations and Related Old Testament Texts* (Eugene, OR: Pickwick, 2013)。

② Thomas, “Relating Prayer and Pain,” 195.

性表达是个体经验性的，是幸存者对失丧状态的情绪发泄，并无实际作用。但心理学—精神分析的研究恰恰表明，幸存者通过描述性方式向上帝表达出切身之痛，向他呼求甚至发出抗议，无论这些表达多么负面、消极甚至不敬，它们都是从更深的层面传递出幸存者活生生的困境和需要。幸存者把这些摆在上帝面前，希望他听见并做出干预；① 此外，幸存者也以冥想式的心灵默想，通过对上帝经验意识的陈述，来获得摆脱痛苦和绝望的心理依据。这些都是另一种走向恢复的途径。事实上，《哀歌》中不同形式的祈祷不但是幸存者当时的生存体验，它们也成为流放巴比伦的犹太群体的共鸣。从此意义上看，描述性表达方式与结论性表达方式同样具有现实作用。

最后，心理学—精神分析的研究从更深层面揭示出希伯来信仰的真谛，即上帝与以色列人之间的约是真实的、富于活力的，也是开放的。神与人分处于约的两方，两者间的关系形成活泼互动的张力，既相互抗争又相互妥协。一方面，人可以将最深层的存在经验向上帝抒发与倾诉，因而作为受造者的人并非机械的接受者，而是具有向创造主发言的主动性。另一方面，作为位格性他者的上帝亦非抽象的存在，而是聆听穷苦人哀号，是一个可以对话的“你”，需要受到约的束缚，并承担其相应的责任。② 因而，“我—你”的神人对话关系得到实质性呈现，这种关系是坦诚的、平等的、开放的，又是彼此拒绝放弃对方的，它只有开始而没有终结。

---

① Claus Westerman, *Die Klagelieder: Forchungsgeschichte und Auslegung* (Neukirchen-Vluyn: Neukirchener, 1990), 73–81.

② F. W. Dobbs-Allsopp, *Lamentations: A Bible Commentary for Teaching and Preaching* (Louisville: John Knox Press, 2002), 48.

当然，这一研究方法也存在着不足。首先，心理学—精神分析是通过实证研究构建出一个个系统理论模型，虽然将它们用作《哀歌》的解读能产生独特的果效，但在此过程中若生搬硬套，机械地运用某些理论模型，不顾及文本自身的特点，就会产生问题。比如，《哀歌》中幸存者在悲痛状态中其情绪是上下起伏、前后跳跃的，哀伤诗歌的性质决定了它常常使用反复的语言和声调，并结合平行和想象的手法来宣泄情感、陈吐遭遇。有时，相同的主题和信息分别出现在不同的章节中，有时，同一章节也会表达不同的主题、不同的信息和不同的情绪。因此，若僵化地将《哀歌》的每章总结出一个主题，并与某个理论模型的各阶段作机械的对应，就会消解文本自身的特点与丰富性。以《哀歌》第 1 章为例，如果将其主题仅仅归结为“孤独”，以此来对应库柏勒 - 罗斯模型的第一阶段，就会忽略文本中的其他特征，如极度的压抑，向上帝表达愤怒（1:20–22）等。若从这一模型出发并结合《哀歌》文本的特点，将第 1 章置于模型阶段之间的动态过渡来解读，更符合诗歌的特点。①

又如，派博以“自我与本我”的理论为标准，将《哀歌》完全视作通过牺牲锡安这一“母亲”的形象来为上帝“父亲”作辩护，其做法忽略了《哀歌》中锡安自身面对上帝时的发声、质问并抗议（2:20–22）。这一点也体现在第 3 章（3:42–44）和第 5 章中，其中第 5 章以沮丧与发出疑问作结束。事实上，《哀歌》中的锡安并未被明确说成一个不忠的女子，而上帝对锡安的惩罚也未得到明确的合理化。②

① Thomas, “Relating Prayer and Pain,” 196.

② Ibid.

其次，心理学—精神分析理论大多是描述性理论，若过度解读，阐释《哀歌》时就会不可避免地产生理解上的偏差。以亚瑟关于悲伤本质的理论研究为例，其丧失性反应与恢复性反应是一种描述性解读,反映了人在应对痛苦时采取的不同方式。但拉班过度解读了该理论，将其描述性功能提升到了结论性功能，主张整首《哀歌》都是从丧失性反应向恢复性反应的转变，意在提供摆脱危机的途径。这一观点偏离了亚瑟理论的初衷。事实上，《哀歌》中的丧失性反应，如愤怒与抗议也表达了幸存者对生存的盼望。此外，拉班还以第 3 章为整首诗歌的中心，认为它提供了解决危机的途径。然而，若仔细研究文本就能发现，该章对于幸存者的出路并未给出结论性答案，而是以陈述来自敌人的羞辱，并呼求上帝报应他们而结束（3:61–66）。

再次，心理学—精神分析法将分析者与分析对象绝对割裂开来，这种做法不符合现实情况。比如作为主体的分析者通过忧郁症，对作为分析对象的《哀歌》文本加以分析，以期找出隐藏在文本背后的潜意识，而这样的分析恰恰是完全基于文本所提供的信息，在某种程度上是文本促使分析者做出的解读。因此，分析其实也是文本反作用于分析者的结果，是客体对主体的反动，由此意义来看，我们无法将分析者与《哀歌》文本绝对对立起来。

最后，针对《哀歌》中的祈祷，心理学—精神分析聚焦于作为祈祷者的人的心理状态，关注祈祷的动机、方式和作用。然而，由于《哀歌》中作为对话者的耶和华是隐藏的，以致对祷告的研究也只能是单方面的。因文本中事实性对话的缺失，人们无法通过上帝的直接回应来更全面地考察祈祷。

五、结　语

兴起于20世纪晚期的《哀歌》心理学—精神分析法打破了传统的历史—神学重构法在此领域的垄断，它不再将“罪—罚—赐恩”作为解释诗歌的唯一途径，而是充分利用心理学领域的研究成果，从多个层面深入解读《哀歌》文本，探讨幸存者面对灾难时的心理状态、反应和变化过程，指出幸存者的发言——包括哭泣、悔罪、呼号、质问、抗议和祈祷等——都是有意义的，它们既是向苦难做抗争的表现，反映出幸存者对生存的盼望，其本身也是走向恢复的途径。就此而言，《哀歌》本身具有一种生命力，且能延续其自身。另一方面，幸存者在最艰难的处境中对上帝发言，恰恰表明他仍然拒绝放弃信仰，而以另一种方式来呈现信仰。他对传统神义论发出质疑，能折射出希伯来宗教中神人之间关系的真实性、开放性且充满互动的潜力。以上这些因素使得哀歌传统成为犹太—基督教信仰群体的重要生命体验与盼望。

与传统上以神义论作为解读《哀歌》的进路相反，在后现代主义思潮影响下，对《哀歌》的心理学—精神分析研究很大程度上是从反神义论的角度来展开的，但无论是神义论还是反神义论的研究，都是一种单声调的独白，皆不全面。因此，人们期待着一种将两者综合起来的研究进路，就此而言，巴赫金的对话理论似乎值得一试，这当然又进入另外一个研究话题。

参考文献 [Bibliography]

Dobbs-Allsopp, F. W. *Lamentations: A Bible Commentary for Teaching and Preaching*. Louisville: John Knox Press, 2002.

Joyce, Paul M. "Lamentations and the Grief Process: A Psychological Rending." *Biblical Interpretation* 1 (1993): 304–320.

Kaiser, Walter. *Grief and Pain in the Plan of God: Christian Assurance and the Message of Lamentations*. Fearne, UK: Christian Focus, 2004.

Kübler-Ross, Elizabeth. *On Death and Dying*. New York: Touchstone, 1969.

Linafelt, Tod. *Surviving Lamentations: Catastrophe, Lament, and Protest in the Afterlife of a Biblical Book*. Chicago: University of Chicago Press, 1998.

Poloma, M. Margaret, and Brian Pendleton. "Exploring Types of Prayer and Quality of Life." In *Psychological Perspectives on Prayer*, edited by Leslie John Francis and Jeff Astley, 249–257. Gracewing: MPG Books, 2001.

Pyper, Hugh S. "Reading Lamentations." *Journal for the Society of the Old Testament* 95 (2001): 55–69.

Reimer, David J. "Good Grief? A Psychological Reading of Lamentations." *Zeitschrift für die alttestamentliche Wissenschaft* 114 (2002): 542–559.

Rong, Lina. *Forgotten and Forsaken by God (Lam 5:19–20): The*

Community in Pain in Lamentations and Related Old Testament Texts. Eugene, OR: Pickwick, 2013.

Smith-Christopher, Daniel. *A Biblical Theology of Exile*. Minneapolis: Fortress, 2002.

Thomas, Heath A. "The Liturgical Function of the Books of Lamentations." In *Thinking Towards New Horizon: Collected Communications to the XIXth Congress of the International Organization for the Study of the Old Testament, Ljubljana 2007*, edited by M. Augustin and H. M. Niemann, 137–139. Frankfurt am Main: Peter Lang, 2008.

———. "Relating Prayer and Pain: Psychological Analysis and Lamentations Research." *Tyndale Bulletin* 61 (2010): 183–208.

Watts, N. Fraser, and Mark Williams. *The Psychology of Religious Knowing*. Cambridge: Cambridge University Press, 2007.

Westerman, Claus. *Die Klagelieder: Forchungsgeschichte und Auslegung*. Neukirchen-Vluyn: Neukirchener, 1990.

Yansen, James, Jr. "Daughter Zion's Trauma: Reading Lamentations with Insights from Trauma Studies." PhD dissertation, Boston University Library, 2016.

李炽昌、游斌：《生命言说与社群认同：希伯来圣经五小卷研究》，北京：中国社会科学出版社，2003。[Chi Chung Archie Lee and You Bin. *Shengming yanshuo yu shequn rentong: Xibolai Shengjing wuxiaojuan yanjiu* (Discourses and Community Identity: A Study of the Megilloth in the Hebrew Scripture). Beijing: China Social Sciences Press, 2003.]

梁工：《当代文学理论与圣经批评》，北京：人民出版社，

2014。[Liang Gong. *Dangdai wenxue lilun yu Shengjing piping* (Contemporary Literary Theory and Criticism of the Bible). Beijing: The People’s Press, 2014.]

“阿爸”的亚兰文及其《马可福音》语境研究

张信宇

内容提要：本文旨在从亚兰文和希腊文的语境中，探讨《马可福音》14:36 中 ἀββα 一词的使用。ἀββα 一词的词源为亚兰文的“אַבָּא”，用法为呼格，并非小孩对父亲的昵称，而是一个普遍性称呼“父亲”的称谓。呼格的用法是与交流者的直接对话，耶稣在祷告中使用的 ἀββα 所带来的新观念，就是直接称呼亚卫为父亲，并与之直接交流；与 ἀββα 用法直接相关的是《马可福音》14:36 中的同位语“ὁ πατήρ”与两个动词“παρένεγκε”和“θέλω”，情态上表现出耶稣急切期待的情绪，语法上呈现出其具有完全人性的情感一面。

关键词：阿爸，亚兰文，《马可福音》14:36

作者单位：福建神学院

The Aramaic "abba" and Its Greek Context in Mark

ZHANG Xinyu

Abstract: This essay aims to explore the use of the term "ἀββα" in Mark 14:36 in the literary context of Aramaic and Greek. It argues that the word "ἀββα" is a Greek transliteration of the original Aramaic word "אַבָּא". The vocative use of this word is not a child's address to "daddy," but a general title for "father." The use of the vocative implies a direct dialogue with the communicator. By using "ἀββα" in prayer, Jesus brings an entirely new concept of addressing Yahweh as his father and communicating directly with him. In Mark 14:36, directly related to the use of "ἀββα" is the apposition "ὁ πατήρ" and the two verbs "παρένεγκε" and "θέλω." The modality expresses Jesus' eager anticipation and the grammar presents Jesus' fully human emotional side.

Keywords: Abba, Aramaic, Mark 14:36

Author's contact info: Fujian Theological Seminary. Email: zxyreaky@126.com

引　言

在《马可福音》14:36 中，耶稣称亚卫为 ἀββα，近乎所有中文圣经的翻译均将 ἀββα 一词译音译为"阿爸",①在诠释上,受耶利米亚（J. Jeremias）的影响,②不少学者认为 ἀββα 是犹太家庭中小孩用亚兰文对父亲的昵称,如英文的"Daddy"。③《〈新约〉及早期基督教文献希腊文大辞典》（BDAG）中指出,ἀββα 为亚兰文的"אַבָּא",系呼格形式（vocative）,原本为亲昵用语,后期用作称号和人名,意义为"父亲";原本很少用来称呼"神",后来用于祷告,称呼亚卫,在家庭圈子中使用,也被说希腊语的基督徒用为礼仪性用语。④至于 ἀββα 一词的词源,学界普遍认为是希腊文对亚兰文的音译。亚兰文也是公元 1 世纪巴勒斯坦地区使用的日常语言,但学界却鲜有人从亚兰文文法和文本语境本身分析,更多是从神学、希腊文处境和隐喻的角度分析。⑤本文尝试从亚兰文文法和《马可福

---

① 包括和合本、和合本修订版、吕振中译本、现代中文译本、新译本、思高译本。除《马可福音》以外,《新约圣经》在《罗马书》8:15 及《加拉太书》4:6 也使用了 ἀββα 一词,但这两处并非出自耶稣之口,而是保罗指出借助上帝儿子的灵,"我们"可以称呼"父"为 ἀββα。

② J. Jeremias, *The Prayers of Jesus* (Naperville, IL: R. Allenson, 1967); J. Jeremias, *The Central Message of the New Testament* (London: SCM Press, 1965); J. Jeremias, *New Testament Theology*, vol. 1, *The Proclamation of Jesus* (London: SCM Press, 1971).

③ 如 William L. Lan, *The Gospel of Mark* (Grand Rapids: Wm. B. Eerdmans, 1974), 518; David E. Garland, *The NIV Application Commentary: Mark* (Grand Rapids, MI: Zondervan, 1996), 540; 叶雅莲:《马可福音》(卷下)(香港:天道书楼,2016),466 [Emily Y. Wang, *Make Fuyin (Juan Xia)* (Tien Dao Bible Commentary: Mark II) (Hong Kong: Tien Dao Publishing House, 2016), 466.],等。

④ Walter Bauer and William Arndt, eds., *A Greek-English Lexicon of the New Testament and Other Early Christian Literature*, 3rd ed., revised by Frederick W. Danker (Chicago: University of Chicago Press, 2000), s.v. "ἀββα."

⑤ 如 Joseph A. Fitzmyer, "Abba and Jesus' Relation to God," in *According to Paul: Studies in the Theology of the Apostle* (New York: Paulist Press, 1992), 47–63; John B. Cobb, *Jesus's Abba: The God Who Has Not Failed* (Minneapolis, MN: Fortress Press, 2016); S. Tsang, "'Abba' Revisited:

音》14:36 的语境角度对 ἀββα 一词进行解读，旨在论证 ἀββα 并非传统上所理解的小孩对父亲的昵称，尤其在《马可福音》14:36 耶稣即将受死的语境中，更不可能表现出小孩对父亲的昵称，而是表达耶稣对亚卫直接的呼唤；作为呼格的 ἀββα 所表明的是耶稣与亚卫直接对话的场景，亚兰文的 ἀββα 与希腊文的 ὁ πατήρ（父亲）既是同位语，也是一种修辞手法，表达耶稣的急切心态；并表现在后半节的动词 παρένεγκε（取走、拿走）和 θέλω（想要、意愿）中，从情态上表明耶稣对将“苦杯”撤去的强烈期待。

一、ἀββα 的词源与形态

ἀββα 为亚兰文“אַבָּא”的希腊文音译，亚兰文“父亲”一词为“אב”，在《希伯来圣经》中仅出现过 9 次，含义可以是“先祖、父亲、父辈”等，①《希伯来圣经》中并未出现过“אַבָּא”的用法。从语法上说，区别于希伯来文（希伯来文用 הַ 作定冠词，相当于英文的 the），亚兰文没有定冠词，只

Merging the Horizons of History and Rhetoric through the New Rhetoric Structure for Metaphors," *Acta Theologica* 2, no. 28 (2008): 121–141。

① 《希伯来圣经》大部分用希伯来文写成，仅《创世记》31:47、《耶利米书》10:11、《以斯拉记》4:8–6:18；7:12–26 和《但以理书》2:4b–7:28 为亚兰文写成，其中出现亚兰文 אב 的文本包括《以斯拉记》4:15、5:12；《但以理书》2:23、5:2、5:11（3 次）、5:13、5:18。关于“אב”的亚兰文含义，可参 Ernst Vogt, ed., *A Lexicon of Biblical Aramaic: Clarified by Ancient Documents*, trans. J. A. Fitzmyer (Roma: Gregorian & Biblical Press, 2011), 23；另参见 *The Brown-Driver-Briggs Hebrew and English Lexicon*, 1708。

用某个语词的特定形式来表达强调或特指。① 亚兰文的这种特定形式就是在名词的附属形后加“א”词尾，可见就“אַבָּא”的形态而言，最直接的理解是在“אב”的附属形后添加 א 词尾。

对“אַבָּא”形态来源分析较为深入的学者是巴雅各（James Barr），② 他指出了“אַבָּא”的三种可能的语言学形态来源：1. 亚兰文的强调形式，在词尾加“א”词尾，含义类似于特指的“这/那（the）父亲”，后来也发展为具有表达第一人称单数的“我的父亲”的含义；2. 呼格用法，与一些闪族语系的用法类似，并不具备强调功能；3. 婴儿幼儿时期的“牙牙语”，如爸爸、papa、dada 等婴儿使用的叠词。③

就评估这三种形态的诠释而言，有两个来源学问题，巴雅各认为 ἀββα 不必然为亚兰文，也有可能是希伯来文。因为在耶稣时期希伯来文的发展中，“我的父亲”（אָבִי）的用法已被“אַבָּא”所取代。④ 在巴雅各看来，耶利米亚在引用基特尔（G. Kittel）⑤ 的论证中就指出，在《米示拿》（Mishnah）中，“אַבָּא”已经完全取代了“אָבִי”的用法，《米示拿》从未使用过“אָבִי”来表达“我的父亲”，这就表明了“אַבָּא”并非

① 关于希伯来文和亚兰文的特定性用法，可参见 Scott N. Callaham, *Biblical Aramaic for Biblical Interpreters: A Parallel Hebrew-Aramaic Handbook* (Wilmore, KY: GlossaHouse, 2021), 38–43。

② James Barr, “‘ABBĀ ISN’ T ‘DADDY,’” *The Journal of Theological Studies* 1, no. 29 (1988): 28–47.

③ Ibid., 29.

④ Ibid., 30.

⑤ G. Kittel, *Die Religionsgeschichte und das Urchristentum* (Gütersloh: Bertelsmann, 1932), 92.

必然为亚兰文；[1] 另外，巴雅各也指出，作为呼格使用的证据来自可对比的闪族语系，特别是阿拉伯语，但这类用法在语法上大多被归类为“宾格”的使用，在词末加“א”结尾，因此“אַבָּא”可能并非从晚期或希腊时期的亚兰文发展而来，也可能是早期的希伯来文，或许与更早期的闪语相关。[2] 巴雅各指出，第三个来源的问题似乎更加明显，耶利米亚受施伦克（G. Schrenk）的影响认为，印欧语系中的父亲（πατήρ）除了 -τήρ 的尾音外，还包含 πα（即 pa）的原始发音。[3] 但雅各对此质疑，认为虽然婴儿的“牙牙语”在历史语言学领域确实偶有发生，但考证起来却非常模糊且极具不确定性；多数语言学家并不认同此种观点，故未将词源归结于婴儿的“牙牙语”。巴雅各认为，主张它来自婴儿的“牙牙语”，是成人对幼儿发音的误解，婴儿因受复杂环境影响而发出类似于 pa 的声响，被成人对应地理解为是对 pa 的发声；退一步说，就算 pa 最初是婴儿的“牙牙音”，它距耶稣时期的亚兰文和希腊语也发展了数千年。因此，将新约时期“אַבָּא”的起源归因于“牙牙音”，很难具有说服力。

在上述评估中，巴雅各所指 ἀββα 的词源为希伯来文的观点理据并不充分，首先，《希伯来圣经》中并未出现过“אַבָּא”的用法，如果 ἀββα 的来源是希伯来文，就很难解释该词在《希伯来圣经》中为何没有出现。《希伯来圣经》中表达“我的父亲”的用法均为“אָבִי”；另外，更突出的问题是，如果“אַבָּא”是希伯来文，词尾的“א”就更加无法解释，虽然巴雅各解释

① Jeremias, *Prayers of Jesus*, 23.

② Barr, “‘ABBĀ ISN’ T ‘DADDY,’” 29–32.

③ G. Schrenk, *Theologische Wörterbuch zum Neuen Testament,* V. 948.

为，希腊文 ἀββα 并不一定是以“א”结尾，并列出了希伯来文专有名词的证据表明希伯来文中有 -a 结尾的词语，① 但并不足以证明在正常名词用法中有 -a 结尾的，希伯来文确实有名词以“א”结尾，但用法为默音，并非发 -a 类元音，在希伯来文的发展中“א”不再作为发音字母，有时甚至不被写出，② 故巴雅各认为 ἀββα 是希伯来文的理据更显薄弱了。亚兰文作为公元 1 世纪巴勒斯坦地区的日常用语，在《马可福音》中不止一次地出现，最直接的一处在《马可福音》5:41，耶稣使会堂主管的女儿复活时，所说的“Ταλιθά, κοῦμι”（大利大，古米），很明显是亚兰文的希腊音译，③ 文本后半节附上希腊文的翻译“Τὸ κοράσιον, σοὶ λέγω, ἔγειραι.”（女孩，我吩咐你，起来）。因此，《马可福音》使用亚兰文的音译并非特例，在形态上，“אַבָּא”更可能是亚兰文，晚期《米示拿》中出现的希伯来文“אַבָּא”更可能受到了亚兰文的影响，从“אַבָּא”在不同文献中的使用情况来看，希伯来文的“אַבָּא”在公元 200 年左右才开始取代“אָבִי”而逐渐被广泛称呼地上的“父亲”。④

但巴雅各的评估仍然相当具有建设性，特别是他在评估

---

① Barr, “‘ABBĀ ISN’ T ‘DADDY,’” 31.

② 希伯来文的“א”发音及音节演变，可参见 Paul Joüon, *A Grammar of Biblical Hebrew: Part One: Orthography and Phonetics; Part Two: Morphology*, trans. T. Muraoka (Roma: Editrice Pontifico Istituto Biblico, 2005), 91–92；不仅在名词中，在希伯来文的动词用法中，“א”在音节结尾处也作为默音出现或被省略，参见 Joüon, *Grammar of Biblical Hebrew*, 200–203。

③ 关于亚兰文的这一表达，可参见 G. Scott Gleaves, *Did Jesus Speak Greek? The Emerging Evidence of Greek Dominance in First-Century Palestine* (Eugene, OR: Pickwick, 2015), 149–150。

④ R. E. Brown, *The Death of the Messiah: From Gethsemane to the Grave: A Commentary on the Passion Narratives in the Four Gospels* (New York, NY: Doubleday, 1994), 1:173.

中对耶利米亚所说 ἀββα 系小孩的“牙牙音”提出了有利的质疑，这也关系到学界何以认为“אַבָּא”系小孩的使用语。耶利米亚认为，耶稣所使用的 ἀββα 与小孩对父亲或父亲形象人物的称谓类似，比较合适的翻译是“Daddy”①。实际上，在亚兰语的语境中，“אַבָּא”不仅用于小孩，也用于成人，塔木德（Talmud）或塔尔根（Targum）当中都曾使用“אַבָּא”，在用法上是大人教导孩子的“日常用语”而非“儿童用语”。②另外，马库斯（Joel Marcus）也指出，《米示拿》中就有一处（m. Sanhedrin 4:5）说到，“‘אַבָּא’比你的父亲伟大”。这里提及的发言者可以是任何人，且时间早于耶稣时期，在《米示拿》（Mishnah Eduyot 5:7）中，说话者也明显是个成年人。③故耶利米亚所认为的“אַבָּא”是小孩对父亲的昵称并不正确，虽然不可否认，“אַבָּא”较多出现在小孩口中，因较小的“孩子”更多地会在家庭中呼唤“父亲”，但此用法并不仅限在孩子身上，而是适用于任何年龄的日常用语。博林（M. E. Boring）甚至指出，有时还会用于学生对老师（拉比）的尊称中。④

耶利米亚另一个具有影响力的观点是，认为耶稣称呼上帝为“אַבָּא”的用法是独特的，并且是一个全新概念。⑤但实际上

---

① Jeremias, *Central Message*, 19–20.

② Barr, "'ABBĀ ISN' T 'DADDY,'" 35–36.

③ Joel Marcus, *Mark 8–16: A New Translation with Introduction and Commentary* (New Haven, CT: Yale University Press, 2009), 977；正如上文所提及的耶利米亚引证《米示拿》的例子，此处“אַבָּא”的含义为“我的父亲”。

④ M. E. Boring, *Mark: A Commentary* (Louisville, KY: Westminster John Knox Press, 2015), 398–399.

⑤ "Yes, here there is something quite new, absolutely new—— the word *abba*." 参见 Jeremias, *Prayers of Jesus*, 96。

并非全然如此，正如耶利米亚所论述的，“אַבָּא”的使用常与“אָבִי”等同，菲兹迈尔（Joseph A. Fitzmyer）列出了《但以理书》5:13、死海古卷①、古代铭文②中出现的“אַבָּא”和“אָבִי”的使用，其中的含义包括“我的父亲”“我们父亲”，以及被当作专有名词使用。③此外，埃文斯（Craig A. Evans）认为，耶利米亚和菲兹迈尔引用的文献多为后期拉比文献，在较为早期的《希伯来圣经》本身，也有将神称呼为“父亲”的例子，如《申命记》32:6“他岂不是你的父（אָבִינוּ），创造了你吗？他造了你，坚立你”。《以赛亚书》63:16 称：“亚伯拉罕虽然不承认我们，以色列也不承认我们，你却是我们的父（אָבִינוּ）。耶和华啊，你是我们的父（אָבִינוּ）。”④值得注意的是，《诗篇》89:26 [MT 89:27] 提及“你是我的父（אָבִי），是我的神，是拯救我的磐石”，该处称呼神使用的正是“אָבִי”。⑤菲兹迈尔和埃文斯正确地提到，称神为“父”的观念来自以色列本身的传统，而非耶稣的新“创造”，但他们似乎错误地理解了耶利米亚的观点，后者并非未注意到《旧约》以及拉比文献中提及的称呼神为“父”的文本，⑥他所指的“新”乃是将“אַבָּא”作为一种“个人性”对上

---

① 包括 11QtgJob 31:5; 1QapGen 2:19; 1QTLevi ar 29; 4QTLevi ar 2:12; 4QEn 5 ii 17; 4QTQahat frg. 1:11; 6QEnGiants 1:4; 1QapGen 2, 24 等。

② Giv'at HaMivtar Tomb Inscription; Jerusalem Hypogeum Ossuary 1 a; Mur 87; Silwan Tomb Ossuary 2.

③ Fitzmyer, “Abba,” 50–51.

④ 另外将神称为“我们的父（אָבִינוּ）”的文本还包括：《耶利米书》31:9；《玛拉基书》1:6 等。

⑤ 此外，在两约之间的文献《多比传》《便西拉智训》及死海古卷中，也有称神为父亲的例子。参见 Craig A. Evans, *Mark 8:27–16:20* (Nashville, TN: Thomas Nelson Publishers, 2001), 412–413。

⑥ Jeremias, *Prayers of Jesus*, 11–29.

帝的称呼。耶利米亚认为，没有证据表明耶稣之前有“个人性”将神称呼为“父”的例子，[①] 马库斯和布朗（R. E. Brown）也指出，在基督教之前的文献中，并没有找到以“个人性”的称呼称神为“אַבָּא”的例子。[②] 不过上述《诗篇》89:26 节的例子，却是一处以“个人性”对神的称呼，但说话的主语是神，以此来看，耶利米亚的提议值得更进一步地思考。施特劳斯（Mark L. Strauss）对耶利米亚和菲兹迈尔的论证做了一个非常精准的总结，虽然犹太传统中有将神称为“父”的先例，却从来没人使用“呼格”来称呼神为“父”。[③] 故并非耶稣之前没有将神称为“父”的传统，而是在耶稣之前，除了神之外，没有“直接”喊神为“父”的传统。呼格的使用所表明的，是说话者与当事人“直接”交流的关系，不可转述使用，只有在对话双方直接交流时，才可使用。故耶稣称呼神为“אַבָּא”，所表明的是耶稣与神“直接”对话，是与交流者之间直接对话的关系。

二、ἀββα 出现于《马可福音》14:36 的语境

在《马可福音》14:36 中，耶稣对神的称呼使用了同位语方式“αββα,[④] ὁ πατήρ”。可以看到，“αββα”后紧跟

① Jeremias, *Prayers of Jesus*, 29, 57.

② Marcus, *Mark 8–16*, 978; Brown, *Death of the Messiah*, 173.

③ Mark L. Strauss, *Mark: Zondervan Exegetical Commentary on the New Testament* (Grand Rapids, MI: Zondervan Publishing House, 2014), 633–634.

④ Nestle-Aland 第 28 版《希腊文圣经》中的 αββα 一词 α 上方无气号“ ‘ ”。

一个平行的希腊文呼格的“ὁ πατήρ ”（父亲），该处的“ὁ πατήρ”是主格作呼格使用。[①]在希腊文中，句首的呼格有三个基本用法：1. 直接称呼；2. 感叹语；3. 同位语。[②]此处很明显是作为同位语使用，虽然严格来说，同位语并不算是一个独立的用法，一般同位语中的第一词会具备直接称呼，或充当感叹语之一的功能。同位语呼格的出现，是对整个结构的强调，或对情绪的称呼或感叹。在称呼之后再次重复使用呼格用词，就语言学而言是多余且不必要的，而这种用法是为了达到修辞的目的。[③]艾略特（J. K. Elliott）认为，这是插入的部分，因耶稣不可能在祷告时使用两个同样的词来称呼“天父”，耶稣原来使用的仅是亚兰文的 αββα 一词，ὁ πατήρ 是马可为后期不懂得亚兰文的人解释说明 αββα 的含义。[④]但这个说法并不具有说服力，首先，《马可福音》在所有需要解释说明的文本中，都直接使用了 μεθερμηνευόμενον（“翻译”，μεθερμηνεύω 的被动型分词），以表明后文是解释或翻译的部分，如《马可福音》5:41，“大利大，古米！翻译出来就是（μεθερμηνευόμενον）女孩，我吩咐你，起来”；《马可福音》15:22，“他们带耶稣来到了一个地方叫各各他，翻译出来就是（μεθερμηνευόμενον）‘髑髅地’”；《马可福音》

---

① Brown, *Death of the Messiah*, 1:172；关于希腊文主格作呼格用的语法，可参见 Maximilian Zerwick, *Biblical Greek: Illustrated with Examples* (Roma: Editrice Pontificio Istituto Biblico, 1994), 11；其用法示例也提及了这里的文本。

② Daniel B. Wallace, *Greek Grammar Beyond the Basics: An Exegetical Syntax of the New Testament* (Grand Rapids, MI: Zondervan, 2000), 67–71.

③ Ibid., 70.

④ J.K. Elliott, *The Language and Style of The Gospel of Mark: An Edition of C. H. Turner's "Notes on Marcan Usage" Together with Other Comparable Studies* (Leiden: Brill, 1993), 33.

15:34，“下午三点钟的时候，耶稣大声呼喊‘以罗伊！以罗伊！拉马撒巴各大尼？’翻译出来就是（μεθερμηνευόμενον）我的神！我的神！为什么离弃我？”其次，《马可福音》对称谓、颂赞等大众熟知的用语并不提供翻译，如在《马可福音》10:51，巴底买称呼耶稣为“ραββουνι”（拉波尼）[①]，在《马可福音》11:9百姓称颂耶稣“ὡσαννά”（和散那）[②]，ἀββα作为大众所熟知的称谓，并不需要提供翻译，而且笔者在前文已经提及，ἀββα在后期亦即公元2世纪开始被更为广泛地使用，并取代了希伯来文的“אָבִי”，故艾略特所认为的ἀββα不为人所熟知而需要后期插入ὁ πατήρ的解释的理据就更显薄弱了。因此，《马可福音》在此处以“αββα, ὁ πατήρ”两个呼格作为同位语使用，并非解释说明，而是一种表达强调的情绪性描绘，以修辞性手法表现出耶稣急迫、焦急的强烈情绪。

而这种情态用法不仅表现在“αββα, ὁ πατήρ”这两个呼格词汇上，从文法上看，也表现在本节的不定式动词“παρένεγκε”（拿走，取走）上，解经家在诠释本节文本时，经常关注到名词“杯”的含义，几乎无人从文法上关注“παρένεγκε”一词。在希腊文的句子构成中，句中的动词往往能起到关键性作用，而“παρένεγκε”与“θέλω”（想要，意愿）是耶稣在本节祷告中的两个动词，却没有获得应有的重视。[③]现代语言学研究一般采用“体”（aspect）、“时态”（tense）、“情态”（modality）来分析某个跨语言动词的使

① 意思为“我的老师”。

② 原意为“拯救，求救”；此处是称颂语。

③ 如Marcus, *Mark 8–16*, 977–979; Strauss, *Mark*, 633–634; Boring, *Mark,* 398–399; Lan, *Gospel of Mark,* 517–519; Garland, *Mark*, 540等，均未提及不定式动词“παρένεγκε”的使用。

用，最新的语言学研究已发现“不定式动词”的使用与“情态”相关，[①] 简思德（Scott N. Callaham）系统性地研究了《希伯来圣经》中“不定式动词”与“情态”的关系，认为在《希伯来圣经》中，独立形的不定式动词（infinitive absolute）常用作命令语气（imperative），并能表达出说者与听者相关者的社会处境，包括下级对上级的命令，下级对上级的请求，较少表达同级之间的关系。[②] 就希腊文的文法来说，在《马可福音》14:36，该处的不定式动词“παρένεγκε”正是命令语气，命令语气是表达“意愿”的语气，该种语气表明说话者的确定感很低，属于“情态类”表达，从逻辑上说，所有未来的事件都是情态的，因为还没有发生，意志或愿望不能改变客观事实，它往“意志”与“可能性”的方向发展。[③] 此处的“παρένεγκε”一词，是命令语气表达请求的功能，[④] 是“恳求（entreaty）的命令语气”，常用于以下对上的口吻中，也特别用于祷告当中指向上帝。耶稣在祷告中采用恳求的口吻，表达出对未发生事项的期待和期望，希望将这杯“撤去”，这直接表现在接下来的一个动词“θέλω”中，虽然“θέλω”为直说语气，却仍然带有潜在情态的意涵。[⑤]

故在《马可福音》14:36 中，“αββα, ὁ πατήρ”是以两个呼格作同位语，以修辞性手法表现出耶稣的紧迫、焦急的强烈

---

① Frank Robert Palmer, *Mood and Modality* (Cambridge: Cambridge University Press, 2001), xv.

② Scott N. Callaham, *Modality and the Biblical Hebrew Infinitive Absolute* (Wiesbaden: Harrassowitz, 2010), 217.

③ Wallace, *Greek Grammar*, 485; 另参见 Callaham, *Biblical Aramaic*, 80。

④ 命令语气其他的功能和用法，参见 Wallace, *Greek Grammar*, 485–493。

⑤ Ibid., 451–452.

情绪，并延续至紧接着的后文。后文中的两个动词同样表现出情绪的表达，其中不定式独立形动词“παρένεγκε”是恳求性的情态动词，表达耶稣希望将这杯“撤去”的强烈期许，这种期待和意愿直接表达在紧接着的另一个动词“θέλω”中。在此语境中来看，耶稣祷告时所用的ἀββα，更不可能是小孩对父亲的昵称（如Daddy），而是一种恳求性的语气，耶稣面对即将到来的苦难，以强烈的恳求语气，表达希望将苦难撤去的情感。

结　语

结合本文的分析来看，在亚兰文语境中，“אַבָּא”（阿爸）并非小孩对父亲的昵称，而是一般称谓，普遍适用于各个年龄层，但使用该称谓的人与其被称呼者确实有着如父子类的关系，可能是父亲、长辈或老师。将上帝视为“父亲”的概念并非耶稣独创，而是来自于本身的犹太环境，在旧约叙事或诗歌中，将上帝描述为以色列群体的“父亲”，或上帝宣告将以色列百姓作为“孩子”，但个人性使用呼格与上帝交流，直接称呼上帝为“父亲”在犹太社群中并无先例，乃是耶稣所带来的新语境。呼格不能转述使用，而是与交流者的直接对话，这也表明耶稣使用“אַבָּא”所带来的新概念是与上帝直接沟通。在《马可福音》的语境中，耶稣在其受难前于客西马尼园的祷告中使用的“αββα, ὁ πατήρ”（阿爸，父）称呼上帝，从语法和修辞的角度，两个同位语并用，所表现出的是耶稣在祷告中的强烈情绪（恳求的迫切性情绪，而非小孩对父亲的昵称），这种情绪在本节继续以两个动词渲染，独立形不定式动词“παρένεγκε”（取走、拿走）表达恳求的情态，以表达耶稣希望将这杯撤去的强烈期许，另一个动词“θέλω”（想要，意愿）则直接表达出耶稣的意愿。本节文本的呼格用词和动词的情态，均呈现出耶稣面对死亡完全“人性”一面的挣扎和复杂情感，但最终却愿意将一切都交于 ἀλλὰ。即“ἀλλὰ τί σύ，乃是照你的（意愿）”。

参考文献 [Bibliography]

Barr, James. "'ABBĀ ISN' T 'DADDY,'" *The Journal of Theological Studies* 1, no. 39 (1988): 28–47.

Bauer, Walter, and William Arndt, eds. *A Greek-English Lexicon of the New Testament and Other Early Christian Literature*. 3rd ed. Revised by Frederick W. Danker. Chicago: University of Chicago Press, 2000.

Boring, M. E. *Mark: A Commentary.* Louisville, KY: Westminster John Knox Press, 2015.

Brown, F, S. R. Driver, and C. A. Briggs. *The Brown-Driver-Briggs Hebrew and English Lexicon*. Peabody, MA: Hendrickson, 2017.

Brown, R. E. *The Death of the Messiah: From Gethsemane to the Grave: A Commentary on the Passion Narratives in the Four Gospels*. Vol 1. New York, NY: Doubleday, 1994.

Callaham, Scott N. *Modality and the Biblical Hebrew Infinitive Absolute.* Wiesbaden: Harrassowitz, 2010.

———. *Biblical Aramaic for Biblical Interpreters: A Parallel Hebrew-*

Aramaic Handbook. Wilmore, KY: Glossa House, 2021.

Cobb, John B. *Jesus's Abba: The God Who Has Not Failed.* Minneapolis, MN: Fortress Press, 2016.

Elliott, J. K. *The Language and Style of The Gospel of Mark: An Edition of C. H. Turner's "Notes on Marcan Usage" Together with Other Comparable Studies*. Leiden: Brill, 1993.

Evans, Craig A. *Mark 8:27–16:20.* Nashville, TN: Thomas Nelson Publishers, 2001.

Fitzmyer, Joseph A. "Abba and Jesus' Relation to God." In *According to Paul: Studies in the Theology of the Apostle*, 47–63. New York: Paulist Press, 1992.

Garland, David E. *The NIV Application Commentary: Mark.* Grand Rapids, MI: Zondervan, 1996.

Gleaves, G. Scott. *Did Jesus Speak Greek? The Emerging Evidence of Greek Dominance in First-Century Palestine.* Eugene, OR: Pickwick, 2015.

Jeremias, J. *The Central Message of the New Testament.* London: SCM Press, 1965.

———. *The Prayers of Jesus.* Naperville, IL: R. Allenson, 1967.

———. *New Testament Theology.* Vol. 1, *The Proclamation of Jesus.* London: SCM Press, 1971.

Joüon, Paul. *A Grammar of Biblical Hebrew: Part One: Orthography and Phonetics; Part Two: Morphology*. Translated by T. Muraoka. Roma: Editrice Pontifico Istituto Biblico, 2005.

Kittel, G. *Die Religionsgeschichte und das Urchristentum.* Gütersloh: Bertelsmann, 1932.

Lan, William L. *The Gospel of Mark.* Grand Rapids: Wm. B. Eerdmans, 1974.

Marcus, Joel. *Mark 8–16: A New Translation with Introduction and Commentary.* New Haven, CT: Yale University Press, 2009.

Palmer, Frank Robert. *Mood and Modality.* Cambridge: Cambridge University Press, 2001.

Strauss, Mark L. *Mark: Zondervan Exegetical Commentary on the New Testament.* Grand Rapids, MI: Zondervan Publishing House, 2014.

Tsang, S. "'Abba' Revisited: Merging the Horizons of History and Rhetoric through the New Rhetoric Structure for Metaphors." *Acta Theologica* 2, no. 28 (2008): 121–141.

Vogt, Ernst. *A Lexicon of Biblical Aramaic: Clarified by Ancient Documents*. Translated by J. A. Fitzmyer. Roma: Gregorian & Biblical Press, 2011.

Wallace, Daniel B. *Greek Grammar Beyond the Basics: An Exegetical Syntax of the New Testament*. Grand Rapids, MI: Zondervan Publishing, 2000.

Zerwick, Maximilian. *Biblical Greek: Illustrated with Examples.* Roma: Editrice Pontificio Istituto Biblico, 1994.

叶雅莲：《马可福音》（卷下），香港：天道书楼，2016。[Wang, Emily Y. *Make Fuyin (Juan Xia)* (Tien Dao Bible Commentary: Mark II). Hong Kong: Tien Dao Publishing House Ltd., 2016.]

《钦定本圣经》与英语的标准化*

王任傅

内容提要：在缺少官方组织干预的情况下，多种影响因素共同促成了现代标准英语的形成，其中《钦定本圣经》的刊行与传播功不可没。依据语言学家大卫·格拉德等人关于语言标准化的理论，《钦定本圣经》在现代英语的形成过程中，至少发挥了三个方面的重大作用，从而推动了英国民族标准语的确立：一是它促进了现代英语的规范化；二是它提升了英语语言的使用功能；三是它推动了现代英语的通行与普及。这三个方面并行不悖，相辅相成。

关键词：《钦定本圣经》，现代英语，标准化

作者单位：黄山学院外国语学院

* 本文是教育部人文社会科学研究规划基金项目（21YJA730003）的阶段性成果。[This paper is the initial output of Ministry of Education Planned Research Project for Humanities and Social Sciences (21YJA730003).]

The Authorized Version of the Bible and the Standardization of English

WANG Renfu

Abstract: Various factors led to the formation of modern standard English in the absence of official intervention, among which the Authorized Version of the Bible plays an extremely important role. According to David Graddol's linguistic theory on standardization of languages, this version of the Bible makes its contribution to the establishment of standard English at least three aspects. Firstly, it pushes the codification of Modern English; second, it improves the expressive functions of the English language; and third, it promoted the currency and prevalence of Modern English: aspects which occurred in parallel and complemented each other.

Keywords: the Authorized Version of the Bible, Modern English, standardization

Author's contact info: School of Foreign Languages, Huangshan University. Email: hsuwrf@163.com

现代英语的形成正值英国社会结构发生深刻剧变的时期。与这些社会变革相应的英语语言的关键性变化就是英语的“标准化”，即英语由一种俗语（vernacular language）逐渐转变为堪与英国作为一个民族国家的地位相适应的标准语言。[①] 世界上许多民族都是通过国家政策或语言计划建立起标准的民族语言，如中国、意大利和法国等。[②] 与这些国家不同，英语在其发展过程中没有一种官方组织加以引导和规范。现代英语的形成是由多种影响因素共同促成的，其中，诞生于1611年的《钦定本圣经》(*The Authorized Version of the Bible*)[③] 厥功甚伟。

数百年来，该译本不仅被视为英语世界最具权威性的宗教典籍，更是一部伟大的文学经典和语言丰碑，与莎士比亚戏剧一起被视为“英语语言的两座高峰”。[④] 早在 1712 年，英国作家艾狄生（Joseph Addison）就提出，《钦定本圣经》“使英语得到了大幅改善，变得更为优雅”。[⑤] 著名学者、语法学家罗伯特 · 洛斯（Robert Lowth）也明确表示，《钦定本圣经》是“我们语言最好的标准”。[⑥] 当代学者麦格拉思（Alister McGrath）认为，该译本“是英语语言发展史上的一座里程碑”，它在塑造英语的过程中起到了决定性作用。[⑦] 在我国学界，研究者也普遍认为，《钦定本圣经》对英语语言的发展影

---

① David Graddol, Dick Leith, and Joan Swann, *English: History, Diversity and Change* (London: Routledge, 1996), 138.

② Alister McGrath, *In the Beginning: The History of the King James Bible and How It Changed a Nation, a Language and a Culture* (London: Hodder & Stoughton, 2001), 256–257.

③ 因其由英王詹姆斯一世组织翻译，又称《詹姆斯王圣经》（*The King James Bible*）。

④ Pauline Croft, *King James* (Basingstoke: Palgrave Macmillan, 2003), 1.

⑤ Joseph Addison and Richard Steele, *The Spectator* (London: printed for J. and R. Tonson, and S. Draper, 1712), 6:58.

⑥ Robert Lowth, *A Short Introduction to English Grammar* (London: printed for A. Millar and R. and J. Dodsley, 1763), 93.

⑦ McGrath, *In the Beginning*, 1, 254.

响非常大[①]，“被看作是现代英语的基石”。[②] 依据当代语言学家大卫·格拉德（David Graddol）[③] 等人关于语言标准化的理论[④]，《钦定本圣经》在现代英语的形成过程中，至少发挥了三方面的重大作用，从而推动了英国民族标准语的确立：1）它促进了现代英语的规范化；2）它提升了英语语言的使用功能；3）它推动了现代英语的通行和普及。

一、《钦定本圣经》对现代英语的规范化

虽然到了16、17世纪，英语已经逐渐呈现出现代英语的特征，但当时还明显处于不断变化的过程中。直到18世纪上半叶，许多学者和作家仍致力于规范英语的正确使用，以使

---

① 刘军平：《西方翻译理论通史》（武汉：武汉大学出版社，2009），77。[Liu Junping, *Xifang fanyi lilun tongshi* (A General History of Western Translation Theory) (Wuhan: Wuhan University Press, 2009), 77.]

② 王佐良：《英国文学史》（北京：商务印书馆，1996），62。[Wang Zuoliang, *Yingguo wenxueshi* (History of English Literature) (Beijing: The Commercial Press, 1996), 62.]

③ Graddol, Leith, and Swann, *English*, 138–139.

④ 他们提出，语言的标准化主要经历（可能同时发生的）四个过程：选择、规范、提升和推广。所谓选择（selection），是指选择现存的一门方言作为标准语的基础。被选的方言通常是最强大或最有社会影响力的那一社群或族群所使用的语言。所谓规范（codification），是指减少被选方言语言内部的易变性，建立词汇和语法使用规范。由于标准语植根于书面形式，标准化也常常涉及词汇的标准拼写形式的确立。所谓提升（elaboration），是指通过拓展完善，确保新的语言具备广泛的使用功能。这可能涉及语言资源的拓展，比如增加新的专业词汇，甚至新的语法结构。而推广（implementation），则指通过一定手段确保标准语的通行，包括推行以标准语写就的文本，阻止其他语言变体在官方领域的使用，以及培养使用者对标准语的忠诚与自豪感等。

其保持“稳定”与“确定”。[①] 为此，斯威夫特（Jonathon Swift）和约翰逊（Samuel Johnson）等人都对《钦定本圣经》给予了高度重视，视其为“纯净英语”的源泉之一，是人们学习和模仿的榜样。该译本对现代英语的规范作用主要体现在两个方面：一是帮助稳定了英语单词的拼写形式；二是帮助树立了英语词汇和语法的使用规范。

现代英语形成早期，英文单词在拼写形式上没有统一的标准。一些词汇常常出现多种写法，造成人们阅读和识记上的混乱。那时候，即使是印刷商和专业作者也没有一套完全标准的拼写体系，致使拼写问题成了16世纪语言争论的焦点之一。[②] 例如英国历史上第一本真正意义上的英文字典《字母排表》（*A Table Alphabetical of Hard Words*）的作者考德里（Robert Cawdrey），其姓氏在当时就没有一个确定的拼写方法，Cawdrey、Cowdrey 和 Cawdry 三种形式时常被人混用。大文豪莎士比亚的姓氏也有多种不同的签写方式，如 Shakespere、Shakspeare、Shakspere、Shaksper 以及 Shaxberd 等。在现存的6份莎士比亚亲笔签名中，竟没有哪两份是相同的。[③] 更为甚者，直到17世纪中叶，清教作家约翰·班扬（John Bunyan）的姓氏“Bunyan”至少有34种不同的写法，如 Buingnon、Bunyun、Buniun、Boynon、Bonyon 或 Binyan 等。[④]

① Christopher Upward and George Davidson, *The History of English Spelling* (Chichester: Wiley-Blackwell, 2011), 298.

② Terttu Nevalainen, "Early Modern English," in *A Companion to the History of the English Language*, ed. Haruko Momma and Michael Matto (Chichester: Wiley-Blackwell, 2008), 214.

③ Gordon Campbell, *Bible: The Story of the King James Version 1611-2011* (Oxford: Oxford University Press, 2010), 182.

④ Edmund Venables, *Life of John Bunyan* (London: Walter Scott, 1888), 14.

《钦定本圣经》的刊行恰逢英国印刷技术的蓬勃发展，有力促进了英语拼写形式的规范化。印刷术不仅使以前多变的英语拼写固定下来成为可能，也使其变得非常必要[①]，因为“印刷纸片的同一性和可重复性”必然要求印刷的内容“走向统一拼写”，进而发挥了使拼写走向规范的作用。[②]但是，由于缺少权威机构的整体规划，人们对现代英语拼写形式的共识经历了一个缓慢的过程，其中语言教师、启蒙读物的作者以及出版作家都起到了重要的推动与强化作用。[③]《钦定本圣经》以其宗教经典的地位，在英国民众当中“一直起着一部教科书的作用，是每个人的教育的组成部分”，[④]它在英语单词拼写走向稳定和规范化的过程中发挥了无可比拟的作用。

在近代英国，教会在人们的日常生活中具有强大的影响力；那时印刷品中很大一部分都是宗教领域的。《钦定本圣经》和《公祷书》（*The Book of Common Prayer*）的印数远远超过同时期的其他图书。[⑤]这一态势一直持续到18、19世纪。在此过程中，以印刷形式传播的《钦定本圣经》作为教堂诵读的指定版本和家庭必备书籍，其文字为英国人识字、树立英文单词的规范拼写习惯起到了很好的示范与促进作用。早在

---

① Upward and Davidson, *History of English Spelling*, 84.

② 麦克卢汉：《理解媒介：论人的延伸》，何道宽译（南京：译林出版社，2011），202，296。[Marshall McLuhan, *Lijie meijie: Lun ren de yanshen* (Understanding Media: The Extensions of Man), trans. He Daokuan (Nanjing: Yilin Press, 2011), 202, 296.]

③ Upward and Davidson, *History of English Spelling*, 5–6.

④ 杨周翰：《十七世纪英国文学》（上海：上海人民出版社，2016），25。[Yang Zhouhan, *Shiqi shiji Yingguo* wenxue (The Seventeenth-Century English Literature) (Shanghai: Shanghai People's Publishing House, 2016), 25.]

⑤ Nevalainen, “Early Modern English,” 212.

1695 年，《学者指南：或纯正英语书写规则》（*The Writing Scholar's Companion: or, Infallible Rules for Writing True English*）一书的作者就将《钦定本圣经》的印刷文字作为单词拼写的标准，并建议说，坚持不断地运用拼写规则，就会形成纯正的英语书写习惯。① 针对单词拼写和语言表达等方面的乱象，斯威夫特在 1712 年写给牛津伯爵（Earl of Oxford）的书信中也提出，《钦定本圣经》是稳定纯正英语的重要力量，堪为人们学习和模仿的榜样。② 作为辞典编纂家的约翰逊在《英语大辞典》（*A Dictionary of the English Language*）的编写大纲中说，“若无法平衡革新带来的不便，在单词拼写上最好遵循既成的习惯与传统”。③ 在他眼中，《钦定本圣经》便是“既成传统”之一。

除此之外，《钦定本圣经》在单词拼写上的另一个深远影响是，它推动英语语言消除了普通名词首字母大写的拼写习惯。18 世纪中叶以前，所有英语名词都像现在的德语一样，无论处在句子的任何位置，第一个字母都要大写。以笛福（Daniel Defoe）发表于 1719 年的《鲁滨孙漂流记》（*Robinson Crusoe*）中的一段文字 ④ 为例，可以看到，其中不仅“London”一类专有名词，而且所有普通名词的首字母都使用了大写形式，如 Measures、Friend、Ship、Loading 和 Advice 等。众所周知，

---

① N. F. Blake, *A History of the English Language* (New York: Palgrave, 1996), 240–241.

② Jonathan Swift, *The Complete Works of Jonathan Swift*, vol. II, Part I (London: Bell and Daldy, 1869), 286–289.

③ Upward and Davidson, *History of English Spelling*, 300.

④ Daniel Defoe, *Robinson Crusoe: Edited after the Original Editions* (London: Macmillan, 1882), 35.

今天的英语只有专有名词的首字母仍需大写；普通名词不在句首时，其首字母同其他词性的单词一样，都是小写的。理查德·温多夫（Richard Wendorf）的研究发现，名词首字母新拼写方式的流行出现在18世纪60年代之后。[①]而对于现代英语这一拼写习惯的确立，1769年布莱尼（Benjamin Blayney）牛津版《钦定本圣经》的刊行发挥了重要的推动作用。在该版圣经中，布莱尼放弃了以往圣经版本普通名词首字母大写的习惯，这一做法成为以后圣经出版的新标准。受其影响，除专有名词外，英语名词首字母大写的拼写习惯最终普遍消失了。[②]

在语法方面，17世纪以前英国还没有形成英语的规范语法，也没有专门针对英语特点的语法著作。那时，"语法"就意味着拉丁语法。[③]早期英国最有影响力的语法著作是黎里（William Lily）的《语法简介》（*A Short Introduction of Grammar*）。作为亨利八世（Henry VIII）"钦定"的著作之一，它以"民族语法"的身份一直被应用于学校教学。但从根本上说，《语法简介》总结的却是拉丁语法。[④]到了17世纪晚期，尤其是18世纪，英国的语法学家、作家和词典学家们才纷纷热切地关注英语语法的整理和编纂，热衷于寻找最佳的英语表达法。[⑤]及至19世纪初，说话和书写的"准确性"几乎成了

---

① Kevin Sharpe and Steven N. Zwicker, *Reading, Society and Politics in Early Modern England* (Cambridge: Cambridge University Press, 2003), 80.

② Campbell, *Bible*, 142.

③ Jeffrey Forgeng, *Daily Life in Stuart England* (Westport, CT: Greenwood Press, 2007), 50.

④ Graddol, Leith and Swann, *English*, 149–150.

⑤ Geoffrey N. Leech：《英语语法的过去、现在与未来》，《外语教学与研究》，1995年第2期，1–6。[Geoffrey N. Leech, "Yingyuyufa de guoqu, xianzai yu weilai" (English Grammar: Past, Present and Future), *Foreign Language Teaching and Research*, no. 2 (1995): 1–6.]

英国全民都很痴迷的事情。[①]

在此过程中，《钦定本圣经》对于英语语法的规范发挥了十分重要的示范作用。语言学家维泽特利（Frank H. Vizetelly）认为，人们学习准确的言说就如同孩子们学习正确的走路[②]，主要得自实践中的潜移默化。威廉·惠特尼（William D. Whitney）博士也说："大部分人就是通过'倾听'和'阅读'这些学习英语的一般方式学会了好的英语：倾听和模仿好的讲话者，研读优秀而准确书写的书籍。"[③]换句话说，正确的言谈，"来自于对各个时期最优秀的作家和当代最优秀的演说家的学习"。[④]被英语世界奉为语言文学经典的《钦定本圣经》显然足以充当人们学习规范英语的榜样。实际上，"阅读英语经典，首先是《钦定本圣经》、莎士比亚和弥尔顿（John Milton）的作品，你就不会对英语语法感到困难"[⑤]，这早已在语言实践中成为人们的共识。从 18 世纪上半叶开始，美国小学教育中最为流行的启蒙课本《迈克高菲读本》（*McGuffey Readers*）也把《钦定本圣经》"当作标准语法的权威文本来参考"。[⑥]

---

① Carey McIntosh, "British English in the Long Eighteenth Century," in *A Companion to the History of the English Language*, ed. Haruko Momma and Michael Matto (Chichester: Wiley-Blackwell, 2008), 228.

② Frank H. Vizetelly, *Essentials of English Speech and Literature* (New York: Funk & Wagnalls Company, 1915), 263.

③ William D. Whitney, *Essentials of English Grammar* (Boston: Ginn and Heath, 1879), 4.

④ Vizetelly, *Essentials*, 266.

⑤ Ibid., 262.

⑥ 谢大卫：《日常乐章：英王詹姆斯钦定版圣经与英语文学》，陈伟娜译，《圣经文学研究》，第 1 辑，2007，56。[David Lyle Jeffrey, "Richang yuezhang: Yingwang Zhanmusi qindingban Shengjing yu Yingyu wenxue" (Habitual Music: The King James Bible and English Literature), trans. Chen Weina, *Journal for the Study of Biblical Literature*, no.1 (2007): 56.]

截至19世纪20年代，该课本的发行量已经达到1.22亿册。

除了通过日常阅读对英语语言发挥了重要的规范作用，《钦定本圣经》的内容还被权威字典引用，为英语的正确使用树立了标准。塞缪尔·约翰逊为了改善当时英语使用混乱的状况[①]，防止其不断退化，在他编纂的《英语大辞典》中特别选用了“从伊丽莎白女王黄金时期那些作者的用法，到他自己同时代作者最好的用法”[②]作为语言运用的范例。其中，《钦定本圣经》被视为具有权威性的“英语语言最高标准”的典范之一[③]，该辞典对其内容的引用有9265处之多。[④]例如，对“about”一词的第二项意思“Near to”，约翰逊就选用了《钦定本圣经》的内容作为例证：“Speak unto the congregation, saying, get you up from about the tabernacle of Korah, Dathan, and Abiram.”（Numbers, xvi. 24）。[⑤]美国词典编纂家诺亚·韦伯斯特（Noah Webster）也希望在他的字典中记录最好的语言范例，从而为英语的未来发展建立判断优劣的标准。在他所编纂的《美国英语词典》（*An American Dictionary of the*

① Samuel Johnson, *A Dictionary of the English Language*, vol. 1 (London: printed for Longman, Hurst, Rees, Orme, and Brown, 1818), ix.

② Lynda Mugglestone, *Lexicography and the OED* (Oxford: Oxford University Press, 2000), 40.

③ Tony Crowley, “Class, Ethnicity, and the Formation of ‘Standard English,’” in *A Companion to the History of the English Language*, ed. Haruko Momma and Michael Matto (Chichester: Wiley-Blackwell, 2008), 306.

④ Rüdiger Schreyer, “Illustrations of Authority: Quotations in Samuel Johnson’s Dictionary of the English Language,” *Lexicographica*, no. 16 (2000): 58–103.

⑤ Johnson, *Dictionary of the English Language*, vol. 1.

English Language）中，作为语言使用的典例，引用频率最高的不是过去或者当代作家的作品，而是来自于《钦定本圣经》。①

鉴于这些词典在英语语言发展过程中的重要作用，《钦定本圣经》事实上以另一种权威方式为英语的规范化提供了参照。约翰逊的词典被称为英语发展史上的里程碑②，它不仅在很大程度上固定了英语的拼写，也为词汇的使用树立了标准。③著名学者李赋宁说："对于英语的拼写、读音和用法，在很大程度上，这部字典起到了标准化和规范化的作用。"④同样，韦伯斯特历时 20 余年编纂而成的《美国英语词典》"在英语史上所占的地位，堪与英国的约翰逊词典相媲美"⑤，对于规范美国英语做出了十分重要的贡献。⑥因为，那时的词典也是"编来供没有机会受适当教育的广大公众使用"的，词典连同圣经

---

① Charlotte Brewer, "Johnson, Webster, and the *Oxford English Dictionary*," in *A Companion to the History of the English Language*, ed. Haruko Momma and Michael Matto (Chichester: Wiley-Blackwell, 2008), 118.

② Schreyer, "Illustrations of Authority," 59.

③ Thomas Pyles and John Algeo, *The Origins and Development of the English Language* (Fort Worth: Harcourt, 1993), 206.

④ 李赋宁：《英语史》（北京：商务印书馆，1991），13。[Li Funing, *Yingyu shi* (History of English) (Beijing: The Commercial Press, 1991), 13.]

⑤ 李桂山、朱柯冰：《诺亚 · 韦伯斯特及其学术遗产——语言学史上的思考》，《国外社会科学》，2009 年第 2 期，131–135。[Li Guishan and Zhu Kebing, "Nuoya Weibosite jiqi xueshuyichan: Yuyanxueshi shang de sikao" (Noah Webster and His Academic Legacy: From the Perspective of Linguistics History), *Social Sciences Abroad*, no. 2 (2009): 131–135.]

⑥ 冯喜荣：《韦伯斯特与他的〈美国英语词典〉》，《辞书研究》，2010 年第 4 期，139–146。[Feng Xirong, "Weibosite yu tade Meiguo Yingyucidian" (Noah Webster and *An American Dictionary of the English Language*), *Lexicographical Studies*, no. 4 (2010): 139–146.]

成为所有美国家庭必须拥有的两部指南。[①]

二、《钦定本圣经》对英语语言使用功能的提升

《钦定本圣经》对于现代英语使用功能的提升主要体现在，它丰富了英语的词汇和表达手段，提高了英语语言的表现力。英语语言“一直特别开放地面对外来影响”[②]，在其整个发展过程中，持续不断地吸收来自世界各地的语汇构成了英语的一大特征。英语消化吸收外来语汇的能力也赋予了现代英语极其丰富的表现力，《钦定本圣经》无疑继承了这一传统。

当代语言学家大卫·克里斯托（David Crystal）研究发现，《钦定本圣经》直接或者间接地向英语输入了大量习语，以及类似于谚语的表达，其贡献远远超过其他文学文本。例如，尽管它使用的词汇不及莎士比亚在其创作中所用词汇的一半，但该译本对于英语表达方式的影响却更大。[③]大量来自于希伯来语和希腊语的措辞与表达，通过《钦定本圣经》而成为核心英语的一部分。例如，“clear as crystal”（Rev. 21:11；水晶般的透明）、“unstable as water”（Gen. 49:4；变化无常）、“root of all evil”（1 Tim. 6:10；万恶之源）、“in a

---

① 亨利·贝戎：《英语词典编纂史》，裘安曼译（北京：商务印书馆，2016），127。[Henri Béjoint, *Yingyu cidian bianzuanshi* (The Lexicography of English: From Origins to Present), trans. Qiu Anman (Beijing: The Commercial Press, 2016), 127.]

② Mary S. Serjeantson, *A History of Foreign Words in English* (New York: Barnes & Nobel, 1961), 1.

③ David Crystal, *The Stories of English* (New York: The Overlook Press, 2004), 275.

good old age”（Gen. 15:15；长寿）、“eye for eye, tooth for tooth”（Exodus 21:24；以眼还眼，以牙还牙）、“a land flowing with milk and honey”（Exodus 3:8；流奶与蜜之地，福地）等等。所有这些外来语言文化中的句法结构和表达方式，“无疑丰富了英语，增强了英语的活力和表达力”①。

《钦定本圣经》借助于吸收外来语汇不仅丰富了英语的表达手段，而且很好地提升了英语语言的表现力。关于这一点，艾狄生在《旁观者》第 405 期（*Spectator* No. 405, 1712）上写道：“通过圣经富有诗意的篇章，希伯来语的表达方式注入了我们的语言，这使英语得到了大幅改善，更为优雅。它们赋予我们的表达以力量和活力，让我们的语言变得热情而富有生气；它们比我们的原有词句更能热情而强烈地传达我们的思想。”② 罗西瑙（William Rosenau）博士也说：“圣经英语极大程度地塑造了我们说话的方式，”“尽管译本中时而遇到粗鄙之语乃至似有鄙俗之嫌，但若没有《钦定本圣经》，我们的语言势必更为贫乏。”③

《钦定本圣经》塑造英语品质、提升其表现力最突出的影响体现在，它确立了英国人自己的文学语言风格。在漫长的发展道路上，英国文学的表达方式深受以拉丁语为代表的外来文风影响，到了文艺复兴时期尤为显著。那时，人们“在学习拉

---

① 谭载喜：《西方翻译简史》（北京：商务印书馆，1991），142。[Tan Zaixi, *Xifang Fanyi jianshi* (A Brief History of Western Translation) (Beijing: The Commercial Press, 1991), 142.]

② Addison and Steele, *Spectator*, 58.

③ William Rosenau, *Hebraisms in the Authorized Version of the Bible* (Baltimore: Lord Baltimore Press, 1902), 165.

丁文方面模拟西塞罗的风气盛极一时”[①]，而英国本土的质朴语言风格却一直处于劣势，没有受到足够的重视。直到《钦定本圣经》刊行以后，这一趋势才逐渐从根本上被扭转。[②]该译本的翻译者汲取以前各英译本的优点，译成的文字朴实庄重、明晰易懂，从而在现代英语中建立起“圣经体”的语言风格。[③]正是这种“简单质朴、直截了当的语言风格极大地矫正了伊丽莎白时代辞藻华丽的散文风气”[④]，最终“树立了我们的民族风格”[⑤]，成为英国文坛的主流。从那时起，世世代代的英国人从《钦定本圣经》里“找到了一种模范文风，既崇高又清楚，使人能简洁淳朴地表达一切”。[⑥]我国学者王佐良也说，不同程度上以“圣经体”风格为特色的英国作家历代不断，在英国

① 徐燕谋：《英国散文的发展》，《外语教学与研究》，1963 年第 2 期，10–16。[Xu Yanmou, “Yingguo sanwen de fazhan” (Development of English Prose), *Foreign Language Teaching and Research*, no. 2 (1963): 10–16.]

② 王任傅：《〈钦定本圣经〉刊行后的另一种后果：英国散文风格的转型与本土化》，《安徽大学学报》，2018 年第 4 期，75–83。[Wang Renfu, “*Qindingben Shengjing* kanxing hou de ling yizhong houguo: Yingguo sanwen fengge de zhuanxing yu bentuhua” (Another Result of the Publication of the Authorized Version of the Bible: Transition and Indigenization of the English Prose Style), *Journal of Anhui University*, no. 4 (2018): 75–83.]

③ Seth Lerer, *The History of the English Language* (Part II) (Chantilly: The Teaching Company, 1998), 27.

④ Chen Jia, *A History of English Literature*, vol. 1 (Beijing: The Commercial Press, 2002), 219.

⑤ John Drinkwater, *The Outline of Literature* (London: Newnes, 1957), 75.

⑥ 费尔南德·莫塞：《英语简史》，水天同等译（北京：外语教学与研究出版社，1990），98。[Fernand Mosset, *Yingyu jianshi* (Concise History of the English Language), trans. Shui Tiantong et al. (Beijing: Foreign Language Teaching and Research Press, 1990), 98.]

文学中形成一个悠久的质朴传统。[①] 例如，19世纪的著名作家罗斯金（John Ruskin）就在其自传中生动记述了自己在母亲指导下学习《钦定本圣经》的细节，并将个人文学风格的养成归功于该译本。[②]

《钦定本圣经》在文学领域提升英语表现力的另一种重要方式是，对该译本词句的指涉丰富了作品的文化内涵与艺术效果。《钦定本圣经》作为英语世界最具权威性的宗教典籍，承载了英语文化中最深刻的思想内涵。同时它作为英语文学的优秀经典，强化了圣经文本的文学品质，从而超越了单纯的意义译述。作为文化原典式的著作，作者对该译本的援用常常能够提升文学作品的思想深度和表达效果。例如，班扬的代表作《天路历程》（*The Pilgrim's Progress*）就完全建立在《钦定本圣经》的基础上，从思想主题、叙事手法、行文节奏到措辞与造句无不带有浓郁的《钦定本圣经》的气息[③]，以此大大提升了作品的思想深度，在很长一段时间内成为不少普通家庭孩子们的宗教启蒙读物。大诗人弥尔顿在其创作中也频繁使用《钦定本圣经》中的表达，以提升其作品的艺术效果。[④] 威廉·帕克（William

---

① 王佐良、何其莘：《英国文艺复兴时期文学史》（北京：外语教学与研究出版社，2006），265。[Wang Zuoliang and He Qishen, *Yingguo wenyi fuxing shiqi wenxueshi* (The History of English Renaissance Literature) (Beijing: Foreign Language Teaching and Research Press, 2006), 265.]

② John Ruskin, *Praeterita,* vol. 1 (London: George Allen, 1907), 344.

③ 苏欲晓："班扬和他的《天路历程》（译序）"，载约翰·班扬：《天路历程》，苏欲晓译（南京：译林出版社，2001），9。[Su Yuxiao, "Yi xu," in *Tianlu licheng* (Preface to *The Pilgrim's Progress*), by John Bunyan, trans. Su Yuxiao (Nanjing: Yilin Press, 2001), 9.]

④ 陈桂花、王任傅：《英国诗人弥尔顿与〈钦定本圣经〉》，《山西师范大学学报》（社会科学版），2018年第3期，87–93。[Chen Guihua and Wangrenfu, "Yingguo shiren Mierdun yu *Qindingben Shengjing*" (John Milton and the Authorized Version of the Bible), *Journal of Shanxi Normal University* (Social Science Edition), no. 3 (2018): 87–93.]

Riley Parker）在谈到弥尔顿所受《钦定本圣经》的影响时曾说："它的遣词造句、它的意象、它的韵律，早已成为其作品的一部分。"[①] 事实上，《钦定本圣经》构成了弥尔顿众多作品的基石，其中无不充满了来自该译本的词句。[②]

以弥尔顿《失乐园》（*Paradise Lost*）第十卷中夏娃和亚当偷吃伊甸园的禁果之后，耶和华派遣神子来宣判对二人的惩罚这段情节（*Paradise Lost* X, 197–208）[③] 为例。为了突出和强调其严肃性与真实感，增强诗歌打动读者心灵的美学效果，弥尔顿差不多照搬了《钦定本圣经》中的相关内容。对比《钦定本圣经·创世记》第 3 章中相同情节的内容（*Genesis* 3: 17–19），很容易发现，无论从描述的内容、表达的句式，还是选用的词语，《失乐园》中神子宣判亚当的话语几乎都出自《钦定本圣经》的原话，它们不仅显示出弥尔顿十分熟悉《钦定本圣经》，而且对其史诗美学效果的营造大有助益。源于圣经的语言表达，既让读者感受到作品如经文般的庄重与崇高，又赋予了史诗强烈的艺术真实感。

实际上，《钦定本圣经》远远超出了宗教与文学的范畴，在一个更为广泛的文化语境下，影响了人们的生活方式和语言表达。例如，在戴安娜王妃（Diana Spencer）的葬礼仪式上，英国首相布莱尔（Tony Blair）直接使用了《钦定本圣经·哥林多前书》（1 *Corinthians*）第 13 章中的话语，来表达自己

---

① 谢大卫：《日常乐章》，52。

② Melvyn Bragg, *The Book of Books: The Radical Impact of the King James Bible 1611–2011* (Berkeley: Counter Point, 2011), 148.

③ John Milton, *The Complete Poetical Works of John Milton* (New York: Thomas Y. Crowell, 1920), 224–225.

的思想与感受，只是他用“love”一词代替“charity”。在几乎完全世俗化的迈克尔·杰克逊（Michael Jackson）的葬礼上，牧师拉舍斯 · 史密斯（Lucious Smith）则带领哀悼者以这样一句祈祷结束仪式：“Even now the King of Pop must bow his knee to the King of Kings. And we pray that you would remind us Lord, that our lives are but dust.”它同样源于《钦定本圣经》。“our lives are but dust”出自《诗篇》第 103 首中的“he remembereth that we are dust”。①

除了在这类严肃而正式的场合，《钦定本圣经》在日常的私人空间同样提升了人们语言表达的效果。法国学者勒科尔（Gaëlle Le Corre）对美国内战期间下层士兵书信语言的研究充分证明了这一点。她深入考察了来自弗吉尼亚州各个地方 78 名士兵的 375 封信件，内容超过 17 万字，发现这些半文盲状态的士兵大多未掌握书面语的表达方式，以致书信中充斥着天真、怪异的拼写，以及很不标准的语法形式等种种语言问题。② 例如，“I this Evening am blest with the opertunity of writin you a fiew lines in answer to the cind leter which I received a short time ago dated Aug the 4”③。然而，他们每当想要表达死亡、孤独或者担心再不能见到自己挚爱之人的时候，就会表现出一种不同的话语方式，明显流露出所受《钦定本圣经》语言风格的影响。例如，“I wish you would please remind them that I am in the land of the living”和“All flesh is grass & the glory of man is as the flower of the

① Campbell, *Bible,* 274.

② Linda Pillière, Wilfrid Andrieu, Valérie Kerfelec, and Diana Lewis, *Standardising English: Norms and Margins in the History of the English Language* (Cambridge: Cambridge University Press, 2018), 144–146.

③ Ibid., 147–149.

field, fresh & verdent in the morning"。[①]不仅使用了"hast""thou"这种《钦定本圣经》里常用的古典式表达方式，还明显地引用了该译本《诗篇》和《彼得前书》中的措辞，从而凸显了以《钦定本圣经》为代表的宗教因素在塑造人们言说话语方面所发挥的巨大力量。[②]

英国文学史家艾弗·埃文斯（Ifor Evans）曾说，没有哪部书对英国人民具有如此大的影响力。它给予英国所有阶级的人们一种语言上的习惯用法，不仅能"使未受教育者的言语优美雅致"，也渗透到了"最有雄心的作家风格之中"。[③]

三、《钦定本圣经》对现代英语的推广和普及

《钦定本圣经》也有力地推动了现代英语的普及，强化了人们对英语语言的忠诚。事实上，该译本对于现代英语标准化所发挥的三方面重要作用，本来就并行不悖地运行于同一过程中。这既得益于它自身卓越的语言特性，更得益于该译本在英国社会独特的宗教文化地位。

《钦定本圣经》刊行之后，虽然经历了近半个世纪的接受过程，但截至1660年王政复辟，它已经被确立为"专指的英

① Lewis, *Standardising English*, 152–153.

② Ibid., 153.

③ 艾弗·埃文斯：《英国文学简史》，蔡文显译（北京：人民文学出版社，1984），343。[Ifor Evans, *Yingguo wenxue jianshi* (A Short History of English Literature), trans. Cai Wenxian (Beijing: People's Literature Publishing House, 1984), 343.]

语圣经”[①]，控制了接下来 250 多年的英语圣经市场。[②] 换句话说，到 17 世纪中叶前后，《钦定本圣经》不仅成为英国教会真正意义上的“指定读本”[③]，而且从那以后，在英国购买圣经就意味着购买《钦定本圣经》。[④] 事实上，直到 20 世纪中叶《新英语圣经》（*The New English Bible*）出现之前，《钦定本圣经》一直是英国人日常使用的主导译本[⑤]和教堂里的标准版本[⑥]，被很多读者视为唯一能够接受的英语圣经。[⑦] 近 300 年的时间里，它不仅在英格兰、苏格兰和威尔士的各个教堂里被人诵读，也是人们的家庭读本和学校里的教材。对于许多人来说，《钦定本圣经》是他们唯一反复阅读的书籍。[⑧] 正因如此，该译本极大地推广了现代英语的使用。

近代西方，圣经在人们生活中的重要作用远远超出今天人们的想象。它不仅在宗教领域占据着权威地位，还自然地渗透

---

① David Norton, *A History of the English Bible as Literature* (Cambridge: Cambridge University Press, 2000), 103.

② Hannibal Hamlin and Norman W. Jones, eds., *The King James Bible after 400 Years: Literary, Linguistics, and Cultural Influences* (Cambridge: Cambridge University Press, 2011), 8.

③ 王任傅：《作为文学的〈钦定本圣经〉接受史研究》，《首都师范大学学报》（社会科学版），2016 年第 6 期，101–110。[Wang Renfu, “Zuowei wenxue de *Qindingben Shengjing* jieshoushi yanjiu” (A Research on the Reception of the Authorized Version of the Bible as Literature), *Journal of Capital Normal University* (Social Sciences Edition), no. 6 (2016): 101–110.]

④ Norton, *English Bible as Literature*, 90.

⑤ Gerry Knowles, *A Cultural History of the English Language* (London: Arnold, 1999), 95.

⑥ Angus Stroud, *Stuart England* (London and New York: Routledge, 1999), 42.

⑦ John N. King, “Early Modern English Print Culture,” in *A Companion to the History of the English Language*, ed. Haruko Momma and Michael Matto (Chichester: Wiley-Blackwell, 2008), 290.

⑧ Brigit Viney, *The History of the English Language* (Oxford: Oxford University Press, 2008), 34–35.

到社会的“各个阶层、各个角落，深深地影响着社会的进程、民族的心态、风俗习尚和社会道德规范”。① 塞缪尔·希耶隆（Samuel Hieron）曾记录英国当时的情况说，圣经告诉地方治安官如何管理，告诉牧师如何传道，也让那些一家之长们明确了他们的职责。它指导人们的“穿衣、言谈、饮食、交际、娱乐、劳作、买卖，当然还包括睡觉以及那些可能被认为随意而无关紧要的事情”。② 因此，在英国的社会生活中，圣经在大人们及小孩子的世界里无处不在。他们参加的宗教活动中，他们购买和吟唱的歌谣中，以及他们的日常生活环境中，到处都有圣经的声音和画面。甚至于，当人们遇到各种困惑时也常常随机翻阅圣经，在其中的章节里寻求天意的指引。③ 艾拉·普赖斯（Ira Maurice Price）对《钦定本圣经》作为宗教和社会规范的作用进行总结时说：“它可敬而神圣的语调和姿态使其成为基督教会的崇拜；它自身的文字被认为权威而有约束力。它已经深入到成千上万基督徒的心灵与生活之中，并塑造了这个最伟大国家各行各业领袖人物的性格。”④ 正是在这样的社会历史文化背景之下，《钦定本圣经》成为英语语言黄金时期

---

① 卞昭慈：“写在前面”，载卞昭慈：《天路·人路：英国近代文学与基督教思想》（成都：四川大学出版社，2001），1。[Bian Zhaoci, “Xie zai qianmian,” in *Tianlu, renlu: Yingguo jindai wenxue yu Jidujiao sixiang* (preface to *Heavenly Road, Earthly Road*), by Bian Zhaoci (Chengdu: Sichuan University Press, 2001), 1.]

② Samuel Hieron, *The Sermons of Master Samuel Hieron* (London: Printed by John Legatt, 1620), 72.

③ Christopher Hill, *The English Bible and the Seventeenth-Century Revolution* (London: Penguin Books, 1993), 31, 38.

④ Ira Maurice Price, *The Ancestry of Our English Bible: An Account of Manuscripts, Texts, and Versions of the Bible* (New York: Eaton & Mains, 1909), 282.

的代表作品和“英语语言力量与优雅的伟大象征”[①]，大大推广了现代英语的使用和普及。

除此之外，在很长一段时间里《钦定本圣经》还承担起作为英国人教育读本的重要角色。在 17、18 世纪的英国，圣经是“全社会文化生活的中心”和“整个英国文化的基础”[②]，在人们的精神思想、文化教育领域都发挥了独一无二的巨大作用。作为宗教、文化乃至文学上的权威，《钦定本圣经》“不可避免地成为早期童年教育的必修科目”。[③] 无数小孩子就是从说出该译本的文字开始学会了阅读。他们对经文内容“口而诵，心而惟”，慢慢地发现自己的“书面和口头英语都为圣经的语言和意象所塑造”。[④] 格里 · 诺尔斯（Gerry Knowles）曾说，17 世纪上半叶发生在语言学方面的大事之一就是新的英文圣经译本的诞生。它增加了人们接触圣经文本的机会。在没有公共图书馆，也少有合适的世俗文学读物的情况下，对于许多新增文化人来说他们所能阅读的主要就是圣经和其他一些宗教作品。[⑤] 作为重要的教育媒介，马修 · 阿诺德（Matthew Arnold）、赫胥黎（Thomas H. Huxley）和美国前总统约翰 · 亚当斯（John Quincy Adams）等人都大力强调《钦定本圣经》的宝贵价值[⑥]，倡导在学校教育中使用圣经。

事实上，英国早期教育具有明显的宗教背景。宗教改革之

---

① Blake, *History of the English Language*, 186.

② Hill, *English Bible*, 7.

③ 谢大卫：《日常乐章》，56。

④ McGrath, *In the Beginning*, 1–2.

⑤ Knowles, *Cultural History*, 94–95.

⑥ George P. Eckman, *The Literary Primacy of the Bible* (New York: The Methodist Book Concern, 1915), 162–163.

后，随着天主教的式微，英国所有初等学校都被掌握在英国国教、各种教派和宗教团体的手中，负责教授贫苦儿童阅读圣经，传播宗教知识。1662 年，英国国会颁布一项法令，要求教师必须信奉国教，初等学校的一切权力属于教会。① 国教会出于宗教宣传的目的，在 1699 年和 1701 年分别创立了“基督教知识促进会”和“国外福音宣传会”，为英国的贫苦儿童设立教会学校。到 1750 年，它们建立的贫民学校已经达到 1600 所。② 很多这类宗教性质的学校“平时的阅读课都是以圣经为教材”。③ 其创办者认为，“不通过持续阅读圣经所取得的与日俱增的认知和信念，就无法在真正意义上完全皈依基督教”④。18 世纪中期英国工业革命开始后，为解决大量贫民儿童和童工教育问题，一些热心的传教士又创办了“主日学校”（Sunday School），以小教堂作为教室，由牧师或牧师的妻女在星期日将儿童组织起来进行教育。到 19 世纪初，主日学校的就读人数已达到 100 多万。这些学校主要是对孩子们进行宗教和道德教育，以及读、写方面的训练。⑤

① 戴本博：《外国教育史》（中）（北京：人民教育出版社，1990），174。[Dai Benbo, *Waiguo jiaoyu shi,* vol. 2 (Foreign Education History) (Beijing: People's Education Press, 1990), 174.]

② 李罡、高益民：《中外教育史简编》（北京：民族出版社，2002），363。[Li Gang and Gao Yimin, *Zhongwai jiaoyu shi jianbian* (A Short History of Chinese and Foreign Education) (Beijing: The Ethnic Publishing House, 2002), 363.]

③ 劳伦斯·詹姆斯：《中产阶级史》，李春玲、杨典译（北京：中国社会科学出版社，2015），87。[L. James, *Zhongchan jieji shi* (The Middle Class: A History), trans. Li Chunling and Yangdian (Beijing: China Social Sciences Press, 2015), 87.]

④ 同上，86。

⑤ 李罡、高益民：《中外教育史简编》，363。

《钦定本圣经》作为权威的英译本圣经，在推广英语使用的同时，也培养了人们对于英语语言的信心与忠诚。特殊的历史文化背景使得英语长期在自己的国家处于次要地位，而让拉丁语占据了主导，直到 17 世纪依然有人对英语不抱有信心。例如培根（Francis Bacon）就担心英语会让作者丧失名誉，决定所有自己“最受珍视的作品都应以拉丁文本流传下来”。[①] 《钦定本圣经》以其简洁质朴、庄重崇高的语言品质逐渐改变了人们对英语的看法。在年长日久的诵读中，虔诚的人们意识到是在用自己的语言表达神圣的信仰。在这一点上，英语已经堪与天主教的拉丁语相媲美。得到官方认可的《钦定本圣经》不仅彻底打破了天主教会对圣经的垄断和解释权，使许多家庭拥有圣经成为可能，它也显著提升了英语的社会地位。慢慢地该译本被视为一座丰碑、一个参照点；拥有英文圣经成为培养语言忠诚感的一种方式。[②]

综上所述，《钦定本圣经》以其自身卓越的语言品质和特殊的社会地位在现代英语的形成过程中发挥了巨大作用。有人认为该译本的语言有些“古旧”，使用了一些落后于当时语言发展的表达方式。[③] 对此，越来越多的研究者指出，《钦定本圣经》翻译者有意而为的这种做法，乃是为了追求译文特有的庄重感和诗意效果。它除增强了译文的文学美和节奏感之外，整体上并未伤害译本语言表达的规范性和卓越品质。直到今天，《钦定本圣经》依然是大多数英语读者公认的最具文学品质的

---

① 埃文斯：《英国文学简史》，338。

② Dick Leith, *A Social History of English* (London: Routledge, 2005), 39.

③ Jonathan Culpeper, *History of English* (London: Routledge, 2000), 94.

圣经，也是对原文语言文学效果保留得最好的版本。[①]事实上，《钦定本圣经》恰恰是依靠自身高超的语言文学特性，为现代英语的标准化发挥了潜移默化的典范作用。

参考文献 [Bibliography]

Addison, Joseph, and Richard Steele. *The Spectator*. London: printed for J. and R. Tonson, and S. Draper, 1712.

Alter, Robert, and Frank Kermode. *The Literary Guide to the Bible*. Cambridge: Harvard University Press, 1990.

Blake, N. F. *A History of the English Language*. New York: Palgrave, 1996.

Bragg, Melvyn. *The Book of Books: The Radical Impact of the King James Bible 1611–2011*. Berkeley: Counter Point, 2011.

Campbell, Gordon. *Bible: The Story of the King James Version 1611–2011*. Oxford: Oxford University Press, 2010.

Chen Jia. *A History of English Literature*. Vol. 1. Beijing: The Commercial Press, 2002.

Croft, Pauline. *King James*. Basingstoke: Palgrave Macmillan, 2003.

Crystal, David. *The Stories of English*. New York: The Overlook Press, 2004.

Culpeper, Jonathan. *History of English*. London: Routledge, 2000.

Defoe, Daniel. *Robinson Crusoe: Edited after the Original Editions*.

① Robert Alter and Frank Kermode, *The Literary Guide to the Bible* (Cambridge: Harvard University Press, 1990), 7.

London: Macmillan, 1882.

Drinkwater, John. *The Outline of Literature*. London: Newnes, 1957.

Eckman, George P. *The Literary Primacy of the Bible*. New York: The Methodist Book Concern, 1915.

Forgeng, Jeffrey. *Daily Life in Stuart England*. Westport, CT: Greenwood Press, 2007.

Graddol, David, Dick Leith, and Joan Swann. *English: History, Diversity and Change*. London: Routledge, 1996.

Hamlin, Hannibal, and Norman W. Jones, eds. *The King James Bible after 400 Years: Literary, Linguistics, and Cultural Influences*. Cambridge: Cambridge University Press, 2011.

Hieron, Samuel. *The Sermons of Master Samuel Hieron*. London: Printed by John Legatt, 1620.

Hill, Christopher. *The English Bible and the Seventeenth-Century Revolution*. London: Penguin Books, 1993.

Knowles, Gerry. *A Cultural History of the English Language*. London: Arnold, 1999.

Leith, Dick. *A Social History of English*. London and New York: Routledge, 2005.

Lerer, Seth. *The History of the English Language* (Part II). Chantilly: The Teaching Company, 1998.

Lowth, Robert. *A Short Introduction to English Grammar*. London: printed for A. Millar and R. and J. Dodsley, 1763.

McGrath, Alister. *In the Beginning: The History of the King James Bible and How It Changed a Nation, a Language and a Culture*. London: Hodder & Stoughton, 2001.

Milton, John. *The Complete Poetical Works of John Milton*. New York: Thomas Y. Crowell, 1920.

Momma, Haruko, and Michael Matto, eds. *A Companion to the History of the English Language*. Chichester: Wiley-Blackwell, 2008.

Mugglestone, Lynda. *Lexicography and the OED*. Oxford: Oxford University Press, 2000.

Norton, David. *A History of the English Bible as Literature*. Cambridge: Cambridge University Press, 2000.

Pillière, Linda, Wilfrid Andrieu, Valérie Kerfelec, and Diana Lewis. *Standardising English: Norms and Margins in the History of the English Language*. Cambridge: Cambridge University Press, 2018.

Price, Ira Maurice. *The Ancestry of Our English Bible: An Account of Manuscripts, Texts, and Versions of the Bible*. New York: Eaton & Mains, 1909.

Pyles, Thomas, and John Algeo. *The Origins and Development of the English Language*. Fort Worth: Harcourt, 1993.

Rosenau, William. *Hebraisms in the Authorized Version of the Bible*. Baltimore: Lord Baltimore Press, 1902.

Ruskin, John. *Praeterita*. Vol. 1. London: George Allen, 1907.

Schreyer, Rüdiger. "Illustrations of Authority: Quotations in Samuel Johnson's Dictionary of the English Language." *Lexicographica*, no. 16 (2000): 58–103.

Serjeantson, Mary S. *A History of Foreign Words in English*. New York: Barnes & Nobel, 1961.

Sharpe, Kevin, and Steven N. Zwicker. *Reading, Society and Politics in Early Modern England*. Cambridge: Cambridge University Press,

2003.

Stroud, Angus. *Stuart England*. London: Routledge, 1999.

Swift, Jonathan. *The Complete Works of Jonathan Swift*. Vol. II, Part I. London: Bell and Daldy, 1869.

Upward, Christopher, and George Davidson. *The History of English Spelling*. Chichester: Wiley-Blackwell, 2011.

Venables, Edmund. *Life of John Bunyan*. London: Walter Scott, 1888.

Viney, Brigit. *The History of the English Language*. Oxford: Oxford University Press, 2008.

Vizetelly, Frank H. *Essentials of English Speech and Literature*. New York: Funk & Wagnalls, 1915.

Whitney, William D. *Essentials of English Grammar*. Boston: Ginn and Heath, 1879.

艾弗•埃文斯:《英国文学简史》,蔡文显译,北京:人民文学出版社,1984。[Evans, Ifor. *Yingguo wenxue jianshi* (A Short History of English Literature). Translated by Cai Wenxian. Beijing: People's Literature Publishing House, 1984.]

卞昭慈:“写在前面”,载卞昭慈:《天路·人路:英国近代文学与基督教思想》,成都:四川大学出版社,2001,1–6。[Bian Zhaoci. “Xie zai qianmian.” In *Tianlu, renlu: Yingguo jindai wenxue yu Jidujiao sixiang* (Preface to *Heavenly Road, Earthly Road*, by Bian Zhaoci), 1–6. Chengdu: Sichuan University Press, 2001.]

陈桂花、王任傅:《英国诗人弥尔顿与〈钦定本圣经〉》,《山西师范大学学报》(社会科学版),2018 年第 3 期,87–93。[Chen Guihua and Wang Renfu. “Yingguo shiren Mierdun yu

Qindingben Shengjing" (John Milton and the Authorized Version of the Bible). *Journal of Shanxi Normal University* (Social Science Edition), no. 3 (2018): 87–93.]

戴本博：《外国教育史》（中），北京：人民教育出版社，1990。[Dai Benbo. *Waiguo jiaoyu shi* (History of Foreign Education). Vol. 2. Beijing: People's Education Press, 1990.]

费尔南德·莫塞：《英语简史》，水天同等译，北京：外语教学与研究出版社，1990。[Mosset, Fernand. *Yingyu jianshi* (Concise History of the English Language). Translated by Shui Tiantong et al. Beijing: Foreign Language Teaching and Research Press, 1990.]

冯喜荣：《韦伯斯特与他的〈美国英语词典〉》，《辞书研究》，2010 年 第 4 期，139–146。[Feng Xirong. "Weibosite yu tade Meiguo Yingyucidian" (Noah Webster and An American Dictionary of the English Language). *Lexicographical Studies*, no. 4 (2010): 139–146.]

亨利·贝戎：《英语词典编纂史》，裘安曼译，北京：商务印书馆，2016。 [Béjoint, Henri. *Yingyu cidian bianzuanshi* (The Lexicography of English: From Origins to Present). Translated by Qiu Anman. Beijing: The Commercial Press, 2016.]

劳伦斯·詹姆斯：《中产阶级史》，李春玲、杨典译，北京：中国社会科学出版社，2015。[James, L. *Zhongchan jieji shi* (The Middle Class: A History). Translated by Li Chunling and Yangdian. Beijing: China Social Sciences Press, 2015.]

Leech, Geoffrey N.《英语语法的过去、现在与未来》，《外语教学与研究》，1995 年第 2 期，1–6。[Leech, Geoffrey N. "Yingyuyufa de guoqu, xianzai yu weilai" (English Grammar: Past, Present and

Future). *Foreign Language Teaching and Research*, no. 2 (1995): 1-6.]

李赋宁：《英语史》，北京：商务印书馆，1991。[Li Funing. *Yingyu shi* (History of English). Beijing: The Commercial Press, 1991.]

李桂山、朱柯冰：《诺亚·韦伯斯特及其学术遗产——语言学史上的思考》，《国外社会科学》，2009 年第 2 期，131–135。[Li Guishan and Zhu Kebing. "Nuoya Weibosite jiqi xueshuyichan: Yuyanxueshi shang de sikao" (Noah Webster and His Academic Legacy: From the Perspective of Linguistics History). *Social Sciences Abroad*, no. 2 (2009): 131–135.]

李罡、高益民：《中外教育史简编》，北京：民族出版社，2002。[Li Gang and Gao Yimin. *Zhongwai jiaoyu shi jianbian* (A Short History of Chinese and Foreign Education). Beijing: The Ethnic Publishing House, 2002.]

刘军平：《西方翻译理论通史》，武汉：武汉大学出版社，2009。[Liu Junping. *Xifang fanyi lilun tongshi* (A General History of Western Translation Theory). Wuhan: Wuhan University Press, 2009.]

麦克卢汉：《理解媒介：论人的延伸》，何道宽译，南京：译林出版社，2011。[McLuhan, Marshall. *Lijie meijie: Lun ren de yanshen* (Understanding Media: The Extensions of Man). Translated by He Daokuan. Nanjing: Yilin Press, 2011.]

苏欲晓："班扬和他的《天路历程》（译序）"，载约翰·班扬：《天路历程》，苏欲晓译，南京：译林出版社，2001。[Su Yuxiao. "Yi xu," in *Tianlu licheng* (Preface to *The Pilgrim's Progress*), by John

Bunyan, translated by Su Yuxiao. Nanjing: Yilin Press, 2001.]

谭载喜：《西方翻译简史》，北京：商务印书馆，1991。[Tan Zaixi. *Xifang Fanyi jianshi* (A Brief History of Western Translation). Beijing: The Commercial Press, 1991.]

王任傅：《〈钦定本圣经〉刊行后的另一种后果：英国散文风格的转型与本土化》，《安徽大学学报》，2018 年第 4 期，75–83。[Wang Renfu. "Qindingben Shengjing kanxing hou de ling yizhong houguo: Yingguo sanwen fengge de zhuanxing yu bentuhua" (Another Result of the Publication of the Authorized Version of the Bible: Transition and Indigenization of the English Prose Style). *Journal of Anhui University*, no. 4 (2018): 75–83.]

王佐良：《英国文学史》，北京：商务印书馆，1996。[Wang Zuoliang. *Yingguo wenxueshi* (History of English Literature). Beijing: The Commercial Press, 1996.]

王佐良、何其莘：《英国文艺复兴时期文学史》，北京：外语教学与研究出版社，2006。[Wang Zuoliang and He Qishen. *Yingguo wenyi fuxing shiqi wenxueshi* (The History of English Renaissance Literature). Beijing: Foreign Language Teaching and Research Press, 2006.]

谢大卫：《日常乐章：英王詹姆斯钦定版圣经与英语文学》，陈伟娜译，《圣经文学研究》，第 1 辑，2007，44–66。[Jeffrey, David Lyle. "Richang yuezhang: Yingwang Zhanmusi qindingban Shengjing yu Yingyu wenxue" (Habitual Music: The King James Bible and English Literature). Translated by Chen Weina. *Journal for the Study of Biblical Literature*, no. 1 (2007): 44–66.]

徐燕谋：《英国散文的发展》，《外语教学与研究》，1963 年第 2 期，

10–16。[Xu Yanmou. “Yingguo sanwen de fazhan” (Development of English Prose). *Foreign Language Teaching and Research*, no. 2 (1963): 10–16.]

杨周翰：《十七世纪英国文学》，上海：上海人民出版社，2016。[Yang Zhouhan. *Shiqi shiji Yingguo wenxue* (The Seventeenth-Century English Literature). Shanghai: Shanghai People’s Publishing House, 2016.]

论圣经在奥古斯丁皈依叙事中的地位

石敏敏

内容提要：《忏悔录》前八卷的主要线索是奥古斯丁的皈依叙事，却至今仍然缺乏圣经之于其皈依影响的研究。本文从三方面研究奥古斯丁的皈依与其圣经阅读经验之间的关系：第一，从《旧约》向《新约》的读经转变；第二，有关《创世记》"'上帝形象'难题"的释经转变；第三，有关"律法难题"的释经转变。本文认为，奥古斯丁读经和释经观念的转变是其皈依的关键性因素。

关键词：《忏悔录》，圣经，上帝形象，律法

作者单位：浙江工商大学马克思主义学院

The Biblical Influence on Augustine's Conversion Narrative

SHI Minmin

Abstract: The main thread running through the first eight volumes of *Confessions* is Augustine's conversion narrative. However, so far there has been no study examining the biblical influence on his conversion. This essay investigates from three perspectives how Augustine's conversion is related to his reading of the Bible: first, a shift from the Old Testament to the New Testament in his reading; second, the exegetical change regarding "the problem of God's image" in Genesis; third, an exegetical change regarding "the problem of the Law." The essay argues that the changes in Augustine's exegetical understanding was key to his conversion.

Keywords: *Confessions*, Bible, God's image, law

Author's Contact info: School of Marxism Studies, Zhejiang Gongshang University. Email: shiminmin7633@163.com

《忏悔录》是奥古斯丁平生著述的一个重要文本。学者们有关《忏悔录》的研究可谓汗牛充栋，然而主要关注的是奥古斯丁的生平行止、神学观念、他与哲学例如柏拉图学派和西塞罗的关系等等。[①] 在这些研究中，较多的争论集中于柏拉图学

① 可参看如下研究性作品：Hannah Arendt, *Love and Saint Augustine*, edited and with an interpretive essay by Joanna Vecchiarelli Scott and Judith Chelius Stark (Chicago: The University of Chicago Press, 1996); Leo C. Ferrari, "The Arboreal Polarisation in Augustine's *Confessions*," *Revue Des études Augustiniennes* 25, no. 1/2 (1979): 35–46; Leo C. Ferrari, "Augustine' s 'Nine Years' as a Manichee," *Augustiniana* 25, no. 3/4 (1975): 210–216; Leo C. Ferrari, "Paul at the Conversion of Augustine (*Conf.* VIII, 29–30)," *Augustinian Studies* 11 (1980): 5–20; Paula Fredriksen, "Paul and Augustine: Conversion Narratives, Orthodox Tradition, and the Retrospective Self," *The Journal of Theological Studies* 37, no. 1 (April 1986): 3–34; J. P. Kenney, "The Presence of Truth in the Confessions," in *Studia Patristica*, vol. 27, *Papers Presented at the Eleventh International Conference on Patristic Studies Held in Oxford 1991, Cappadocian Fathers, Greek Authors after Nicaea, Augustine, Donatism, and Pelagianism*, ed. Elizabeth A. Livingstone (Leuven: Peeters, 1993); James J. O'Donnell, *Augustine Confessions, Introduction and Text* (Oxford: Oxford University Press, 1992); James J. O'Donnell, "Hearing Confessions," in *Studia Patristica*, vol. 18, 4, *Papers of the*

派之于奥古斯丁皈依所起的作用，[①] 还有学者声称，奥古斯丁阅读西塞罗《荷尔顿西乌斯》一书所燃起的真理激情，是他的第一次皈依。[②] 确实，无论西塞罗还是柏拉图学派，其影响都是奥古斯丁智性生活中的重要事件。在《忏悔录》《论幸福生活》和《论三位一体》第 14 卷中，奥古斯丁自己也申明哲学的积极影响。然而遗憾的是，学者们对圣经在《忏悔录》所载奥古斯丁皈依叙事中的地位，却至今仍然缺乏足够严谨的评估。

这里首先要厘清一个问题：什么是本文所说“圣经在《忏悔录》所载奥古斯丁皈依叙事中的地位”？圣经是《忏悔录》的架构所在，《忏悔录》的第一行文字就是《诗篇》144:3 和 146:5 的合成，圣经在《忏悔录》中可谓无处不在。奥古斯丁引用圣经的方式大致有两种：一种是直接引用，另一种是透过内心感受化成所谓的“类圣经语言”，但这均非本文所要探讨

1983 Oxford Patrisitc Conference: Augustine, Post-Nicene Latin Fathers, Oriental Texts, Nachleben of the Fathers, ed. Elizabeth A. Livingstone (Kalamazoo: Cistercian; Leuven: Peeters Press, 1990); John J. O'Meara, *The Young Augustine: An Introduction to the Confessions of St. Augustine* (London: Longman, 1980); R. M. Price, “Augustine, Confessions VII: Autobiography or Apologetic,” in *Studia Patristica*, vol. 43, *Papers Presented at the Fourteenth International Conference on Patristic Studies Held in Oxford 2003, Augustine and Other Latin Writers*, ed. F. Young, M. Edwards, and P. Parvis (Leuven-Paris-Walpol, MA: Peeters, 2006); Tarmo Toom, “Augustine Becoming Articulate: Confessions 1.8.13,” in *Studia Patristica*, vol. 49, *Papers Presented at the Fifteenth International Conference on Patristic Studies Held in Oxford 2007, St. Augustine and His Opponents*, ed. J. Baun, A. Cameron, M. Edwards, and M. Vinzent (Leuven-Paris-Walpol, MA: Peeters, 2010)。

① 可参看奥唐奈的回顾和讨论：James J. O'Donnell, introduction to *Augustine: Confessions, Introduction and Text* (Oxford: Oxford University Press, 1992), xxiii–xxxii。

② Robert J. O'Conell, *Images of Conversion in St. Augustine's Confessions* (New York: Fordham University Press, 1996), 40–41; Peter J. Kreeft, *I Burned for Your Peace: Augustine's Confessions Unpacked* (San Francisco: Ignatius Press, 2016), 117–123.

的主题。[①] 本文研究奥古斯丁皈依过程中阅读和思考圣经的真实经历，阐释他的圣经阅读经验之于其皈依叙事的关系。这项研究对于把握奥古斯丁早期思想的特征尤为重要，有助于判断奥古斯丁思想转变的推动力主要是来自哲学还是圣经的引导。最终则关系到对奥古斯丁早期作品思想倾向的理解：它是一种柏拉图主义的延续呢，抑或已经是成熟的基督信仰的表达？

一

据《忏悔录》记载，奥古斯丁最早阅读圣经的自述出现在第3卷第5章，与他读西塞罗的《荷尔顿西乌斯》相关。正如奥古斯丁自己所言，《荷尔顿西乌斯》于他可谓振聋发聩，让他看到修辞学及其他以往的寻求都是“卑不足道，便怀着一种不可思议的热情，向往着不朽的智慧”。[②] 西塞罗激起他追求真理之心，“心中燃起对哲学满腔的热爱”。[③] 古代所谓的哲学生活是真理生活的代名词，西塞罗这样说道，人类的最大盼望就是“过一种哲学的生活，这样……若我们有永恒的、神圣

① 圣经与《忏悔录》的紧密关系一直缺乏研究。有的论者注意到奥古斯丁把经过他自身内化了的圣经语言广泛地使用在《忏悔录》中，然而也只是一般性地有所论及，缺乏细致的阐释。参 Garry Wills, *Augustine's Confessions: A Biography* (Princeton: Princeton University Press, 2011), 7–9。

② 奥古斯丁：《忏悔录》，周士良译（北京：商务印书馆，2013年），第3卷第5章。[Augustine, *Chanhuilu* (Confessions), trans. Zhou Shiliang (Beijing: Commercial Press, 2013), 3.5.]

③ 奥古斯丁：《论幸福生活》，见于《论秩序》，石敏敏译（北京：中国社会科学出版社，2017），1章4节。[Augustine, *Lunxinfushenghuo* (On the Happy Life), trans. Shi Minmin (Beijing: China Social Sciences Press, 2017), 1.4.]

的灵魂……这些灵魂越是恪尽其职，即按理性与热切地求索生活，越少把自己与人纷乱的邪恶和错误混在一起，升入天堂就越容易”。[①] 可见，哲学的生活能使人面向真理，并且因着真理而生活。晚年的奥古斯丁对于西塞罗这段话有如下评论：“这样一个天才使我吃惊的地方在于，他认为人应过一种哲学的生活，哲学使人们因凝视真理而幸福。”[②] 写成《论三位一体》时，奥古斯丁已经大约 66 岁，离他读《荷尔顿西乌斯》已逾 47 年时光，他却仍然清晰记得当日情景，可见真理的激荡之于其暮年宛如昨日重现。因为写作《论三位一体》时的奥古斯丁已经全面阐发了基督教神学思想的真理，早年读《荷尔顿西乌斯》的他则只是涉猎真理之初的狂喜。《忏悔录》以他读西塞罗的哲学为肇始，这是他叙述圣经之于其生命关系的开始，他称自己当时第一次翻开圣经，“为此，我决心要读圣经，看看内容如何”。[③]

然而奥古斯丁这次阅读圣经并未带给他愉悦之感，他称自己读不懂圣经，“我的傲气藐视圣经的质朴，我的目光看不透它的深文奥义”。[④] 奥古斯丁再次提到自己阅读圣经已是在《忏悔录》第 2 卷，他那时的生活轨迹已经发生了巨变。他从迦太基旅行到米兰，从一位修辞学学生成为一位修辞学教授，并且有九年摩尼教信仰生活经验。抵达米兰时其摩尼教信仰已经动

---

① 奥古斯丁：《论三位一体》，周伟驰译（上海：上海人民出版社，2005），第 14 卷 第 5 章 第 26 节。[Augustine, *Lunsanweiyiti* (On the Trinity), trans. Zhou Weichi (Shanghai: Shanghai People's Publishing House, 2005), 14.5.26.]

② 同上。

③ 奥古斯丁：《忏悔录》第 3 卷第 5 章。

④ 同上。

摇，他去往米兰教会聆听主教安布罗斯布道，成为大公信仰的望教者。安布罗斯重新激起他阅读和探索圣经的兴趣，前者有关“上帝形像”的阐释使他冰释摩尼教有关形体性上帝的困惑。[①] 在第 6 卷第 1 章至第 5 章的记录中，有关圣经的讨论在该卷中密集展开，也表明圣经在其皈依叙事中成为关键因素。他这样说道：“至于圣经中往往和我的见解抵触矛盾，在听了许多正确的解释后，我以为这是由于其含义的奥妙高深。为此，圣经威权更显得崇高，更配合神圣的信仰，一方面为一般读者是明白晓畅，而同时又保留着深奥的内蕴，使人能做更深刻的研究。”[②] 奥古斯丁意识到他早年的读经困惑并非出于圣经的粗鄙，而是因其自己不懂真理的奥秘。

自《忏悔录》第 6 卷始，奥古斯丁记载自己阅读圣经的文字篇幅就不断增加，越来越具分量，并且这些读经记录在其皈依叙事中都是关键性的，是每一卷的点睛之笔。但在研究《忏悔录》前八卷圣经阅读之于奥古斯丁皈依叙事的关系时，又需要区分两类经验：一种是他回忆往事引用圣经表达其写作时的经验，例如在读了《荷尔顿西乌斯》之后，他描述自己的经验时这样说：“这一本书使我的思想转变，使我的祈祷转向你，使我的希望和志愿彻底改变。”[③] 这当然不是说他真的转向了上帝，因为他那时刚刚成为摩尼教徒，而是指写作《忏悔录》的奥古斯丁意识到，《荷尔顿西乌斯》是上帝用真理的主题吸引其灵魂转向的一个带领。另一种是他所记录的皈依之前的真实读经经验，它们密集出现于《忏悔录》第 6 卷。在《忏悔录》

---

① 奥古斯丁：《忏悔录》第 6 卷第 3 章。

② 奥古斯丁：《忏悔录》第 6 卷第 5 章。

③ 奥古斯丁：《忏悔录》第 3 卷第 4 章。

第6卷，奥古斯丁已经是一个“望教者”了，听安布罗斯讲道和阅读圣经是他平时的功课，他对真理的思考被唤醒。这些考虑都是《忏悔录》的文学叙事所真正着重的。奥古斯丁还把这种读经体验与他受柏拉图学派的影响做了对比，因为安布罗斯本人也深受柏拉图学派影响。奥古斯丁承认安布罗斯的柏拉图式解经启发了他对圣经的理解，他说：“因为假如我先受你圣经的熏陶，先玩味你的圣经，然后接触到那些著作，那些著作就可能推翻我诚信的基础，即使我在情感上能坚持所受到的有益影响，也可能会仅仅由于读那些著作而收到同样的效果。”① 也就是说他认为，如果他先读圣经而非先读柏拉图学派的著作，同样也能够解决他有关“恶的难题”。换言之，他认为是柏拉图靠近圣经而非圣经靠近柏拉图。这是奥古斯丁当时真实的感受，也是圣经之于《忏悔录》的皈依叙事之要旨，因为他在听安布罗斯讲道及其自己的读经中意识到圣经是更高的真理，只有更高的真理才是充分的真理，较低层面的道理虽然有可能指向真理，却也有可能使人迷途于真理。

《忏悔录》还显示，奥古斯丁的读经历经了从《旧约》到《新约》的转换，从《创世记》到保罗书信的转换。《忏悔录》第6卷记录了他阅读《新约圣经》后的蜕变，为保罗书信的真义深深吸引。这是奥古斯丁读经记录中至关重要的一笔，他在讲述了一番事件和思考之后这样说道：“我以迫不及待的心情，捧读着你的‘圣灵’所启示的崇高著作，特别是使徒保罗的著作。”② 奥古斯丁阅读保罗的著作且聚焦于保罗书信是一个重

---

① 奥古斯丁：《忏悔录》第7卷第20章。

② 奥古斯丁：《忏悔录》第7卷第21章。

要转折，与《忏悔录》第 7 卷第 7 章的内容紧密相关："我的依靠，你已经解除了束缚；虽则我仍在探索恶的来源，虽仍找不到出路，但你已不让我飘摇无定的思想脱出对于你的存在，对于你不变的本体，对于你垂顾的人群、审判万民，对于在你的圣子、我们的主基督之中用公教会的权力核定的圣经启引人类长生之道的信仰。"① 大凡读过《忏悔录》的读者都会熟悉奥古斯丁皈依时刻的戏剧性自述，他在米兰花园读到《罗马书》13:13 时这样说道："我读完这一节，顿觉有一道恬静的光射到心中，溃散了阴霾笼罩的疑阵。"② 可见，保罗书信尤其《罗马书》的经文是他决疑彷徨之路的基石。

从《忏悔录》前八卷的叙事看，奥古斯丁皈依前的圣经阅读具有如下两个特征：一是从《忏悔录》第 6 卷开始明显增多了读经记录，反复提及圣经之于其思想的影响，与前五卷只记录一次读经经历迥然有异。虽然《忏悔录》第 7 卷确实主要在思索柏拉图学派的著作，以及那些作品所启发的"恶的难题"的解决之道，然而需要注意到它被放在安布罗斯解经讲道的基本背景之下。即使奥古斯丁坦承柏拉图学派的影响，他仍然指出圣经具有可供进行哲学思考的充分空间，他否定哲学单独拓展出真理道路的可能性。奥古斯丁认为，圣经如果不具备消除恶的终极之道，那么即使有哲学的帮助也不能够开拓出生命真路。这正是奥古斯丁所意识到的："我现在懂得圣经不是骄傲者所能体味，也不是孩子们所能领会的，入门时觉得隘陋，越朝前越觉得高深，而且四面垂着奥妙的帷幕，我当时还没有入

① 奥古斯丁：《忏悔录》第 7 卷第 7 章。

② 奥古斯丁：《忏悔录》第 8 卷第 12 章。

门的资格，不会曲躬而进。”[1] 二是从《忏悔录》第 7 卷开始，奥古斯丁的读经由《旧约》转向《新约》，并重点论述了保罗书信的分量，主题上则呈现为从律法主题向圣子耶稣基督的转换。可见，奥古斯丁有关圣经阅读的这些记录，又呈现出圣经在《忏悔录》皈依叙事中的双重转换：一是从哲学思考向圣经启发的转变；二是阅读从《旧约圣经》向《新约圣经》的转换。

二

奥古斯丁阅读圣经始于《旧约》，又以《创世记》为中心。《忏悔录》前六卷所载奥古斯丁读经的文本都是《创世记》，第 11–13 卷也是对《创世记》的释经。可见，《创世记》构成《忏悔录》的一个明显主题，既是奥古斯丁皈依前阅读圣经的起点，也是他皈依后所要解释的经文。除《忏悔录》之外，奥古斯丁还至少四次注解过《创世记》。公元 388 年，他写了两卷本的《论〈创世记〉驳摩尼教徒》（*De Genesi contra Manichaeos*）和《〈创世记〉的字意：一本未完之书》（*De Genesi ad litteram liber unus inperfectus*）；后来他又花了十四年时间于 415 年写成十二卷本《〈创世记〉字疏》（*De Genesi ad literam*）；此外《上帝之城》第 11 卷也是有关《创世记》的讨论。可见《创世记》的主题一直萦绕于奥古斯丁的脑际，它既是《忏悔录》整部著作的一条线索，也是其神学的重要主题。不过《忏悔录》前六卷有关《创世记》的记载和后

① 奥古斯丁：《忏悔录》第 3 卷第 5 章。

三卷（11–13 卷）这两者之间存在着重要区别，前六卷的奥古斯丁是个摩尼教徒，充满了有关《创世记》的疑惑，其中心难题是“上帝形像”，第 11–13 卷则是对《创世记》的神学释经，带出许多复杂的主题，包括圣子基督、时间、天外之天和圣灵论等等。

本文单纯分析《忏悔录》前六卷奥古斯丁有关《创世记》的思考，即他把《旧约》作为读经起始的叙事意涵。奥古斯丁第一次提到《创世记》是在《忏悔录》第 3 卷第 7 章，所引经文出自《创世记》1:27；第二次提到《创世记》则是在《忏悔录》第 6 卷第 3 章，所引经文是《创世记》9:6“人是依照你的形像造的”（ad imaginem tuam hominem a te factum）。[①] 一方面，这些记录表明《创世记》经文相当早就出现在《忏悔录》里，这事发生在奥古斯丁受西塞罗的《荷尔顿西乌斯》[②] 启发之后，然而他阅读圣经却不得其门而入，[③] 随之奥古斯丁成为摩尼教的一名成员。另一方面，这两处《忏悔录》文本所提到的经文都与“上帝的形像”相关，也与摩尼教信仰相关。奥古斯丁提到摩尼教信仰的许多要素，“上帝的形像”是其重要方面。在《忏悔录》第 3 卷第 6 章中，奥古斯丁回忆了他作为摩尼教徒时所接受的“上帝的形像”的观念：上帝是“精神性”存在，也是物体性存在；上帝具有各种形像，就是“一切实在物体的形像，一切实在的物体”，[④] 也就是说摩尼教把上帝视为可变的、

① Augustine, *Confessio* 6.3.4, Migne, PL: S. Aurelii Augustini Opera Omnia: Patrologiae Latinae Elenchus.

② 奥古斯丁：《忏悔录》第 3 卷第 4 章。

③ 奥古斯丁：《忏悔录》第 3 卷第 5 章。

④ 奥古斯丁：《忏悔录》第 3 卷第 6 章。

虚幻的和虚构的幻象。奥古斯丁这样忏悔说：“为我，你当时在哪里？在多么遥远的地方！我离开了你迢迢远行，甚至找不到喂猪的橡子来充饥。”①

作为摩尼教徒的奥古斯丁对“上帝形像”的理解可分为两个方面：一是“形像”一词所包含的实体和属性的关系，二是上帝作为物体性形像的善恶二元特征。就第一个方面来说，奥古斯丁使用了亚里士多德的《十范畴论》，从哲学范畴论证上帝是物体性实体。他大约是在二十岁的年纪学习《十范畴论》，回忆说那本书相当清楚地谈到实体如人，以及实体的一切如人的外貌如何、身长几尺、是谁的弟兄或亲属、住在哪里、生于哪一年、立着或坐着、穿鞋的或武装的、在做什么或忍受什么，其他九范畴都属于实体。②由于摩尼教信仰正是以类似的方式谈论神，奥古斯丁也把类似观念用于描述上帝，认为上帝有长短粗细的肢体、有体积大小、局部小于整体，诸如此类。③可见，奥古斯丁对于“上帝的形像”的解释，既有摩尼教信仰的因素，也有亚里士多德哲学的依据。

就第二个方面来说，作为摩尼教徒的奥古斯丁的“上帝形像”还与善恶二元相关。奥古斯丁深信不疑地认为存在两个神：一个是至善的神，一个是至恶的神。至善的神“具有纯一性”④，但以后发生了分裂，分裂出另一个至恶的神。他说：“同时糊

---

① 奥古斯丁：《忏悔录》第3卷第6章。有的论者指出摩尼教的虚构部分使得它充满新奇感、复杂性并且具有昂贵的特性，因此吸引了年轻的奥古斯丁，参见 Kreeft, *Burned for Your Peace*, 127。奥古斯丁这里所忏悔的，正是指出那些虚构的因素引他进入摩尼教。在《上帝之城》第1–10卷中他对“虚构”进行了深入批判，尤其批判了戏剧的虚构之于人的精神世界产生的虚妄影响。

② 奥古斯丁：《忏悔录》第4卷第16章。

③ 奥古斯丁：《忏悔录》第3卷第7章。

④ 奥古斯丁：《忏悔录》第4卷第15章。

涂的我认为至恶的本体存在于无灵之物的分裂中，恶不仅是实体，而且具有生命，但并不来自你万有之源。”[①] 依照摩尼教的习惯，奥古斯丁说：“前者，我名之为‘莫那特斯’，作为一种无性别的精神体；后者我名之为‘第亚特斯’，如罪恶中的愤怒、放浪中的情欲等。”[②] 他皈依之后回忆这段往事时虽然自称真的不知道在说什么，但作为一个摩尼教徒他当然很清楚其中的含义：“犹如愤怒来自内心的冲动，内心动作失常，毫无忌惮地倒行逆施，便犯罪作恶；情欲起源于内心的情感，情感如毫无节制，便陷于邪僻；同样如果理性败坏，则诐辞邪说便玷污我们的生命。”[③] 他使用同类相知同类根源的推论，认为只有在存在一个与善神同样相类的恶神的情况下才能够解释世上之恶的来源。其摩尼教经历与他所谓的“上帝的形像”的解释相关，而他能摆脱摩尼教信仰，也与他对《创世记》的“上帝的形像”新解相关，为他提供新的解经之道的正是米兰主教安布罗斯。[④]

安布罗斯使用寓意解经回应奥古斯丁的“‘上帝形像’难题”。寓意解经强调，碰到释经难题时，需要在圣经字面意思之下寻找灵意，也就是说，要避免用可见物的实体观念解释上帝的实体：“我一朝发现你通过慈母公教会赋予恩赐而使之再生的精神子女们，对于《创世记》关于‘人是依照你的形像而

---

① 奥古斯丁：《忏悔录》第 4 卷第 15 章。

② 同上。

③ 同上。

④ 用与形式相关的创造代替与质料相关的创造的详细阐释，可参见 Jared Ortiz, “*You Made Us For Yourself*”: *Creation in St. Augustine's Confessions* (Minneapolis: Fortress Press, 2016), 11–14。

创造的’一节的解释，并不教人相信或想象你具有人的肉体的形状，我虽则对于精神体的性质还是丝毫捉摸不到，却已很高兴地感到惭愧，我多年来的狂吠，不是反对公教信仰，而是反对肉体想象出来的幻影。”①奥古斯丁师从安布罗斯寻找经文的灵性内涵，这帮助他摆脱用可见实体的观念去解释神。然而，他也承认在摆脱了有形实体的神的观念之后，他仍然不知道什么是非形体性存在的实在性，因为当人们思索实体的时候，大多时候都是依据于形体性实在的观念。因此，他虽然放弃了形体性上帝的观念，却仍然不能够理解上帝的非形体性实在，也就暂时没有接受上帝的非形体性实在的观念，而堕入怀疑派的生存状态中。正是从这个特殊的场景中，《忏悔录》展开了奥古斯丁另外一个层面的读经经验：由《旧约》入《新约》，而保罗书信又为其皈依叙事提供了决定性契机。

三

《忏悔录》第 7 卷所载奥古斯丁的圣经阅读经验具转折性意义，他那时的读经已从《旧约》而《新约》并聚焦于保罗书信这部分。在进一步确定保罗书信之于奥古斯丁皈依的影响之前，先要厘清“皈依”（conversio）这个词的含义。今天对这个词的使用已经相当随意，不同程度类型的转变都会被称为“皈依”。然而在《忏悔录》中，奥古斯丁对“皈依”一词则有特定的严格用法，只出现过三次，分别在第 13 卷第 2 章第 3 节、

① 奥古斯丁：《忏悔录》第 6 卷第 3 章。

第 9 卷第 3 章第 6 节和第 4 卷第 10 章第 15 节。他把“皈依”严格地用于与上帝相关的意义。皈依的拉丁文 conversio 的前缀是 con-，指与某个人共同完成某件事，versio 来自于动词“转向”。在奥古斯丁所使用的仅三次的 conversio 的那些文本中，它们都意味着“不只是转向上帝，而且是一种相偕于上帝的转向，是一种与上帝同行里面的转向”。[①] 可见，奥古斯丁赋予 conversio 的意义只与上帝相关，而与柏拉图学派无关；只与圣经相关，而与哲学无关。如果我们依据奥古斯丁自己对“皈依”一词的使用，就可以看到他认为保罗书信之于其救赎叙事才是至关重要的。

从奥古斯丁读经的时间顺序看，他阅读保罗书信之事被记载在《忏悔录》第 7 卷第 21 章。至少就奥古斯丁而言，从第 7 卷开始保罗书信对于他才是“有意义的”，即为他前十余年的思想困惑提供了真正的解决之道。保罗书信正是他顿开思想困锁的机遇，米兰主教安布罗斯的布道为此提供了引导。奥古斯丁最初聆听安布罗斯讲道，并非在意内容。由于长期生活在摩尼教信仰群体里[②]，他对于大公信仰既不熟悉也不感兴趣，曾这样说道：“我已绝不希望在你的教会内找到真理。”[③] 作为一位修辞学教授，他感兴趣的是安布罗斯的口才，因为安布罗斯亦以擅长修辞学而闻名：“我很用心地听他对群众所作的谈论，但不抱着应有的目的，而是为了测验他的口才是否符合

---

① Catherine Conybeare, *Augustine's Confessions* (London: Routledge, 2016), 9.

② 有关奥古斯丁与摩尼教的复杂关系自古代以来就引起争论，可参见 Jason David Beduhn, “Augustine Accused: Megalius, Manichaeism, the Inception of the Confessions,” *Journal of Early Christian Studies* 17, no. 1 (2009): 85–124。

③ 奥古斯丁：《忏悔录》第 5 卷第 13 章。

其声誉，是过还是不及。”[1]即使安布罗斯主要使用寓意解经法讲经，“其中所涵的真理也逐渐灌输进去了”。[2]他所谓的真理也包括对“上帝的形像”的解释，然而这并不足以涵盖其所有疑惑，妨碍他信仰的还有与旧约律法相关的困惑，而带领他走出“律法难题”的正是保罗书信。奥古斯丁的读经转机与保罗书信息息相关，后者所阐释的律法与基督的关系是解决其信仰障碍的枢机。

保罗书信之于奥古斯丁皈依叙事的作用在于它是解决其第二个难题即“律法难题”的要钥，这被记载在《忏悔录》第7卷和第8卷。其中一个佐证是奥古斯丁米兰花园的皈依事件，他听到一个孩子的声音“拿着，读吧！拿着，读吧！”所拿起来的正是保罗书信集：“我急忙回到阿利比乌斯坐的地方，因为我起身时，把使徒的书信集留在那里。”[3]由此可知，保罗书信为奥古斯丁随身携带，因此他随手翻开了《罗马书》13:13，称自己“读完这一节，顿觉有一道恬静的光照射到心中，溃散了阴霾笼罩的疑阵”。[4]从《忏悔录》第7卷开始，奥古斯丁的读经重点就转移到保罗书信，由此可见一斑。

奥古斯丁阅读圣经的转变即由《旧约》而《新约》、由摩西五经而保罗书信，与他的思想嬗变即由律法而基督相伴相行，柏拉图学派的作品则为他提供了智性及思辨的预备。奥古斯丁记载他自己作为摩尼教徒之际，坦承他当时就已经潜伏着这个“律法难题”。他在忏悔自己的摩尼教徒经历时，批评那些“无

① 奥古斯丁：《忏悔录》第5卷第13章。

② 同上。

③ 奥古斯丁：《忏悔录》第8卷第12章。

④ 同上。

知之徒”，随从世人的褒贬毁誉，“以个人的经验去衡量人类的全部风俗习惯”而反对摩西律法，“这些人听到现代正义的人所禁行的事，古代正义的人却不在此例，天主权衡时宜，对古人制定那样法令，对今人制定这样法令，古往今来都适应着同一的正义，他们对此愤愤不平”。[①]奥古斯丁称自己也是如此："我也不认识真正的、内心的正义，不依据习俗而依据全能天主的金科玉律权衡一切的正义。"[②]可见在他作摩尼教徒之际，不仅困惑于对“上帝的形像”的解释，也困惑于《创世记》里面的“律法难题”：古代摩西的律法如何可能适用于现代人？正义随时代风俗而变，基督信仰如何可能凭着摩西律法而一成不变？

奥古斯丁的“律法难题”与正义的主题相关。在奥古斯丁还是摩尼教徒时，他与人们对于律法的看法相同，即正义随着时代变化因处境不同而有异，但是按照圣经的观点，上帝的正义永恒不变，那么这两者之间必然存在矛盾。既然正义与律法相关，而摩西五经的主体部分又是律法，那么如果大公信仰正确，岂非意味着要以古时摩西的律法定论现代人的正义观念吗？这对于作为摩尼教徒的奥古斯丁而言是不能接受的，他由此断定摩西律法已经过时。然而如果这种断定正确，那就会意味着大公信仰有错。可见，除“上帝的形像”之外，“律法”成为奥古斯丁皈依的第二个障碍。唯在其接受了保罗书信的基督观念后，奥古斯丁才理解摩西律法所主张的“正义本质绝不改变”的真正意思，即律法的本质是基督。他这样回忆当时自

---

① 奥古斯丁：《忏悔录》第 3 卷第 7 章。

② 同上。

己所遭遇的困难："我并没有看到圣贤们所服膺的正义，是把所命令的一切合成一个高妙万倍的整体；正义的本质绝无变易，也不把全部条例施行于任何一个时代，而是因时制宜，为每一时代制定相应的法令。我却盲目批评虔诚的祖先们不独遵天主的命令和启示调配当前的一切，甚且秉承天主的默牖，对将来发出预言。"① 奥古斯丁认为作摩尼教徒时，他没有意识到如下三方面：一是上帝的正义是整体原则而非局部原则，由于摩西律法是一种整体原则，是整个宇宙和人类的整体原则，其正义就不会因为世界的改变而有变化；二是正义在整体上绝无差别，不是一地如何另一地又如何，正义也跟着变化；三是先知传承了上帝的默示，兼济了时代的要求，时代的要求在圣经里面已经得到充分考量并被预知。因此摩西律法是超出习俗限制的正义，是亘古不变的正义。

保罗书信之于奥古斯丁皈依叙事的重要性就在于："基督是律法正义的总结。"他用这个观点塑造了其圣经观，并得以用《新约》观照《旧约》，这一转换是《忏悔录》皈依叙事的关键笔法。因着倾听安布罗斯的讲道以及他自己阅读保罗书信的经验，奥古斯丁在理解圣经的正义主题时逐渐豁然开朗，最终解决了"律法难题"。他声称在捧读保罗的作品之后，才真正理解人类与其自己身上的罪如何使他离弃真理，因为他明白了，不正义在于罪而非律法。他从保罗书信的阅读中获得一个经验，就是要"衷心喜悦天主的法律"，也就是耶稣基督的正义："谁能挽救他脱离死亡的肉体？""只有凭借你的恩宠，依靠我们的主、耶稣基督，他是你的圣子，和你同属永恒，你

① 奥古斯丁：《忏悔录》第3卷第7章。

‘在造化之初’创造了他，人世的统治者在他身上找不到应死的罪名，把他处死；‘我们的罪状因此一笔勾销’。”① 保罗的经文彻底解决了奥古斯丁心中的难题：“我读了自称为‘使徒中最小的一个’的保罗的著作，这些思想慓然回旋于我心神之中，这是仰瞻你的神功伟绩，我不禁发出惊奇的赞叹。”②

总之，奥古斯丁的两个难题即“上帝形像”和“律法”构成《忏悔录》皈依叙事的两大节奏，它们最终都在保罗书信中获得解决之道。至于困扰奥古斯丁的“恶的问题”，也都因着这两大难题的解决而最终得到解决。柏拉图学派、摩尼教徒的生命经验、怀疑派和伊壁鸠鲁学派的思想经历虽然也是奥古斯丁思想历程的构成部分，然而却都不是决定性要素。它们不过是奥古斯丁某个时期的思想难题，却不是决定其生命走向的经验。以怀疑派和伊壁鸠鲁学派为例，在奥古斯丁29–31岁这个阶段，他深受那两个学派思想的影响，然而时间比较短暂，它们都只是其通往皈依之道的叙事环节。奥古斯丁称那个时候他自己犹豫不决，虽然不再流连在摩尼教里面，也不立即接受大公信仰而是安于做一名“望教者”，③ 但他在精神上所真正钦服的是伊壁鸠鲁学派的快乐主义。奥古斯丁提到他很羡慕一名乞丐，后者已经获得他竭力追求的安稳的快乐，“那个乞丐花得几文钱，便获得当前的满足，而我却在艰辛困顿中百般追寻”。④ 奥古斯丁对于柏拉图学派的态度也应做如是观之，柏拉图学派所谓的“神并不是物质性实体”的观点对于他走出摩

① 奥古斯丁：《忏悔录》第3卷第21章。

② 同上。

③ 奥古斯丁：《忏悔录》第5卷第14章。

④ 奥古斯丁：《忏悔录》第6卷第6章。

尼教困境有重要的帮助："这时，我读了柏拉图学者的著作后，懂得在物质外找寻真理，我从'受造之物，辨识你形而上的神性'。"[①] 一方面他给予柏拉图学派以崇高的赞誉，另一方面又清楚指出柏拉图学派不是他精神的目的。他不认为柏拉图学派达到了真理，因为那里面没有取了奴仆形象的耶稣基督的观念，也没有存心顺服却超乎万名之上归荣耀于天父的圣子形象，"这种种都不见于那些著作中"。[②] 柏拉图学派从来都没有作为真理本身成为奥古斯丁生命中目的性的思想归属，虽然柏拉图学派的观念和思辨方式在奥古斯丁的思想中极其重要。也就是说，就《忏悔录》的皈依叙事看，推动奥古斯丁灵魂转向的关键因素是保罗书信，尤其是保罗所强调的耶稣基督的中保性。"基督作为中保"是奥古斯丁顿开真理和真理道路这个问题牢笼的支点，这使他贯通了从《旧约》到《新约》、从律法到基督的正义主题。奥古斯丁这样说道："过去我认为保罗有时自相矛盾，和《旧约》的律法、先知书抵触；这些疑难涣然冰释之后，我清楚地看出这些纯粹的言论绝无歧异之处，我学会了'战战兢兢的欢乐'。"[③] 透过保罗书信，奥古斯丁理解到《旧约》和《新约》两者绝无不同之处，其原因正在于有基督的中保，律法的正义也是在基督的中保里面得到确立。即如其所言："他，我们的生命，却惠然下降，他负担了我们的死亡，用他充沛的生命销毁了死亡，用雷霆般的声音呼喊我们回到他身边，到他神秘的圣殿中，他本从此出发来到人间，最先降到童女的

① 奥古斯丁：《忏悔录》第7卷第20章。

② 奥古斯丁：《忏悔录》第7卷第9章。

③ 奥古斯丁：《忏悔录》第7卷第21章。

怀中……呼唤我们回返到他身边。”[①]

结　语

从《忏悔录》前八卷的皈依叙事，可见出奥古斯丁认为圣经之于其思想转变是关键性的因素。虽然《忏悔录》第 1–8 卷记载了奥古斯丁 32 岁之前复杂和动荡的思想经历：28 岁前在释经上受摩尼教影响，从 28 岁到 32 岁期间又受学园派、伊壁鸠鲁学派和柏拉图学派的影响，但是奥古斯丁把这部分叙事都只当作铺垫，都只把它们当作圣经将其皈依叙事推向高峰的预备性叙事。也就是说，在《忏悔录》的皈依叙事中，有关圣经与柏拉图学派著作及其他著作的记叙出于不同目的，前者被奥古斯丁视为生命托付的安顿之所，后者只是帮助他解决“恶的问题”的哲学思辨。厘清奥古斯丁有关圣经和哲学在其皈依叙事中所发挥的不同作用，方有可能判断圣经之于奥古斯丁皈依的真实推动，也有助于准确理解奥古斯丁早期著作的精神旨趣。

对奥古斯丁自述的圣经阅读经验的考辨，也能为其所皈依的精神对象是柏拉图学派还是基督信仰[②]这个学术公案提供新的理解路径。以上分析表明，无论是奥古斯丁的阅读经验还是精神指向，无论是知识构成还是灵魂安顿，奥古斯丁都把圣经视为《忏悔录》皈依叙事的基础。虽然奥古斯丁的早期著作极富思辨，也使用大量的哲学话语描述基督教的思想特质，其精

① 奥古斯丁：《忏悔录》第 4 卷第 12 章。

② 这种观点已经成为学术界的流行观点。参见 Kreeft, *Burned for Your Peace*, 117–123。

神要旨所体现的却仍然是成熟的基督信仰。

参考文献（Bibliography）

Arendt, Hannah. *Love and Saint Augustine.* Edited and with an interpretive Essay by Joanna Vecchiarelli Scott and Judith Chelius Stark. Chicago: The University of Chicago Press, 1996.

BeDuhn, Jason David. "Augustine Accused: Megalius, Manichaeism, the Inception of the Confessions." *Journal of Early Christian Studies* 17, no. 1 (2009): 85–124.

Conybeare, Catherine. *Augustine's Confessions.* London: Routledge, 2016.

Ferrari, Leo C. "The Arboreal Polarisation in Augustine's *Confessions*." *Revue Des études Augustiniennes* 25, no. 1/2 (1979): 35–46.

———. "Augustine's 'Nine Years' as a Manichee." *Augustiniana* 25, no. 3/4 (1975): 210–216.

———. "Paul at the Conversion of Augustine (*Conf.* VIII, 29–30)." *Augustinian Studies* 11 (1980): 5–20.

Fredriksen, Paula. "Paul and Augustine: Conversion Narratives, Orthodox Tradition, and the Retrospective Self." *The Journal of Theological Studies* 37, no. 1 (April 1986): 3–34.

Kenney, J. P. "The Presence of Truth in the Confessions." In *Studia Patristica*, vol. 27, *Papers Presented at the Eleventh International Conference on Patristic Studies Held in Oxford 1991, Cappadocian Fathers, Greek Authors after Nicaea, Augustine, Donatism, and*

Pelagianism, edited by Elizabeth A. Livingstone. Leuven: Peeters, 1993.

Kreeft, Peter J. *I Burned for Your Peace: Augustine's Confessions Unpacked*. San Francisco: Ignatius Press, 2016.

O'Conell, Robert J. *Images of Conversion in St. Augustine's Confessions*. New York: Fordham University Press, 1996.

O'Donnell, James J. *Augustine Confessions, Introduction and Text*. Oxford: Oxford University Press, 1992.

———. "Hearing Confessions." In *Studia Patristica*, vol. 18, 4, *Papers of the 1983 Oxford Patristic Conference: Augustine, Post-Nicene Latin Fathers, Oriental Texts, Nachleben of the Fathers*, edited by Elizabeth A. Livingstone. Kalamazoo: Cistercian; Leuven: Peeters Press, 1990.

O'Meara, John J. *The Young Augustine: An Introduction to the Confessions of St. Augustine*. London: Longman, 1980.

Ortiz, Jared. *"You Made Us for Yourself": Creation in St. Augustine's Confessions*. Minneapolis: Fortress Press, 2016.

Price, R. M. "Augustine, Confessions VII: Autobiography or Apologetic." In *Studia Patristica*, vol. 43, *Papers Presented at the Fourteenth International Conference on Patristic Studies Held in Oxford 2003, Augustine and Other Latin Writers*, edited by F. Young, M. Edwards, and P. Parvis, 23–31. Leuven-Paris-Walpol, MA: Peeters, 2006.

Toom, Tarmo. "Augustine Becoming Articulate: Confessions 1.8.13." In *Studia Patristica*, vol. 49, *Papers Presented at the Fifteenth International Conference on Patristic Studies Held in Oxford 2007,*

St. Augustine and His Opponents, edited by J. Baun, A. Cameron, M. Edwards, and M. Vinzent, 79–88. Leuven-Paris-Walpol, MA: Peeters, 2010.

Wills, Garry. *Augusitne's Confessions: A Biography*. Princeton: Princeton Univeristy Press, 2011.

奥古斯丁：《忏悔录》，周士良译，北京：商务印书馆，2013。[Augustine. *Chanhuilu* (Confessions). Translated by Zhou Shiliang. Beijing: Commercial Press, 2013.]

———：《论三位一体》，周伟驰译，上海：上海人民出版社，2005。[Augustine. *Lun sanweiyiti* (On Trinity). Translated by Zhou Weichi. Shanghai: Shanghai People's Publishing House, 2005.]

———：《论秩序》，石敏敏译，北京：中国社会科学出版社，2017。[Augustine. *Lun zhixu* (On Order). Translated by Shi Minmin. Beijing: China Social Sciences Press, 2017.]

哥特小说中对魔鬼书写的圣经渊源*

马　衡　李伟昉

内容提要： 圣经中源于上帝与魔鬼对立的善恶观，直接影响了整个西方文学的观念。邪恶的恐怖之源往往与魔鬼及其仆从有关。通过书写源于圣经的魔鬼，哥特小说揭示人类思想深处的善恶斗争。魔鬼出没于人类的日常生活，通过引诱、订立契约和附身，让人们感受到他与上帝并存于世界之中，并营造了哥特小说的恐怖氛围。与此同时，透过哥特恐怖美学的视角，读者亦能发掘圣经中的哥特式元素。

关键词： 哥特小说，魔鬼，圣经，渊源

作者单位： 马衡，周口师范学院文学院；李伟昉，河南大学学报编辑部

---

* 本文为河南省哲学社会科学规划项目“中世纪英格兰题材传奇中的民族认同建构研究”（2021BWX042）、河南大学创新团队项目“经典阐释与文学文化比较研究”（2019CXTD006）的阶段性成果。[This paper is the phased achievement of Henan Province Philosophy and Social Science Project “A Study on the Construction of the National Identity in the Matter of England of Medieval English Romance” (2021BWX042), and Henan University Innovation Team Project “Classical Interpretation and Comparative Study of Literature and Culture” (2019CXTD006).]

The Biblical Origins of Writings on the Devil in Gothic Fiction

MA Heng and LI Weifang

Abstract: The concept of good and evil originating from the opposition between God and the devil in the Bible has influenced the entirety of Western literature. The origin of the terror of evil is often associated with the devil and his minions. By writing about the devil from the Bible, Gothic fiction reveals the struggle between good and evil deep within the human mind. The devil haunts the daily life of human beings. Through the devil's seduction, contracts and possession, people feel that the devil and God coexist in the world, and the horror atmosphere of Gothic fiction is created. Meanwhile, through the perspective of Gothic horror aesthetics, readers can also discover the Gothic elements in the Bible.

Keywords: Gothic fiction, the devil, the Bible, origin

Author's contact info: Ma Heng, College of Chinese Language and Literature, Zhoukou Normal University. Email: maheng-98@163.com. Li Weifang, Editorial Office, Journal of Henan University. Email: liwcifanghd@126.com

引　言

哥特式恐怖作品表现的是对世界上一种恶势力活动的恐惧、震惊和厌恶。这种恶势力往往是超自然的，既可以表现在真实的食人族、巫婆、暴徒或连环杀人犯的活动中，也可以表现在想象的怪物、鬼魂、吸血鬼、僵尸、狼人的活动中。在西方，邪恶的恐怖之源往往与魔鬼或众多从属于他的恶魔有关。具体而言，恶魔的恐怖包括魔鬼的引诱、魔鬼的契约和魔鬼的附身。魔鬼极富审美性和吸引力，“魔鬼在流行文学中总是扮演十分重要的角色。它总是被视为所有物质性罪恶和道德罪恶的化身，但它的主要职责已经成为宇宙中普遍的祸害制造者。没有它就没有阴谋，世界上的故事就会因之失色”①。刘易斯（Matthew Gregory Lewis）的《修道士》、马图林（Charles Robert Maturin）的《漫游者梅尔莫斯》、布拉蒂（William Peter Blatty）的《驱魔人》等哥特小说不断叙述魔鬼及其仆从的故事。正如博文所说，哥特小说表现了“人们既对超自然现象有着过于浓厚的兴趣，也对那种即使令人震惊的事情最终也可以得到解释的持续可能性有着过于浓厚的兴趣”②。

自 20 世纪 80 年代起，国内外学者对哥特小说的解释涉及广泛，已有学者开始涉足哥特小说中的魔鬼研究。赛琪在《新

① 保罗 · 卡鲁斯：《魔鬼史》，王月瑞译（上海：文汇出版社，2006），226。[Paul Carus, *Mogui shi* (The History of the Devil), trans. Wang Yuerui (Shanghai: Wenhui Press, 2006), 226.]

② John Bowen, “Gothic Motifs,” *Discovering Literature: Romantics and Victorians*, May, 2014. https:// www.bl.uk/ romantics-and-victorians/articles/gothic- motifs.

教传统中的恐怖小说》[①]中涉及了魔鬼的主题。米尔班克在《上帝与哥特式》[②]中多次提到哥特小说对撒旦、魔鬼、恶魔的描写。克拉克展望了魔鬼研究繁荣的前景，认为魔鬼“被被动地并加以对比地置于与当时已知的其他行为的意义的关系中”，确立并达成对立体系，“我们是在一种逻辑规则的驱使下，去理解它们用二元术语所说的话语。即使被逐一表达，每个所讨论的东西都需要与它对立的东西成双，都需要与其他相似的成双形成类比。这其实是一种二元分类体系的需要。在这方面，魔鬼学要服从于一种认知必然”。[③]克拉克认为，二元对立思想具有灵活性和开放性，几乎任何东西都可以被塑造，以适应其两极性的对立思维模型。圣经中上帝与魔鬼对立的观念，尤其是善恶意识，影响了整个西方社会的观念。在圣经中，恶是一种现实，“作为恶魔和撒旦以实体的形式出现”[④]。自从上帝创造世界之后，撒旦和他的恶魔联盟就在世界上出没，直到魔鬼摧毁世界，上帝创造新天新地。

---

① Victor Sage, *Horror Fiction in the Protestant Tradition* (New York: St. Martin's Press, 1988).

② Alison Milbank, *God and the Gothic: Religion, Romance, and Reality in the English Literary Tradition* (Oxford: Oxford University Press, 2018).

③ Stuart Clark, *Thinking with Demons: The Idea of Witchcraft in Early Modern Europe* (Oxford: Oxford University Press, 1999), 9.

④ Charlene P. E. Burns, *Christian Understanding of Evil: The Historical Trajectory* (Minneapolis: Fortress Press, 2016), 9.

一、魔鬼的引诱

在西方传统文化中，魔鬼引诱人类犯罪是他存在的理由。由于魔鬼引诱，人类从灵魂对永恒事物的向往转向了肉体对现世生活享受的追求。尽管对魔鬼参与人类犯罪程度的看法各不相同，但每个时期的思想家和文学家们都认为，魔鬼是所有罪恶的始作俑者和煽动者。“他是一股无所不在的力量，时刻准备损害人类比较脆弱的天性，并引诱人们走向邪恶的道路。他也是上帝审判的一个工具，因为尘世间的罪人在死后都构成了撒旦王国里的成员。他们在地狱中遭受着由撒旦指挥的永无休止的折磨。他有一支魔鬼和恶灵的军队帮助他执行任务，他们就像基督的圣徒和天使一样为数众多和遍布各处。”① 魔鬼的引诱和人类自由意志的选择使人类获罪，“这些恶的因素都是人的自由精神和自由意志的体现，作为恶的化身的魔鬼形象必然与本能欲望、肉体罪恶、生命欲望联系在一起，挑战着理性、规则、秩序和权威”②。在文学的语境中，文学家时而把罪恶的因素具体化为外在的人物，时而把恶魔和魔鬼内化为人类的激情和罪恶的冲动，或兼而有之。魔鬼的引诱的戏剧性张力和多样性变化，为文学创作提供了广阔的空间。

---

① 基思 · 托马斯:《16 和 17 世纪英格兰大众信仰研究》，芮传明、梅剑华译（南京：译林出版社，2019），617。[Keith Thomas, *16 he 17 shiji Yinggelan dazhong xinyang yanjiu* (Religion and the Decline of Magic: Studies in Popular Belief in Sixteenth-and Seventeenth-Century England), trans. Rui Chuanming and Mei Jianhua (Nanjing: Yilin Press, 2019), 617.]

② 梁坤:《撒旦起舞的奥秘》，《长江学术》，2008 年第 1 期，79。[Liang Kun, “Sadan qiwu de aomi” (The Mysteries of Satan’s Dance), *Yangtze River Academic*, no. 1 (2008): 79.]

刘易斯的《修道士》就是英国哥特小说中表现魔鬼引诱主题的典范。“安布罗斯是一个从善到恶，直至罪恶深重、不能自拔的彻底堕落的恶魔形象。他从被动诱惑到主动犯罪，直至走向毁灭深渊的过程，都深深打上了‘哥特式’特征的烙印。”[①]安布罗斯与马蒂尔德的初次相遇是在修道院的花园里，映射出伊甸园蛇引诱夏娃的场景。这个花园是马德里最美丽的花园，整洁有序。花园的设计符合高雅精巧的情趣，周围鲜花点缀，墙上爬满茉莉、葡萄藤和忍冬，园中小树在风中摇曳，泉水、瀑布浑然天成；夜晚的花园恬静、优美，充满诗情画意。[②]

安布罗斯是“无罪”的人类和纯洁的“圣徒”。他的圣名在城里几乎无人不知、无人不晓。他在讲道时细说着修道生活的美好，并以令人信服的方式解释了宗教经典的深奥内容；他痛斥人类的罪恶，宣讲天主的仁慈。但是，他内心深处藏匿着傲慢、自负、虚荣、沾沾自喜，“不无骄傲地认为他超群出众，高人一等”[③]。作为修道院院长，他被迫进入俗世，“被置于诱惑之地”，“这是充满危险的考验，尤其是他正处在感情最强烈、最放纵、最专横的那个生命阶段。他很容易成为被诱惑的对象”[④]。到修道院里做忏悔的漂亮贵妇是对安布罗斯情欲的诱惑。安布罗斯也说：“我必须习惯于这喜人的诱惑，抵制

---

① 李伟昉：《试论〈修道士〉的哥特式特征》，《外国文学评论》，2002年第2期，33。[Li Weifang, “Shilun *Xiudaoshi* de gete shi tezheng” (Review on the Gothic Characters of The Monk), *Foreign Literature Review,* no. 2 (2002): 33.]

② 马修·刘易斯：《修道士》，李伟昉译（上海：上海译文出版社，2011），7。[Matthew Lewis, *Xiudaoshi* (The Monk), trans. Li Weifang (Shanghai: Shanghai Translation Publishing House, 2011), 7.]

③ 同上，33。

④ 同上，15。

奢侈和欲望的引诱。”[①] 他对圣母像的感觉是出于情欲而非精神信仰，虽然他极力说服自己神像代表着他的精神信仰，但他却希望，“如果真有这样的尤物存在，而且只为我存在该多好啊！我要能用手抚弄她那金色的卷发，亲吻她那白皙的胸脯该多好”[②]。安布罗斯内心独白中反复出现“考验”“诱惑”“引诱”“挑战”等词语，尤其是想到贵妇和圣母像时，“诱惑”出现了四次之多。

“安布罗斯这一内在激烈冲突的人物的成功塑造”“嵌入了丰富的圣经元素”[③]。他复杂的内心世界体现了圣经中人的情欲与美德的斗争。自从上帝创造了伊甸园，人类就成为上帝与魔鬼争夺的对象，人类内心充满了善恶斗争。正如奥古斯丁所说，上帝造人之初，人类的自由意志有选择善的可能，也有选择恶的可能。但是，亚当与夏娃犯了罪，背离了上帝的意志。先祖的罪代代遗传，使后人的意志受到沾染，人类的意志只能屈从于罪。只有上帝的恩典，才能使人类恢复自由选择的能力。自由意志是人类产生伦理罪恶的原因，“我听说我们所以作恶的原因是自由意志”[④]。人类自由意志选择的结果让他们失去了美德之心，“人的心智由于自由选择做了情欲的奴隶”[⑤]。

---

① 马修 · 刘易斯：《修道士》，34。

② 同上。

③ 裴素娟：《圣徒抑或恶魔：〈修道士〉中安布罗斯的基督教原型解读》，《北方工业大学学报》，2019 年第 1 期，126。[Pei Sujuan, “Shengtu yi huo emo: *Xiudaoshi* zhong Anbuluosi de Jidujiao yuanxing jiedu” (A Saint or a Demon: An Interpretation of Christian Archetype of Ambrosio in *The Monk*), *Journal of North China University of Technology*, no. 1 (2019): 126.]

④ 奥古斯丁：《忏悔录》，周士良译（北京：商务印书馆，1963），116。[Augustinus, *Chanhui lu* (Confessions), trans. Zhou Shiliang (Beijing: The Commercial Press, 1963), 116.]

⑤ 同上。

修道院的生活禁锢安布罗斯的感情，也让他变得傲慢、自负、虚荣、野心勃勃，而“人的傲慢态度和固有的脆弱性，更容易使人受到邪恶势力的引诱，放纵私欲，贪行种种污秽，犯下更大的罪行而更深地堕落”。[①] 安布罗斯在内心独白中反复强调抵制引诱的美德与决心，从反面说明情欲对美德的挑战，以及他内心深处自由选择的取向。安布罗斯堕入罪恶的驱动力是贵族少女马蒂尔德的诱惑，正如伊甸园里的蛇，它“不能强迫人吃禁果，而只能引诱人吃禁果”。[②]

贵族少女马蒂尔德是诱惑者的形象。她对外出讲道的安布罗斯心生爱慕，于是女扮男装，化名罗萨里奥，潜入修道院。正如圣经中魔鬼也曾“装作光明的天使”（林后 11:14）[③]，他让不信之人远离福音（路 8:12；林后 4:4），不信之人都在“撒旦权下”（徒 26:18；弗 2:2；西 1:13）。魔鬼“为了达到欺骗的目的，他们可以变成俊美青年或光明使者的模样来蛊惑人心”。[④] 马蒂尔德同样诡计多端，为了吸引安布罗斯，她请知名画家把自己的肖像画成圣母像。在修道院，她想方设法接近安布罗斯。马蒂尔德向安布罗斯表达爱意，充分满足了安布罗斯的虚荣心和征服欲。但是，他还是不断抵制“诱惑”。为了让马蒂尔德离开修道院，安布罗斯为她采撷玫瑰花，却被一条

---

① 张庆熊：《试析基督教和儒家的罪恶观》，《复旦学报》（社会科学版），2002年第5期，53，54。[Zhang Qingxiong, “Shixi Jidujiao he Rujia de zuieguan” (Sin and Evil in Christian and Confucian Perspective), *Fudan Journal* (Social Sciences Edition), no. 5 (2002): 53, 54.]

② 同上，55。

③ 本文为保持行文一致，Satan 均写作“撒旦”。

④ 沈弘：《弥尔顿的撒旦与英国文学传统》（北京：北京大学出版社，2010），117。[Shen Hong, *Mi'erdun de Sadan yu Yingguo wenxue chuantong* (Milton's Satan and The English Literary Tradition) (Beijing: Peking University Press, 2010), 117.]

毒蛇咬伤。毒蛇成为安布罗斯转变的关键。安布罗斯被蛇咬伤后，医生束手无策，马蒂尔德为安布罗斯吸出了毒液。安布罗斯终于被马蒂尔德所吸引，堕入情欲的深渊。这里的蛇与伊甸园之蛇的联系不言而喻。魔鬼常常与蛇联系在一起，“大龙、古蛇、魔鬼、撒旦”（启 12:9；20:2）是它的别称。蛇已经成为西方美学意义上邪恶的象征。至于马蒂尔德，“作者在她身上既表现了人间女子温柔美丽的一面，又表现了魔鬼超能可怕的一面。马蒂尔德还是情欲的象征，正是这个情欲，既成全了安布罗斯，同时又毁灭了安布罗斯。因此马蒂尔德身上既体现着不可抗拒的诱惑力，又体现着深不可测的恐怖性”①。如果说安布罗斯是亚当、耶稣和路西法的置换与变形②，那么马蒂尔德就是夏娃、魔鬼和魔鬼的同盟的置换与变形。马蒂尔德出身于高贵家庭，父亲是望族首领。她受过良好教育，不仅对科学知识感兴趣，而且在其他领域也出类拔萃。她还学习了各种伦理道德，突破了各种陈规陋习，懂得宗教生活的美好，崇拜贞洁善行。这时的马蒂尔德是纯洁的女性，不受外部丑恶环境的影响。在西方文学传统中，魔鬼也会使用圣洁的圣徒作为诱饵使人堕落。正是圣徒般的安布罗斯引诱，马蒂尔德才堕入情欲的深渊。马蒂尔德也经历了从“无罪”“受引诱”到“堕落”的过程。马蒂尔德成为“引诱者”和魔鬼的同盟的形象，与圣经的传统有直接关系。

魔鬼的引诱以圣经中的引诱情节为基础。在《创世记》中，

---

① 李伟昉：《黑色经典：英国哥特小说论》（北京：中国社会科学出版社，2005），81。[Li Weifang, *Heise jindian: Yingguo gete xiaoshuo lun* (Black Classics: On English Gothic Fiction) (Beijing: China Social Sciences Press, 2005), 81.]

② 裴素娟：《圣徒抑或恶魔》，122。

蛇诱骗夏娃吃禁果，并向她保证，如果吃了禁果，“你们吃的日子眼睛就明亮了，你们便如神能知道善恶”（创 3:5）。顺从魔鬼使亚当和夏娃堕入罪恶。在《新约》中，魔鬼则在旷野中引诱耶稣。《马太福音》4:1–11、《马可福音》1:12–13 和《路加福音》4:1–13 都叙述了“耶稣受试探”。耶稣被圣灵引到旷野，受到魔鬼的引诱。首先，魔鬼用食物引诱耶稣，“你若是神的儿子，可以吩咐这些石头变成食物”（太 4:3）。接着，魔鬼又将耶稣带入圣城的大殿顶部，让他跳下去，耶稣告诉他，“不可试探主”（太 4:7）。最后，魔鬼带耶稣上了一座高山，用世上的万国与万国的荣华试探他，说道：“你若俯伏拜我，我就把这一切都赐给你。”在经文的注释中，“撒旦就是抵挡的意思，乃魔鬼的别名”（太 4:1–11）。所有这三种诱惑都被耶稣拒绝。与夏娃不同，耶稣向天父和话语的权威求助，每次都引用“经上说的”，来抵御魔鬼的引诱。

魔鬼的引诱是恶的起源。魔鬼“借此引诱夏娃不服从他们的创造者”①，因此他又被称为“试探人”（太 4:3；帖前 3:5）、“迷惑普天下的”（启 12:9）。其实，撒旦自己也受到了诱惑。撒旦最初被创造时与其他天使一样，但他想获得上帝那样的权柄，于是“他反叛上帝，从而将反叛传遍世界”。② 基督徒也是如此。魔鬼努力引诱基督徒，并让他们陷入罪恶之中（弗 4:27；提前 3:7；提后 2:26；彼前 5:8），阻挡他们工作（帖 2:18），

---

① 阿利斯特·麦格拉斯：《基督教神学导论》（第 5 版），赵城艺、石衡潭译（北京：北京联合出版公司，2017），242。[Alister E. McGrath, *Jidujiao shenxue daolun* (Christian Theology: An Introduction), trans. Zhao Chengyi and Shi Hengtan, 5th ed. (Beijing: Beijing United Publishing, 2017), 242.]

② 同上，243。

并指责他们（提前 3:6–7； 启 12:10）。他们被教导说："因我们并不是与属血气的争战，乃是与那些执政的，掌权的，管辖这幽暗世界的，以及天空属灵气的恶魔争战。"（弗 6:12）教会也必须警惕魔鬼的诡计（弗 6:11；雅 4:7；林后 2:11）。他掌握教会以外者的死权，"并要释放那些一生因怕死而为奴仆的人"（来 2:14–15；林前 5:5）。因此，"魔鬼的出现，是与由天使的淫欲和傲慢所引致的堕落直接有关的，这与人类堕落的原因是基本相同的"①。刘易斯的《修道士》中，安布罗斯和马蒂尔德既是受诱惑者又是诱惑者，经历了"无罪""受引诱""堕落"的过程。这个故事也是对圣经中 U 形结构的模拟。在圣经故事及其衍生故事中，人类总是经历"无罪—引诱—堕落—忏悔—救赎"的过程。安布罗斯和马蒂尔德受到引诱，在情欲的驱使下堕入罪恶，不再忏悔，从而变成魔鬼和魔鬼的同盟。尤其是马蒂尔德，她是传统文学中魔鬼同盟里"淫荡"女士这个形象的具体化。在哥特小说中，不乏魔鬼及其同盟的形象，他们的特征是"诱惑他人作恶堕落"，"他们均象征欲望、罪恶和惩罚"②。所以，哥特小说"常常以恶棍引诱别人又自遭苦难，既迷人又邪恶为主题"。③

---

① 林中泽：《圣经中的魔鬼及其社会伦理意义》，《世界历史》，2004 年第 4 期，92。[Lin Zhongze, "Shengjing zhong de Mogui jiqi shehui lunli yiyi" (The Devil in the Bible and Its Social and Ethical Significance), *World History*, no. 4 (2004): 92.]

② 李伟昉：《哥特小说与中国六朝志怪小说比较研究》（北京：中国社会科学出版社，2004），261。[Li Weifang, *Gete xiaoshuo yu Zhongguo Liuchao zhiguai xiaoshuo bijiao yanjiu* (The English Gothic Novels and the Chinese Supernatural Tales in the Six Dynasties: A Comparative Study) (Beijing: China Social Sciences Press, 2004), 261.]

③ 同上，243。

二、魔鬼的契约

魔鬼以不同的形象出现在人们面前，“有些个人与魔鬼订立了半依附性的契约，以他们的灵魂作为抵押，来换取暂时的超自然知识或威力。……它们构成了极佳的劝谕性故事，揭露了魔鬼是个骗子，展示出他新招募的人员如何最终不得好下场。”[①]在刘易斯的《修道士》中，为吸引安布罗斯，马蒂尔德将自己的灵魂卖给魔鬼，换取召唤恶魔的巫术。当马蒂尔德与安布罗斯的罪行暴露后，两人将要遭受法庭审判，马蒂尔德向魔鬼换取自由。马蒂尔德不断劝说安布罗斯与魔鬼订立契约，遭到拒绝。在审判后，安布罗斯被关在地牢里，他开始召唤魔鬼。“它那么丑陋，而它自从受天谴以来就是如此丑陋。它的四肢仍然留着主的雷电所击伤的痕迹，巨大的身体黝黑发亮。它的手和脚上都长着利爪，双目怒瞪，最大胆的人看了也会心惊肉跳；庞大的肩膀上晃动着两条巨型黑翅膀，头上爬满了发出骇人之声的蛇；一手拿着一卷纸，另一手拿着一支铁笔。它周身金光闪烁，发出阵阵霹雳，似乎在宣告着大自然的崩溃”。[②]魔鬼丑恶的外表反映了人类恐惧魔鬼的普遍想象。在对魔鬼的恐惧中，安布罗斯签署了契约，将灵魂交给魔鬼。魔鬼最后将安布罗斯从高处扔下，摔得血肉模糊。

“由于魔鬼被描绘成‘精通自然事物知识’，所以对于那些追求现实成功的人来说，与之接触的诱惑力极大。另外一些

① 基思·托马斯：《16 和 17 世纪英格兰大众信仰研究》，620。

② 马修·刘易斯：《修道士》，376。

人屈从于他，可能是出于自我保护”。[①] 漫游者梅尔莫斯将自己的灵魂卖给魔鬼，则是为了探索宇宙奥秘。《漫游者梅尔莫斯》是爱尔兰牧师查尔斯 · 罗伯特 · 马图林的作品，发表于 1820 年。它被誉为最后一部英国古典哥特传奇，“巴尔扎克就认为，《漫游者梅尔莫斯》是近代欧洲文学的经典，完全可以与莫里哀的《唐璜》、歌德的《浮士德》和拜伦的《曼弗雷德》相提并论。更有当代西方评论认为，《漫游者梅尔莫斯》标志着‘哥特式浪漫小说的最高成就’”。[②] 这部作品反复表现魔鬼的契约这一母题。梅尔莫斯是爱尔兰的绅士，17 世纪时，他把自己的灵魂卖给魔鬼换取 150 年的生命。作品采用故事套故事的结构讲述梅尔莫斯解除魔咒的过程。梅尔莫斯渴望知识，学习魔法，并了解很多有关来世的知识。他达到了自己的目的，却失去了救赎的希望。他重生为一个邪恶而强大的存在，能够像鬼魂一样自由穿梭于不同的时空，直到某一天，地狱将他带走。梅尔莫斯受到上帝的惩罚在世间游荡，不断寻找愿意从他手里接过与魔鬼达成交易的人，然而，却每次都被拒绝。最终，他与魔鬼的契约到期，在游荡了一个半世纪之后回到家里，等待地狱的力量将他带走。他独自走进自己的房间，等待死亡来临，最终他被某种未知的力量拖进海里。在临终前一天晚上，梅尔莫斯梦见地狱是一片无尽的火海。

---

① 基思 · 托马斯：《16 和 17 世纪英格兰大众信仰研究》，621。

② 高万隆：“编者序”，载《经典哥特式中短篇小说选》，查尔斯 · 马图林等编，高万隆译（杭州：浙江工商大学出版社，2018），1。[Gao Wanlong, “Bianzhe xu,” in *Jingdian Geteshi zhong duan pian xiaoshuo xuan* (Preface to Classical Gothic Novelettes and Short Stories), ed. Charles Maturlin et al., trans. Gao Wanlong (Hangzhou: Zhejiang Gongshang University Press, 2018), 1.]

作品遵循口头文学的传统，“魔鬼被发现与书籍、清单、信件、铭文和环境中不可磨灭的印记相联系，在这些地方可以读到故事；而最著名的魔鬼文件是魔鬼的契约”。① 围绕着魔鬼的契约，“这种痛苦的灵魂流浪在小说中一直重复，直至似乎已成为一个以自身为目的的自动机制，使故事情节在麦尔摩斯（即梅尔莫斯）不断寻找不断被拒的过程中无限地片段化，无限地重复自己，一直延续下去”。② 这种重复也出现在马图林的另一部小说《梅尔莫斯的妥协》中。作品叙述了漫游者梅尔莫斯成功地将他与魔鬼的契约交给巴黎一个破落的银行家，银行家又把契约传给其他不幸的人，直到追求享乐的赌徒在鬼魂附体中死去，那个交易才结束。③

魔鬼的契约源于人类与上帝立约。“在圣经中，与上帝立约的观念，是新旧约的核心，这暗示了与上帝的敌手订立相应契约的可能性，就像是动物或基督的血祭被理解为血迹的灵感”。④ 魔鬼的契约也以圣经中引诱的情节为基础。在《创世记》中，上帝与人类建立了契约的关系。夏娃自己并代表人类与魔

---

① Kimberly Ball, “The Devil’s Pact: Diabolic Writing and Oral Tradition,” *Western Folklore* 73, no. 4 (2014): 386.

② 刘炅：“前言”，载刘炅：《恐惧审美与意识形态：十八世纪末四部哥特小说之解读》（北京：外语教学与研究出版社，2008），V。[Liu Jiong, “Qianyan,” in Liu Jiong, *Kongju shenmei yu yishi xingtai: Shiba shiji mo sibu Gete xiaoshuo zhi jiedu* (Introduction to Ideology of Gothic Aesthetics: A Reading of Four Gothic Novels) (Beijing: Foreign Language Teaching and Research Press, 2008), V.]

③ H. P. 洛夫克拉夫特：《文学中的超自然恐怖》，陈飞亚译（西安：西北大学出版社，2014），140–141。[Howard Phillips Lovecraft, *Wenxue zhong de chao ziran kongbu* (Supernatural Horror in Literature), trans. Chen Feiya (Xi’an: Northwest University Press, 2014), 140–141.]

④ Ball, “Devil’s Pact,” 386.

鬼这个诱惑者订立了一个隐含的契约。《新约》关于耶稣受引诱的叙述是夏娃违背上帝契约的典型，表现出耶稣信守上帝契约的精神。

圣经最古老的篇章《约伯记》叙述了上帝和魔鬼就约伯是否忠诚打赌。《约伯记》第 1 章讲述了撒旦来到耶和华的面前，“耶和华问撒旦说‘你从哪里来？’撒旦回答道：‘我在地上走来走去，往返而来。’”（伯 1:6–7）这节经文揭示了撒旦正在地球上积极培养邪恶；从那以后，他的荒唐行为就成了许多哥特叙事的基础。接着，耶和华和撒旦讨论约伯的善与正直。“撒旦回答耶和华说：‘约伯敬畏神岂是无故呢？你岂不是四面圈上篱笆围护他和他的家，并他一切的所有吗？他手所做的都蒙你赐福；他的家产也在地上增多。你且伸手毁他一切所有的；他必当面弃掉你。’耶和华对撒旦说：‘凡他所有的都在你手中，只是不可伸手加害于他。’”（伯 1:8–11）在这些经文中，当上帝指出约伯“完全正直、敬畏神、远离恶事”时，撒旦奚落上帝说，约伯之所以忠诚于上帝，是因为上帝赐给他丰厚的家产和子女。也就是说，魔鬼认为约伯与上帝的关系建立在一种契约之上。上帝因此允许撒旦试探约伯，让他失去儿女和财产，但是，“约伯并不犯罪，也不以神为愚妄”（伯 1:9–22）。在第 2 章中，上帝与撒旦再次展开争论，“耶和华对撒旦说，‘他在你手中，只要留存他的性命。’撒旦于是击打约伯，使他从脚掌到头顶长毒疮”（伯 2:3–10）。但是，约伯仍不怨恨上帝。在剩余的章节，约伯通过与朋友进行神学辩论，质疑上帝的智慧和爱（此乃人类对考验的常见反应）。在最后几章，上帝说，他不需要向约伯解释自己，因为没有人能完全理解上帝的方式。他要求其子民相信他，即使他们不理解他的意愿。在《约伯记》中，出现在前两章中的魔鬼以上帝敌手的身份出现，认为上帝与约伯是一种契约关系。

根据弗莱的观点，“每个启示的意象都有一个恶魔的模仿或对比的事物”。[①] 模拟基督教的概念，“约”意为契约和合约，上帝是契约的主动拟定者。哥特小说让魔鬼成为契约的拟定者和支配者，引诱人类订立契约并走向堕落与毁灭。魔鬼的契约激发了哥特小说家创作的灵感。刘易斯笔下的马蒂尔德、安布罗斯与魔鬼订立契约，毫不悔改地死去；玛丽·雪莱笔下的弗兰根斯坦博士与他的创造物订立契约，最终毁约；马图林笔下的浮士德式人物梅尔莫斯与魔鬼立约，然后不断寻找接替者。哥特小说书写了“一个恶魔的轮回”。[②]

三、魔鬼附身

哥特小说有大量叙述魔鬼附身的故事。所谓魔鬼附身，是指魔鬼侵入并占有了人的身体，导致他们出现令人恐惧和震惊的状况。魔鬼附身具有生理病理学和心理病理学的特征，即魔鬼或恶魔控制人的身体和精神。魔鬼附身者表现出各种症状：剧烈抽搐，四肢僵硬，力量大得惊人……用听起来像动物的声音说话，饮食失调，自残。他们用之前不懂的语言交谈，说亵渎神明的话，违反传统道德标准，精神恍惚，揭露不为人知的

---

① 诺斯罗普·弗莱：《伟大的代码：圣经与文学》，郝振益等译（北京：北京大学出版社，1997），228。[Northrop Frye, *Weida de daima: Shengjing yu wenxue* (The Great Code: The Bible and Literature), trans. Hao Zhenyi et al. (Beijing: Peking University Press, 1997), 228.]

② 同上。

秘密。[1] 魔鬼附身者还表现出多重人格。魔鬼附身也是一种社会建构，以一种普遍认知为基础，即邪恶的精神可能导致上述异常或病理的行为。也就是说，家人、朋友、神父和医生在观察病人状况后，权衡各种选项，认为魔鬼应对异常行为负责。[2] 所有这些叙述都让人感到恐惧。美国作家布拉蒂（1928–2017）创作的《驱魔人》（1971）就是通过魔鬼附身制造恐怖的典范作品。

《驱魔人》详细讲述了十二岁女孩蕾甘被魔鬼附身的故事。蕾甘和她的母亲克丽丝、管家夫妇居住在一幢房子里。克丽丝听见蕾甘房间里发出奇怪的声音，还注意到家具和衣服被移动过。她发现蕾甘在玩灵应盘，并且和一个看不见的豪迪上尉说话。从过生日的第二天起，蕾甘的行为和性情大变，好发脾气、乱踢乱扔东西，尖叫，不肯吃饭。“她异乎寻常地有活力，不停动来动去，四处乱摸，不停转身、敲打、奔跑、乱跳。作业完成得很差。有幻想玩伴。做奇怪的事情吸引别人的注意力”。[3] 在诊治时，她再次发作，发出歇斯底里的尖叫。她不停地扭动、抽搐，用一种怪异的喉音吟唱大家听不懂的字句。“她一遍又一遍呻吟意义不明的那几个音节，最后突然坐起，带着无助的恐惧瞪大双眼。她像猫一般喵喵叫。然后，狗叫。然后，马嘶。然后，她以腰部为轴心，用令人目眩的速度旋转上半身”。[4]“蕾

---

① P. Brian Levack, *The Devil Within: Possession and Exorcism in the Christian West* (New Haven: Yale University Press, 2013), 1.

② Ibid., 15–16.

③ 威廉 · 彼得 · 布拉蒂：《驱魔人》，姚向辉译（北京：北京时代华文书局，2015），64。[William Peter Blatty, *Qumo ren* (The Exorcist), trans. Yao Xianghui (Beijing: Beijing Times Chinese Press, 2015), 64.]

④ 同上，130。

甘突然全身硬挺，就像是强直症突然发作。……然后她开始拱起身体，弯折成难以想象的姿势，上身向后如弓般扭曲，直到前额碰到脚尖。她痛得惨叫”。[①]蕾甘的“动作比蜘蛛还灵巧和迅速，她紧靠莎伦，身体向后弯折如弓，头和脚几乎相碰，舌头飞快地吐出缩回，嘴里发出咝咝的声音，脑袋像眼镜蛇似的微微前后摆动”。[②]蕾甘反复强调自己就是魔鬼，并且说“有另外什么人进入我的身体！让我做那些的事情！”[③]。

在寻求治疗的过程中，克丽丝逐渐确证女儿是魔鬼附身了。前来诊治的医生也对蕾甘身上的怪异现象感到疑惑。克莱因医生认为她可能得了“外魔附体梦游症”。在对医生们的结论感到绝望后，克丽丝向神父卡拉斯求助。卡拉斯发现蕾甘的异常，比如面容声音的变化，词汇量增多知识面变广，认出他是一名神父，了解他去世的母亲，能使用原先不懂的语言等。在交流的过程中，蕾甘自称是“世界的首领”，并“坚称自己就是魔鬼本身”。[④]卡拉斯查阅了大量关于魔鬼的书刊，最终确定蕾甘被魔鬼附身，并向教会申请驱魔。

要驱魔，他必须等待默林，因为驱魔人必须“虔诚”并具有“极高的道德品质”。在《马太福音》中，门徒问耶稣他们为何在驱魔中失败，耶稣答道：“是因你们的信心小”（太14:20）。[⑤]“能行神迹为他人赶鬼治病的人是有条件限制的：首先，他必须是耶稣本人、耶稣的门徒、修行得法的圣徒，或

---

① 布拉蒂：《驱魔人》，131。

② 同上，143。

③ 同上，146。

④ 同上，245，252。

⑤ 同上，350。

后来的资深传教士；其次，他必须奉上帝之名来进行，奉上帝的名就是借用上帝的权能。这就把行神迹与行巫术从根本上区别了开来，因为行巫术所借用的是魔鬼的权能。”[①] 默林道德修养高，经验更为丰富。在驱魔过程中，默林向卡拉斯解释蕾甘身上只有一个实体，“仅仅一个，是个恶魔”。[②] 在念祝祷词时，他使用了“人类的古敌”“我们的仇敌”“远古的毒蛇”等词语。蕾甘则表现得像蛇一样，“卡拉斯听见蕾甘发出咝咝声，不由抬头去看，见到她直挺挺地坐着，翻着两个白眼球，舌头飞快地伸出缩回，头部像眼镜蛇似的缓缓前后摇摆”[③]。这也能说明蕾甘被魔鬼附身。在后来的宗教仪式或文学作品中，驱魔人也往往将魔鬼转移到动物身上，通过附魔动物的死亡来惩罚魔鬼。默林则将魔鬼转移到自己身上，通过自己的死亡驱除魔鬼。

《驱魔人》明显受到圣经的影响。作品由序幕、四部正文和尾声构成。除第二部外，其他部分都以圣经经文引出故事。序幕开篇引用《路加福音》8:27–30 讲述格兰森的某个人被魔鬼附身，引出驱魔人默林在伊拉克的经历，也为蕾甘被魔鬼附身的故事埋下伏笔。第三部开篇引用《约翰福音》6:30–36 讲述耶稣行神迹，引出卡拉斯神父确证蕾甘被魔鬼附身。第四部开篇引用《约翰一书》4:16，引出卡拉斯与默林神父携手驱魔，揭示爱与邪恶的力量对抗，并最终取胜。作品中多次涉及圣经典故、话语和段落，所叙述的魔鬼附身和驱魔故事在圣经中有着坚实基础。

---

① 林中泽：《圣经中的魔鬼及其社会伦理意义》，92。

② 威廉 · 彼得 · 布拉蒂：《驱魔人》，378。

③ 同上，366。

从词语来看，福音书使用“*daimonizomai*”来描述这样一种现象，指一个人身上“有魔鬼”或被“鬼附身”①。如果与所有权概念联系起来，那么英语译词“demon-possessed”（鬼附身，笔者根据福音书翻译）就会被误解。更确切地说，这个词表明魔鬼对一个人施加的影响或控制，魔鬼压制人（徒 10:38），引起疾病（路 13:11–16; 林后 12:7），受他控制的是他的孩子（约 8:44; 徒 13:10; 约壹 3:10）。各种身体上的折磨都可以归因于恶灵的作用。他们可能引起暴躁的疯狂行为（太 8:28; 可 5:1–5），不能说话（太 9:32），不能听见（可 9:25），不能看见（太 12:22），表现出癫痫特征（路 9:39），以及明显的自我毁灭倾向（太 17:15）。《马太福音》第 8 章 16 节总结道，恶灵对人施加的影响可能引发其他疾病。“有人带着许多被鬼附的来到耶稣跟前，耶稣只用一句话就把鬼都赶出去，并且治好了一切有病的人”（太 8:16）。福音书作者并未清楚解释魔鬼附身和疾病之间的关系。一方面，并非所有疾病都归因于邪灵的出现。更重要的是，三部福音书(太 4:24; 可 1:32; 路 7:21）都把被“鬼附身”者作为一个类别，与那些患有其他疾病的人分开。《马可福音》对二者进行了区分，在提到“被鬼附身的人”时从不使用“治愈”这个词。此外，同样的症状，一次被称为疾病（太 4:25），另一次被称为鬼附身。另一方面，在《马太福音》中，“耶稣叫了十二个门徒来，给他们权柄，能驱逐污鬼，并医治各样的病症”（太 10:1）。这说明门徒祛除魔鬼和治愈疾病的活动，都来自他们对不洁灵魂的权威。

---

① https://www.billmounce.com/greek-dicionary/daimonizomai

在圣经中，耶稣及其门徒驱鬼治病的“鬼”指的是魔鬼。《新约》反对死人出现在活人面前，其中最典型的经文是“财主和拉撒路”（路 16:19–31）。这样看来，上帝不允许一个正在经受“折磨”和“痛苦”的人离开地狱，给人间传播悔改的消息。根据圣经的观点，那能够冒充死人的恶魔被称为“交鬼的”（撒上 28:3; 利 19:31），上帝却从不通过灵媒或者行巫术的传话（利 20:27）。“基督教中不论是上帝的敌人——魔鬼撒旦还是他的手下各种鬼怪都是邪恶的象征，人死之后或者上天堂，或者入地狱，正统基督教是不承认存在鬼魂的，并认为鬼信仰是迷信。”① 可以说，《驱魔人》遵循了圣经的传统，其中的“魔”指的是魔鬼。

同观福音和《使徒行传》叙述了很多有关鬼附身和驱魔的故事。在福音书中，耶稣是驱魔人，驱除诸恶魔。② 因此，后来的驱魔咒语都会出现祈求耶稣之名的语句。《马可福音》把耶稣驱魔作为事实叙述：“于是在加利利全地，他进了会堂，传道赶鬼。”（可 1:39）《马可福音》有关耶稣治病的叙述有 13 处，其中 4 处写的是耶稣的驱魔活动，分别是“赶逐污鬼”（可 1:21–28），“治好格拉森被鬼附的人”（可 5:1–20），“迦南妇人的信心”（可 7:25–30），“治好被污鬼附身的孩子”（可 9:14–29）。《马太福音》和《路加福音》记载了同样的事情，

---

① 郎晓玲:《十八、十九世纪中英鬼小说主题学研究》(博士学位论文，上海师范大学，2004)，12。[Lang Xiaoling, “Shiba shijiu shiji Zhong Ying gui xiaoshuo zhutixue yanjiu” (Thematological Study on 18th and 19th Century Chinese and British Ghost Fiction) (PhD diss., Shanghai Normal University, 2004), 12.]

② Nienke Vos and Willemien Otten, *Demons and Devil in Ancient and Medieval Christianity* (Leiden: Brill, 2011), 100.

并增加了另一件驱魔之事（太 12:22; 路 11:14）。《马可福音》1:32–34、39 和 3:11 节，以及《路加福音》7:21、13:32 节也提及作为驱魔者的耶稣，其中详细叙述耶稣的驱魔活动，为后世驱魔仪式或文学创作提供了灵感。在“治好被污鬼附身的孩子”中，魔鬼附身的症状被叙述得更为细致：孩子摔倒、口中流沫、咬牙切齿、身体枯干、抽风、“倒在地上翻来覆去”。魔鬼被驱赶的时候，“那鬼喊叫，孩子大大地抽了一阵风”“使孩子好像死了一般”（可 9:18, 20, 26）。就驱魔方式而言，耶稣通过发号施令让魔鬼离开，例如他说：“不要作声，从这个人身上出来吧！”（可 7:25）在“治好格拉森被鬼附的人”中，耶稣将群魔从人的身体转移到猪的身上，这是圣经中唯一一处叙述恶魔可以寄居在其他动物身上的例子（可 5:1–20）。

与此相同，《驱魔人》中的附魔对象也是一个十二岁女孩，其附魔症状相似，驱魔主要依靠话语。通过诵读祝祷文和圣经经文，将魔鬼转移出来，默林完成驱魔。与耶稣驱魔不同的是，默林需要着法衣，使用圣水、祝祷书，念驱魔的咒语，呼告上帝、耶稣之名。此外，在《驱魔人》中，驱魔会把驱魔人置于危险之中，这可谓哥特小说的创新之处。

结　语

总之，西方哥特小说家们热衷于书写魔鬼故事，主要在于魔鬼符合其对恐怖美学的追求。从词语含义来看，魔鬼与邪恶、可怕联系在一起；从形象来看，魔鬼常常以蛇、龙等令人恐怖的动物形状出现。尤其是蛇，它们已成为邪恶的魔鬼形体，是最古老的文化符号之一。一些解经家认为，《创世记》叙述魔鬼化身蛇引诱人类，带来死亡与罪恶，开创了死亡与罪恶书写的历史。其间的蛇不仅有动物性的致命毒液，还有人格化的诡计多端，想方设法地引诱人类堕入罪恶。《诗篇》说恶人一出母胎就堕落，远离上帝误入歧途，"他们的毒气好像蛇的毒气，他们好像塞耳的聋虺，不听行法术的声音，随用极灵的咒语，也是不听"（诗 58:3–5）。毒蛇使人目不能见、口不能言，并让人的心灵受蒙蔽。蛇的身上又混合了傲慢、妒忌、暴怒、懒惰、贪婪、贪食及色欲等罪恶，包含了攻击上帝创造物的所有方式。魔鬼的契约是上帝契约的反面。是人类为了满足现世的欲望，与魔鬼订立的契约，其中包含了自由意志的选择，即每个人的自我选择，对于通往地狱或天堂至关重要。在道德说教文学中，人选择魔鬼堕入罪恶，通过忏悔获得救赎。魔鬼游走于世间，寻找愿意做交易的人类。人类要经历善恶斗争，最终以善战胜恶，打败魔鬼，解除契约。魔鬼附身制造了可见可感的恐惧。魔鬼附身者表现出各种异常症状，身心遭受暴力和残酷的折磨。见证鬼附身者害怕自己及其家人成为被魔鬼攻击的对象。魔鬼不仅居住或隐藏在遥远黑暗的山洞里，而且活动于世间，出没于人类的日常生活中。西方哥特小说中的魔鬼主题可以回溯到圣经文学；透过哥特美学的视角，读者亦能发掘圣经中的哥特式元素。

参考文献 [Bibliography]

Ball, Kimberly. "The Devil's Pact: Diabolic Writing and Oral Tradition." *Western Folklore* 73, no. 4 (Fall 2014): 385–409.

Bowen, John. "Gothic Motifs." *Discovering Literature: Romantics and Victorians*, May, 2014. https:// www.bl.uk/ romantics- and-victorians/articles/gothic-motifs.

Burns, Charlene. P. E. *Christian Understanding of Evil: The Historical Trajectory*. Minneapolis: Fortress Press, 2016.

Clark, Stuart. *Thinking with Demons: The Idea of Witchcraft in Early Modern Europe*. Oxford: Oxford University Press, 1999.

Levack, P. Brian. *The Devil Within: Possession and Exorcism in the Christian West*. New Haven: Yale University Press, 2013.

Milbank, Alison. *God and the Gothic: Religion, Romance, and Reality in the English Literary Tradition*. Oxford: Oxford University Press, 2018.

Sage, Victor. *Horror Fiction in the Protestant Tradition*. New York: St. Martin's Press, 1988.

Vos, Nienke, and Willemien Otten. *Demons and Devil in Ancient and Medieval Christianity.* Leiden: Brill, 2011.

奥古斯丁：《忏悔录》，周士良译，北京：商务印书馆，1963。[Augustinus. *Chanhui lu* (Confessions). Translated by Zhou Shiliang. Beijing: The Commercial Press, 1963.]

高万隆："编者序"，载《经典哥特式中短篇小说选》，查尔斯·马图林等编，高万隆译，杭州：浙江工商大学出版社，2018，1–2。[Gao Wanlong. "Bianzhe xu." In *Jingdian Geteshi zhong duan pian xiaoshuo xuan* (Preface to Classical Gothic Novelettes and Short Stories), edited by Charles Maturlin et al., translated by Gao Wanlong, 1–2. Hangzhou: Zhejiang Gongshang University Press, 2018.]

H. P. 洛夫克拉夫特：《文学中的超自然恐怖》，陈飞亚译，西安：西北大学出版社，2014。[Lovecraft, Howard Phillips. *Wenxue zhong de chao ziran kongbu* (Supernatural Horror in Literature). Translated by Chen Feiya. Xi'an: Northwest University Press, 2014.]

基思 • 托马斯：《16 和 17 世纪英格兰大众信仰研究》，芮传明、梅剑华译，南京：译林出版社，2019。[Thomas, Keith. *16 he 17 shiji Yinggelan dazhong xinyang yanjiu* (Religion and the Decline of Magic: Studies in Popular Belief in Sixteenth-and Seventeenth-Century England). Translated by Rui Chuanming and Mei Jianhua. Nanjing: Yilin Press, 2019.]

郎晓玲:《十八、十九世纪中英鬼小说主题学研究》, 博士学位论文，上海师范大学，2004。[Lang Xiaoling. "Shiba shijiu shiji Zhong Ying gui xiaoshuo zhutixue yanjiu" (The Thematological Study on the 18th and 19th Century Chinese and British Ghost Fiction). PhD diss., Shanghai Normal University, 2004.]

李伟昉：《哥特小说与中国六朝志怪小说比较研究》，北京：中国社会科学出版社，2004。[Li Weifang. *Gete xiaoshuo yu Zhongguo Liuchao zhiguai xiaoshuo bijiao yanjiu* (The English Gothic Novels and the Chinese Supernatural Tales in the Six Dynasties: A Comparative Study). Beijing: China Social Sciences Press, 2004.]

———：《黑色经典：英国哥特小说论》，北京：中国社会科学出版社，2005。[Li Weifang. *Heise jingdian: Yingguo Gete xiaoshuo lun* (Black Classics: On English Gothic Fiction). Beijing: China Social Sciences Press, 2005.]

———：《试论〈修道士〉的哥特式特征》，《外国文学评论》，2002年第2期，32–41。[Li Weifang. "Shilun *Xiudaoshi* de Gete shi tezheng" (Review on the Gothic Characters of *The Monk*). *Foreign Literature Review*, no. 2 (2002): 32–41.]

梁坤：《撒旦起舞的奥秘》，《长江学术》，2008年第1期，79–83。[Liang Kun. "Sadan qiwu de aomi" (The Mysteries of Satan's Dance). *Yangtze River Academic*, no. 1 (2008): 79–83.]

林中泽：《圣经中的魔鬼及其社会伦理意义》，《世界历史》，2004年 第4期，89–100。[Lin Zhongze. "Shengjing zhong de Mogui jiqi shehui lunli yiyi" (The Devil in the Bible and Its Social and Ethical Significance), *World History*, no. 4 (2004): 89–100.]

刘炅："前言"，载《恐惧审美与意识形态：十八世纪末四部哥特小说之解读》，北京：外语教学与研究出版社，2008，I–VII。[Liu Jiong. "Qianyan." In *Kongju shenmei yu yishi xingtai: Shiba shiji mo sibu Gete xiaoshuo zhi jiedu* (Introduction to Ideology of Gothic Aesthetics: A Reading of Four Gothic Novels), I–VII. Beijing: Foreign Language Teaching and Research Press, 2008.]

马修·刘易斯：《修道士》，李伟昉译，上海：上海译文出版社，2011。[Lewis, Matthew. *Xiudaoshi* (The Monk). Translated by Li Weifang. Shanghai: Shanghai Translation Publishing House, 2011.]

诺斯罗普·弗莱：《伟大的代码：圣经与文学》，郝振益等译，北京：北京大学出版社，1997。[Frye, Northrop. *Weida de daima: Shengjing yu wenxue* (The Great Code: The Bible and Literature). Translated by Hao Zhenyi et al. Beijing: Peking University Press, 1997.]

裴素娟：《圣徒抑或恶魔：〈修道士〉中安布罗斯的基督教原型解读》，《北方工业大学学报》，2019 年第 1 期，122–127。[Pei Sujuan. “Shengtu yi huo emo: *Xiudaoshi* zhong Anbuluosi de Jidujiao yuanxing jiedu” (A Saint or a Demon: An Interpretation of Christian Archetype of Ambrosio in *The Monk*). *Journal of North China University of Technology*, no. 1 (2019): 122–127.]

沈弘：《弥尔顿的撒旦与英国文学传统》，北京：北京大学出版社，2010。[Shen Hong. *Mi'erdun de Sadan yu Yingguo wenxue chuantong* (Milton's Satan and The English Literary Tradition). Beijing: Peking University Press, 2010.]

威廉 • 彼得 • 布拉蒂：《驱魔人》，姚向辉译，北京：北京时代华文书局，2015。[Blatty, William Peter. *Qumo ren* (The Exorcist). Translated by Yao Xianghui. Beijing: Beijing Times Chinese Press, 2015.]

张庆熊：《试析基督教和儒家的罪恶观》，《复旦学报》（社会科学版），2002 年第 5 期，53–54。[Zhang Qingxiong. “Shixi Jidujiao he Rujia de zuieguan” (Sin and Evil in Christian and Confucian Perspective). *Fudan Journal* (Social Sciences Edition), no. 5 (2002): 53–54.]

尼采对耶稣的心理学类型分析及其对《新约》的批判

闫 伟

内容提要： 尼采对《新约》的批判，主要是对构成《新约》主体的福音书的批判，围绕他对耶稣的拯救者心理学类型的分析展开。尼采发现耶稣的福音和保罗"所伪造"的福音不同，耶稣福音肯定自我和此岸，重视个体的生命实践；而保罗的福音要求信徒抛弃自己，追随基督，信仰彼岸。尼采揭示了《新约》的虚无主义，成为继耶稣之后的又一个敌基督者。

关键词： 尼采，耶稣，保罗，《新约》

作者单位： 保山学院教学质量监控与评估中心

Nietzsche's Psychological Analysis of Jesus and Criticism of the New Testament

YAN Wei

Abstract: Nietzsche's critique of the New Testament is primarily a critique of the Gospels, which constitute the core of the New

Testament. Nietzsche's critique revolves around his analysis of the psychological type of Jesus as savior. Through his analysis, Nietzsche finds that the gospel of Jesus is different from the gospel forged by Paul. The Gospel of Jesus affirms the self and this shore and values the individual practice of life; the Gospel of Paul, however, asks believers to abandon themselves and follow Christ and believe in the other shore. Through his critique, Nietzsche revealed the nihilism of the New Testament and became another Antichrist.

Keywords: Nietzsche, Jesus, Paul, the New Testament

Author's contact info: Teaching Quality Monitoring and Evaluation Center, Baoshan University. Email: 297376446@qq.com

尼采比较欣赏犹太人的《旧约》，曾这样赞美《旧约》："在犹太《旧约》这本关于正义的书中，人、物和言谈的风格是如此伟大，希腊和印度的文献竟无可与之比肩者。"[①]"我在其中发现伟大的人，适合英雄的风景，以及某种大地上至为稀有之物，强健心灵的无可比拟的天真；此外，我还发现了一族民众。"[②]由此，尼采认为"对《旧约》的趣味是衡量'伟大'和'渺小'的试金石"[③]。但对于《新约》，他就很少这样称赞，而是认为与《旧约》相反，在《新约》里，"纯粹就是小气的派别算计，就是灵魂的洛可可风，就是加了些花饰、有许多小

---

① 尼采：《善恶的彼岸》，《尼采著作全集》，第五卷，赵千帆译（北京：商务印书馆，2016），84。[Nietzsche, *Shan'e de bi'an* (Beyond Good and Evil), in *Nicai zhuzuo quanji* (Nietzsche's Complete Works), trans. Zhao Qianfan (Beijing: The Commercial Press, 2016), 5:84.]

② 同上，485。

③ 同上，84。

尖角和奇形异状，就是秘密集会的气氛，不忘偶尔吹一点牧歌的甜蜜气息，既非犹太的，亦非泛希腊的”①。以至于把《新约》和《旧约》拼成圣经，他认为是“欧洲文献学界最大的鲁莽之举和‘对精神的犯罪’”。②

尼采如此仇视《新约》，有一个转变的过程。事实上，尼采早在普福塔中学读书时，就已经开始关注《新约》的起源问题，中间还有一个很长的时期，推崇路德的宗教改革，肯定新教。但随着尼采接受布克哈特的“文艺复兴”理解，这种情况开始逆转，到了1888年9月完成的《敌基督者》一书中，他已经视“新教是德国哲学的原罪”③，着力批判《新约》。在这本著作中，尼采既反对黑格尔对基督教的基于历史主义的哲学神学解释，也不认同斯特劳斯（David Strauss）对耶稣的科学—实证主义解释，而是采用了一种“非历史性和非叙事性的救赎者心理学”④来分析《新约》中记述的耶稣，试图以此瓦解《新约》。

一、耶稣的心理学类型与象征主义

尼采在《敌基督者》一书中否认福音书中的耶稣是历史上

---

① 尼采：《善恶的彼岸》，485。

② 同上，84。

③ 尼采：《敌基督者》，吴增定、李猛译（北京：三联书店出版社，2017），13。[Nietzsche, *Dijidu zhe* (Antichrist), trans. Wu Zengding and Li Meng (Beijing: SDX Joint Publishing Company, 2017), 13.]

④ Gary Shapiro, *Nietzschean Narratives* (Indianapolis: Indiana University Press, 1989), 131.

的真实人物。他的这个观点与斯特劳斯对耶稣的看法不谋而合。斯特劳斯用科学方法研究圣经，认为一切历史都是自然发生史，故那些超自然的记载必然是外加的，不真实的。[①] 福音书充满神迹，不能通过科学证实，由此，他否认福音书是历史，而认为它是关于耶稣的神话，他的《耶稣传》（1835）就是对这一观点的阐明。但尼采与斯特劳斯不同，针对后者的科学方法，他指出，除非有其他原始材料出现，否则我们根本不能借助科学方法澄清圣经中的神迹与自然的矛盾，以及运用这种方法去批判福音书，拒斥福音书记述的耶稣。相反，尼采主张转向对耶稣的心理学类型（the psychological type）分析，通过阐释耶稣福音和保罗福音的根本差异，来实现对《新约》进行批判的目的。

尼采对历史上耶稣的心理学类型的分析，源于他的语言学家和心理学家[②] 身份：语言学家能戳穿欺骗，使之"看到了神圣经书的背后"是对基督之死和所有先知言说的伪造；心理学家则诊断出了基督教的病症，认识到它的无可救药，且"看到了典型基督徒的生理堕落的背后"，是出于低贱者的低劣的人

---

① 赵敦华：《圣经历史哲学》，下卷（南京：江苏人民出版社，2017），8。[Zhao Dunhua, *Shengjing lishi zhexue* (Philosophy of Biblical History) (Nanjing: Jiangsu People's Publishing House, 2017), 2: 8.]

② W · 考夫曼曾把尼采誉为"第一个伟大的心理学家"。考夫曼指出："在尼采的专著中，他把心理学称之为'科学的皇后，其他科学都是为她服务和做准备而存在的。心理学现在已为基本问题的解决开辟了道路'。这是《善恶的彼岸》(1886) 第一部分的结论。在其以后的一些著作中，尼采均把自己看作一个心理学家，而不是一个形而上学家。"（W · 考夫曼：《尼采：第一个伟大的心理学家》，《哲学译丛》，1987 年第 5 期，63–67。）[W. Kaufman, "Nicai: Diyige weida de xinlixue jia" (*Nietzsche: The First Great Psychologist*), *Philosophy Translation Collection*, no. 5 (1987): 63–67.]

格本能。[①]尼采不否认福音书作为耶稣事迹和言论的历史记录，保存了拯救者的心理学类型。但出于“战斗和宣传的目的”，耶稣的门徒们对那种心理学类型做了补充，增添了一些新的特征，并最终使那种拯救者的心理学类型变得与历史上耶稣的心理学类型产生了距离。而耶稣的早期门徒之所以编造耶稣故事，“把自己最强烈的情绪记入他们这位大师的形象中”[②]，尼采认为是出于如下三种心理：第一，门徒们只能理解他们能理解到的耶稣，以致首先，“拯救者的类型只有被改造为某种他们所熟悉的形式，才能获得实存”[③]。第二，门徒们的崇拜心理。这种崇拜让拯救者身上原有的个性和陌生的特征被其门徒无视或者有意消除。第三，出于“基督教宣传的狂热”，他们把拯救者心理学类型中包含的那种独特的杂多和矛盾视为非事实，而要求统一拯救者心理类型中所包含的对立。他们不明白，这种对立并非对立，而是耶稣的“肯定”，就是从这里出发，他们发明了“天国”“末日审判”“罪与罚”等基督教概念。

关于耶稣的心理学类型，尼采反对勒南（Renan）的归类。勒南在《耶稣传》（1863）中把耶稣的心理学类型归结为天才和英雄。对于此说，尼采表示反对，而认为：其一，福音书中展示出来的是非英雄概念，而不是英雄。英雄有强大的生命力，为了反抗时代，不惜寻求战争，但在福音书中，战争和战

---

① 尼采：《敌基督者》，68。

② 尼采：《1887-1889年遗稿》，载《尼采著作全集》，第十三卷，孙周兴译（北京：商务印书馆，2014），212。[Nietzsche, *1887-1889 nian yigao* (Unpublished Fragments, 1887-1889), in *Nicai zhuzuo quanji* (Nietzsche's Complete Works), trans. Sun Zhouxing (Beijing: The Commercial Press, 2014), 13:212.]

③ 尼采：《敌基督者》，41。

斗的对立面被视为本能，放弃反抗变成了道德，等级间距被消除，每个人都变成了神的孩子，在上帝面前一律平等。其二，福音书中的耶稣也根本不是什么天才，而是天才的反面，即“白痴”。海因里希·德特林评价道：“对于尼采来说，白痴在面对柏拉图化的保罗及其怨愤时有种特别的伟大。”① 耶稣的“白痴”让他放弃了对尘世的复仇，拒绝了天国和尘世之间的对立，成为第一个敌基督者。

对此，尼采指出，勒南关于耶稣心理学类型的归类是错误的。原因是勒南缺乏对英雄的真正含义的认识，也不能理解耶稣的“白痴”。于是，尼采自问自答：如果不是出于天才和英雄的心理，拯救学说的根据和源头在哪里？他答道，在于耶稣的这样两个心理事实：第一个是“对实在的本能之恨”；第二个是“对一切厌恶、一切敌对、一切情感界限和距离的本能排斥”。② 正是这两种心理，造成了耶稣的拯救者心理学类型。但这两种心理事实共存于耶稣一身，又该如何理解？第一个心理称耶稣是反实在论的；第二个却说，尽管耶稣反实在论，却并不主张此岸—彼岸的对立，不主张人—神之间的距离。我们该如何理解耶稣身上的这个矛盾呢？

尼采的策略是把耶稣想象成一个象征主义的大师。对于耶稣来说，实在是象征和隐喻。尼采说，拯救者耶稣“不在字面意思上使用任何词语”，就他而言，一切都是“一种符号语言、

---

① 海因里希·德特林：《尼采最后的文字》，袁志英译（北京：三联书店出版社，2021），64。[Heinrich Detering, *Nicai zuihou de wenzi* (Nietzsche's Last Text), trans. Yuan Zhiying (Beijing: SDX Joint Publishing Company, 2021), 64.]

② 尼采：《敌基督者》，148。

一种符号学、一种比喻的契机”。[①] 尼采把这样一个拯救者耶稣称为“自由精神”（ Freigeist ），在那个自由精神中，他所有的言说不过是其“内心世界”的表达，或其内心世界的比喻和象征。由此，尼采拒绝承认拯救者由于他的反实在论，而处于“一切宗教、一切崇拜概念、一切历史学、一切自然科学、一切世界经验、一切知识、一切政治学、一切心理学、一切书籍、一切艺术之外”[②]。相反，尼采认为，由于耶稣是一个象征主义大师，他的表现自身必然意味着肯定一切实在。据此，尼采改写了基督教对耶稣的认识。

耶稣是一个肯定者，否定不属于他；他所反对的一切之所以并非实在，只是因为那是他的比喻和象征。如此，尼采也回答了拯救者身上具有的杂多与矛盾：对于他，他就是一切，因此，他无须逃避自身的不统一，不纯粹。由此，耶稣也就杜绝了去发明末日审判、罪与罚、奖赏之类基督教概念。可以说，耶稣向往的从来不是彼岸，对他来说“天国乃是一种心灵状态；而非‘超出尘世’的什么东西”[③]。故尼采指出，历史上耶稣的福音，根本不是福音书所传达的那种福音。因为福音书的福音恰恰设定了彼岸，而耶稣是反对设立此岸—彼岸这种二元对立的。

---

① 尼采：《敌基督者》，43。

② 同上，44。

③ 尼采：《1887–1889 年遗稿》，187。

二、耶稣的福音

对于尼采来说，耶稣的福音就是消除对立，消弭此岸与彼岸的对立、天国与尘世的对立，主张信仰就在于当下的生命实践："只有福音的实践才通向神，它恰恰就是神。"[①] 但基督教为了消除拯救者身上的矛盾与对立，却人为地创造了人与神之间的距离，以及天堂与尘世的对立。

对此，尼采指出，耶稣身上有对立和矛盾，乃是为了维护实在的纷繁多样。由于耶稣对外部实在进行了象征主义理解，所以他的反实在论是对实在的辩护策略。但他的门徒们并不能理解这一点，而以为耶稣身上体现着某种二元对立：天国与尘世、理念与现实。由此，这位伟大的拯救者就遭到了全面误解。本来耶稣并不会因为自己身上的某些不能统一和理性化的东西，而对自身设立一种超越性的要求。相反现在，在其激进门徒的安排下，他思想所表达的就是这样一种否定其自身的观点：实在是虚幻的，真实的则是信仰的彼岸。本来"一切自然、时间、空间、历史之物"[②] 对于耶稣而言，都只是"象征"与"隐喻"，并非他要否定和拒绝的东西，可如今却成了与耶稣这个作为人格（person）的神、作为"三位一体"第二个位格的神的儿子相对立的东西。故此，尼采声称再没有比教会如此生硬地理解耶稣的反实在论更背离基督教的了。

作为象征主义大师，耶稣教导人"应当怎样去生活"，包

---

① 尼采：《敌基督者》，45。

② 同上，46。

括他为何被钉死于十字架，而根本不是保罗所宣称的，是为了“拯救人”，使人因信基督得以称义。保罗所说的详见《罗马书》3:23–25：“因为世人都犯了罪，亏缺了神的荣耀；如今却蒙神的恩典，因基督耶稣的救赎，就白白地称义。神设立耶稣作挽回祭，是凭着耶稣的血，人的信，要显明神的义。”当然，尼采指出，耶稣也有错误之处，但错不在他否定了此岸和一切实在，而是他内心的“不要抵抗，不要生气，不要责备……但也不要反抗恶人——而要爱他”① 的声音。②

对于尼采来说，基督教历史误解了耶稣的象征主义。唯有理解了这种象征主义，才能真正理解基督教历史。但问题是，这种误解从耶稣被钉十字架就开始了。十字架不过是在说，请追随内心生活，而门徒们却把十字架道德化、基督教化。十字架变成了救赎，变成了信仰，变成了对此岸的否定和对天国的许诺，并导致基督教的历史从一开始就偏离了它原初的预设。接下来，随着基督教的传播，其神学理论体系进一步严密和系统，基督教再也不能回到它的原初。而原初，耶稣要求他的门徒忠实于自身：“道德跟我们上帝之子有什么相干呢？”但最终，门徒们背叛了自己，并从这种背叛中孕育出一个强大的教会，以教导基督徒如何毫无愧色地背叛自己，背叛耶稣宣传的福音：人应该忠实于自己，不要为了理性化自己而去设计彼岸，制造对立。

---

① 尼采：《敌基督者》，48。

② 关于这一点，王齐有不一样的解读。参见王齐：《“永恒”和“背后世界”：拟尼采与克尔凯郭尔的对话》，《哲学研究》，2019年第2期，122。[Wang Qi, “‘Yongheng’ he ‘Beihou shijie’: Ni Nicai yu Keerkaiguoer de duihua” (“Eternity” and “The World behind”: Nietzsche and Kierkegaard’s Conversation), *Philosophical Research*, no. 2 (2019): 122.]

尼采把人类重新回到自己的希望寄托于“自由的精神”，他说：“基督教的价值——高贵的价值：只有我们，我们这些已经变得自由的精神，才能重建这个有史以来最大的价值对立！”[①]重建，首先需要重估，出于生命的强大意志的价值重估。否则，我们就会依然自豪于这个时代的错误的历史感（historische Sinn）。时代历史学的错误，就在于它根本就是对起源的垄断。重新回到起源，寻找历史发生的另一种谱系，重新评价生命、此岸、我们自身，这本是尼采的使命。由此，朱利安·杨认为：系谱学（Genealogy）对于尼采，倾向于从道德的力量中解放其读者。[②]

尼采指出，基督教历史上只有一个真正的基督徒，那就是耶稣，但他已经被钉死在十字架上。并且随着耶稣的被钉十字架，福音也死在了十字架上。耶稣所传递福音的本意是，人应该追求自己的内心生活，不要有内在与外在之别，更不要有此岸与彼岸的对立。但耶稣的福音在其死后遭到了门徒们的曲解，变成了一种对天国、上帝、末日审判的信仰。耶稣本希望其门徒能践行他的生活方式，但他的死改变了这一切，信徒们理解不了耶稣的被钉十字架。尼采指出，“耶稣之死的意义无非在于：成为最强大的典范，以及对自己学说的最鲜明的体验”[③]，就像苏格拉底之死。苏格拉底本可以在弟子的帮助下逃跑，但他还是选择了饮下毒芹汁：因为他认为，没有人故意作恶。既然如此，他就不能明知背叛城邦的法律是错的，还那样做。耶

---

① 尼采：《敌基督者》，49。

② Julian Young, *Nietzsche's Philosophy of Religion* (Cambridge: Cambridge University Press, 2006), 148.

③ 尼采：《1887-1889年遗稿》，214。

稣不以宣传对立为己任，而寻求对一切实在的肯定，因为这一切实在不过是他心灵的符号化；否定了实在，也就等于否定了自己的内心，否定了自己。耶稣从不否定自己，所以他肯定一切。正因为肯定一切，他才遵从罗马的法律和犹太教的律法，死在了十字架上。但门徒们却无法理解这一点！他们要为耶稣之死寻找自我的答案，正是那种答案，让他们重新改造了耶稣。

耶稣通过他的死，既否定了犹太律法，也否定了罗马的法律。由此，无论犹太教和世俗权力，统统都被耶稣否定掉了，现在唯有信仰三天后复活的基督，人们才能得救。然而这种企图“通过基督获得拯救的信仰”，“是一种荒谬绝伦的错误”。[①] 因为基督传达的福音，根本不是信仰，而是行动：“只有基督徒的实践，只有履行一种像十字架上的死亡者那样的生活，才是基督徒。”[②] 基督徒寻求信仰，而不是非行动。在尼采看来，把信仰视为是否是基督徒的依据，“纯属一种心理学意义上的自我误解”。[③] 如果真的依据这种尺度来判断，那么只能说：两千年来根本就没有存在过什么基督徒！不仅如此，尼采在《权力意志》中甚至指出：耶稣拒绝任何被我们称为基督教的东西。[④] 可见，基督教信仰不过是借口，是对复仇本能和怨恨本能的掩盖，耶稣从来不属于这种心理学类型。

耶稣是出自对自己内心的真诚信仰，才有了一个真实的世界、永恒的世界，有了“神的国在你心中”的信条，而非因为

① 尼采：《敌基督者》，52。

② 同上。

③ 同上。

④ Friedrich Nietzsche, *The Will to Power*, trans. Walter Kaufmann and R. J. Hollingdale (New York: Random House, 1967), 98.

需要秉持对自己被钉死的世界的报复心理。永远爱这个世界，爱到“不要与恶人作对。有人打你的右脸，连左脸也转过来由他打；有人想要告你，要拿你的里衣，连外衣也要由他拿去；有人强逼你走一里路，你就同他走二里；有求你的，就给他；有向你借贷的，不可推辞”（太5:39–42）。这就是耶稣，也是耶稣所传福音的最高意义。试想这样一个耶稣，怎么会因为其被钉死在十字架上，就向整个世界及其他宗教施加报复呢？如果耶稣寻求了复仇，他的形象才不会统一！由此可见，耶稣的形象在他死后遭到了何等巨大的改编！一方面，“人们开始将对法利赛人和神学家的蔑视与愤恨灌输到大师的类型之中——由此把他改造成法利赛人和神学家”！另一方面，又“以一种无节制的方式拔高耶稣，将他同他们自己区隔开来”[①]。但无论怎样，这个耶稣都是其信徒们的怨恨心理的投射，而非真实的耶稣本人。

三、保罗的“伪造”

耶稣基督既然经过门徒们的改造，现在成了神的唯一儿子，尼采发问：上帝怎么会允许其儿子被钉死在十字架上呢？门徒们回答说，是为了赎世人的罪。世人宁信律法和法律，也不信耶稣，相反还借助律法和法律把耶稣钉死。作为神的儿子，耶稣之所以这么做，是想通过他的流血和受死，来赎世人不信神的罪。耶稣是为了救赎世人而选择一死，故其死显示出了上帝

① 尼采：《敌基督者》，55。

的慈悲。世人有罪，上帝却仍旧怜悯世人，不仅不对人加以毁灭，还派他的儿子来，通过他的死和复活，向世人昭示这样的福音：唯有信基督，才能得救。对于基督教的这种解释，尼采甚为愤怒，他说：正是耶稣的死后复活，顷刻之间，让“福音变成了一切不可实现的许诺中最卑鄙的许诺，变成了最不要脸的人格不朽学说”[①]。

尼采对基督教的这种指责，不是他那可怕崩溃本身的一部分，也不是其精神错乱的前兆。[②]相反，尼采之所以这样痛斥基督教，是因为他认为，耶稣传递的福音本来已经废除了“罪”，但基督徒为了解释自己伪造的基督形象，又把罪重新树立起来。耶稣的福音本来已经废除了人与神之间的鸿沟，但现在基督教又重新设立了这个鸿沟，且此鸿沟还要基督徒放弃自己，去追随耶稣来填平。真实的耶稣所鼓吹的，却恰恰不是追随他，不是异教的偶像崇拜，而是每个人都追随自己的内心生活，肯定而非否定自己。正因为如此，尼采才会痛斥基督教，因为它背叛了耶稣的福音，而虚构了一种基督教的福音，且这种福音教导人放弃自己，追随他者。尼采的痛斥正回应了他的一个观点：“真正的、原始的基督教在一切时代都是可能的”，但先决条件是“只有基督教的实践，只有一种像十字架上的死亡者那样

---

① 尼采：《敌基督者》，56。

② 莎皮罗在《墙上的书写：〈敌基督〉与历史语义学》一文中，批评了将《敌基督》这本著作即使不视为“那可怕崩溃本身的一部分，至少也是尼采精神错乱的前兆”的观点。参见刘小枫编：《尼采与基督教：尼采的〈敌基督〉论集》，田立年、吴增定等译（北京：华夏出版社，2014），20）。[Liu Xiaofeng, ed., *Nicai yu Jidujiao: Nicai de Dijidu lunji* (Nietzsche and Christianity: Nietzsche's "Antichrist" Essays), trans., Tian Linian and Wu Zengding et al. (Beijing: Huaxia Publishing House, 2014), 20.]

经历的生活，才是基督徒”[①]。所以，基督真正的奖赏不是对来世的许诺，不是救赎，而是生活。但以保罗为首的门徒却“把早期基督教运动的那种伟大的象征转化为明确的和非象征的东西”[②]，误解了这一福音。由此，保罗——这个对尼采来说早期基督教的核心人物，甚至在某种程度上，基督教因为他应该被命名为“保罗主义”（Paulism）——就把一种生活、一种实践、一种行动，转变为信仰。信仰终结了耶稣的福音，信仰也注定了人类的罪。

关于保罗对福音的理解，尼采主要认为，保罗转变了福音的范式，并且由于转变了对福音的理解，保罗也基本上把基督教带向了另一个发展轨道上。本来，原始的、本真的基督教有着一种佛教式的和平，神与人是统一的，没有鸿沟，也没有罪，有的只是生活，只是行动，即如佛教是一种人间宗教。但保罗出于他对福音的理解，将信仰放在首位，认为人经由基督才能得救，以致基督就成了信仰的中心。关于这一点，可以从他的《罗马书》中看到。诚如赵敦华所说：“《罗马书》最系统地阐发了基督中心论。”[③]在该书中，保罗认为福音是神的大能，神的义乃是通过福音显明，所以人要信福音，因为义本于人的信，要求人的信，人唯因信称义，而福音传达的就是这个信（罗 1:16–17）。如此，保罗改编了耶稣之死，让耶稣之死变成了对此岸罪的判定和对彼岸救赎的许诺，只是救赎的前提是皈依基督，信仰基督，人唯有信基督才得以称义。但信基督的什么呢？信基督传达的福音，人唯有凭靠信仰才能得救，因为人间

① 尼采：《敌基督者》，52。

② 尼采：《1887–1889 年遗稿》，128。

③ 赵敦华：《圣经历史哲学》，下卷，133–134。

一切宗教和世俗的权力、法律、荣耀，都不能让人得救，人的罪唯靠信仰基督才能清洗。但这最终造成保罗的基督根本不是历史上真实的耶稣，而是保罗的伪造，因为耶稣从来不设置对立，也从来不寻求信仰。

一旦保罗改变了历史上的耶稣形象，他也就宣判了历史上耶稣福音的死亡。福音，因为保罗，随着耶稣之死，也死在了十字架上。保罗为什么要这么做？为什么要伪造福音，伪造耶稣的历史？在其《朝霞》格言68“第一个基督徒”中，尼采对此问题做出了尝试性回答。尼采认为，这是保罗的道德理想主义与其自身本能之间的一个悖论。该悖论使保罗意识到，犹太律法（Jewishlaw）成了其罪的十字架。为了向律法复仇，摧毁律法，同时成就他的道德理想主义，“他直截了当地抹掉了基督教的昨天、前天，自己发明了一个原始基督教的历史”①。经过保罗的伪造，律法与罪等同，取消律法也就取消了罪。为此，耶稣这个上帝之子，必须被律法钉上十字架，因为上帝之子的被钉十字架，是对律法的剥夺，同时也是对人的罪的取消。成为基督徒，就是在律法之外，其中十字架是救赎，复活和天国是证词。

保罗通过伪造耶稣的历史，实现了对自己的肯定：律法不再是保罗的十字架，因为律法已被十字架取消，现在仅存的是与十字架合一，与基督合一。如果这个基督仅仅是死在十字架上的基督，我们可以说，阿扎姆所说“尼采解释（保罗）圣徒身份的理由是权力意志”②是正确的。但这个基督却是三天后

---

① 尼采：《敌基督者》，57。

② Abed Azzam, *Nietzsche versus Paul* (Columbia: Columbia University Press, 2015), 93.

复活，并用复活允诺了天国，我们就不能再说保罗用耶稣做工具，伪造基督教历史，是出于权力意志。相反，是出于对本能的恐惧，对权力意志的恐惧。耶稣是不畏惧权力意志的，所以他接受了被钉十字架，但保罗却接受不了，以致他杜撰耶稣的复活，制造了彼岸神话。可见，尼采的这个判断是正确的：保罗非但不是其自称的“耶稣基督的仆人”，而且根本上就是与“福音使者”对立的类型。他不仅没有传播耶稣的福音，相反还是“反福音的恶魔”①。

保罗所开创的福音使生命的重心脱离生命，而转移到信仰，并且通过耶稣，宣判了此岸没有任何得救赎的希望，得救赎的希望在彼岸，在于信基督。由此，此岸对人不再有诱惑力，对人有诱惑力的是彼岸、是神的国。尼采认为，这一“重大谎言摧毁了本能中的一切理性、一切自然”，让“所有那些本能中有益的、能促进生命、确保未来的东西”都变得令人怀疑。②首先，由于此岸的价值不复存在，此岸就完全陷入虚无主义的泥潭：没有什么价值是高贵的，所有价值都被贬黜，无论是强者的价值，还是弱者的、奴隶的价值，都不值得追求；其次，任何人都能通过信基督得救，每个人都可以分享永恒。在此岸你即使是人生的失败者、发育不全者，甚或按照尼采的说法，哪怕是“人类的全部弃物和垃圾”，你都可能被拯救，进入天国。所以，在此岸，在俗世，你的阶级、你的财富、你的声名等都不能保证你进天国，抵达天国的唯一通道是信基督。既然如此，对于尼采来说，一旦基督教向人类递出这样的橄榄枝——

① 尼采：《1887–1889 年遗稿》，130。

② 尼采：《敌基督者》，58。

唯有信，天国的门才能为你打开，那么，出于“对个人虚荣的乞怜谄媚”，基督教必然是“一场由所有地上爬行者对身处高位者发动的起义”。[①]

尼采是一个自然主义者，对他而言一切都基于生命本身，而生命就是权力意志，就是Sein[②]。所以，一切存在都应该交由生命来评判。但保罗的基督教却抬高信仰，贬低生命。并且，出于对由生命而来的人与人之间的距离的怨恨，保罗否定了世间的一切特权，让人与人之间的距离感和敬畏感被基督面前人人平等的观念所取代。由此，保罗也逼仄了文化得以发展和上升的空间，因为文化需要的不是平庸的大众，而是有创造力的天才。一旦否定了天才们的存在，否定了他们的特权，及其凌驾于众人之上的高贵，文化就必然衰落，并归于平庸和死寂。所以对尼采来说，保罗的“福音”只会“使一切变得更低贱”，因为它摧毁了高贵、摧毁了追求特权的勇气，也摧毁了人对人的敬畏感。一旦人对人失去敬畏感，由它所引发的灾难是不难想象的。或许这是尼采对基督教及其后果的最大恐惧：失去对他人的敬畏感，必然带来最大的人性灾难。

---

① 尼采：《敌基督者》，59。

② 尼采：《1885–1887年遗稿》，载《尼采著作全集》，第十二卷，孙周兴译（北京：商务印书馆，2014），11。[Nietzsche, *1885–1887 nian yi gao* (Unpublished Fragments, 1885–1887), in *Nicai zhuzuo quanji* (Nietzsche's Complete Works), trans. Sun Zhouxing (Beijing: The Commercial Press, 2014), 12: 11.]

四、《新约》的“虚无主义”

由于保罗对耶稣之死的改造，尼采将福音书看成犹太教的撒谎艺术在基督教典籍中的登峰造极之作。犹太人撒谎是面对自己民族离散的命运，要坚证自己的神选；而基督教的撒谎不是为了证实某个民族的神选，而是要证明任何人都能通过信仰基督而成为上帝的选民。因此，成为选民的关键是信仰，是某人是否履行了基督教道德，而非是否活出了生命的高度。据此尼采指出，福音书是“用道德（Moral）进行诱惑的书”①，仿佛某人只要有了道德——做到了谦卑、顺从、虔诚——就有了进入天国的入门券，就能为自己找到永恒的福祉。但这怎么可能？基督徒的这种认识，导致他们自己“是一种地球上有史以来最为祸害的自大狂”②，因为他们抛弃生命、抛弃 Sein，只为追求那虚无。尼采指出，尽管基督教也反对犹太教，却仅仅是因为犹太教只把神选给了犹太人，而基督教要把神选给予所有人，所以它反对犹太教和犹太人。但事实上，“基督徒不过是一种信念更加开放的犹太人”③，他们的自大狂危害更深，因为他们出于信仰而把全人类推向了虚无，而不仅仅是犹太人。把全人类推向虚无的深渊，这是尼采对基督教、对福音书的最高控诉。

为了论证对福音书的控诉，尼采将其指控落实到福音书和

---

① 尼采：《敌基督者》，61。

② 同上，62。

③ 同上。

《哥林多前书》[1] 中的文字，尤其《哥林多前书》1:20–29 中的文字，他认为“这段话是每一种贱民道德的第一流心理学文献”[2]，揭示了基督教为何要把全人类推向虚无的深渊：乃是为了完成低贱者出于怨恨对高贵者的道德复仇。这种复仇表现在被尼采称之为“怨恨布道之类型：关于神圣的厚颜无耻性的问题”[3] 标题下的一段文字：“弟兄们哪，可见你们蒙召的，按着肉体有智慧的不多，有能力的不多，有尊贵的也不多。神却拣选了世上愚拙的，叫有智慧的羞愧；又拣选了世上软弱的，叫那强壮的羞愧。神也拣选了世上卑贱的，被人厌恶的，以及那无有的，为要废掉那有的。使一切有血气的，在神面前一个也不能自夸。”（林前 1:26–29）按照尼采的看法，这段话可解读为：上帝之所以抬高低贱者，是为了让高贵者惭愧，高贵者不是智慧、强壮、社会地位和级别高，并且生机勃勃嘛，上帝却偏偏不拣选他们做自己的义人。试想还有比这种事情更令低贱者兴奋的吗？更感觉到自己实现了永恒的对高贵者复仇的吗？所以，尼采说“这段话是每一种贱民道德的第一流心理学文献”。低贱者正是出于自己的心理需要，才用道德和信仰武装头脑——既然在此岸我们低贱，然而在上帝的国，我们却获得了永恒的福祉。既然如此，此岸有什么值得留恋，此岸的功业有什么值得追求的呢？胜利者最终是那些有信仰的、践行基督教道德的人，而不是生命意志、权力意志高昂的人。试想如此，保罗的福音怎能不把全人类推向虚无的深渊！但这一深渊

---

① 《哥林多前书》为保罗所做，意在探讨教义问题，传播保罗所理解的福音。所以，尼采把它视为指控保罗的一个证据。

② 尼采：《敌基督者》，65。

③ 尼采：《1885–1887 年遗稿》，644。

对于基督徒却是最大的拯救，因为通过对此岸、对俗世的否定，他们找到了个人的虚荣，而且这个虚荣是永恒的救赎，而非尘世短暂的欢娱。

由此，尼采对《新约》的批判也同时达到其制高点。他说："《新约》中只有坏本能，而没有追求这种坏本能的勇气。"① 《新约》虚无化了此岸的价值，也就废除了彼岸的价值，但它却没有勇气这么做，反而树立了彼岸的价值，以致让自身陷入矛盾之中。一个在此岸不相信任何价值的人，却要在此岸追求一种价值：信仰的价值。尼采认为，这完全是自我欺骗。

当然，尼采并没有因为自己对早期基督徒的否定和批判，就认为《新约》中没有一个形象值得尊敬。在尼采看来，彼拉多（Pilate）是《新约》中唯一值得尊敬的形象。之所以如此，并非因为他极不情愿处死耶稣，甚至为耶稣开脱被犹太祭司指控的罪行，而是因为在《新约》中，他是唯一一个认识到"真理和信仰并不相同"的人。这表现在当耶稣被带到他面前，他与耶稣对话时，向耶稣问了一句话："真理是什么呢？"（约18:38）

当时，耶稣因为谋反、背叛罗马的罪名被抓捕，带到彼拉多面前。彼拉多问他：你是犹太人的王吗？耶稣回答："我的国不属于这世界。"意谓他来到世间，只是为给真理作证，凡属真理的人，都会听从他。听完耶稣的回答，彼拉多对耶稣说了上述那句话。彼拉多的意思是，如果耶稣是在传布真理，他就不该说"我的国不属于这世界"。但耶稣说了，那么他的真理就是信仰，属于宗教的范畴。如此，罗马的法律就不该判处

---

① 尼采：《敌基督者》，65。

耶稣有罪。①这也是彼拉多随后言行的原因——他说完那句话，就来到犹太人中，告诉他们，他未查出耶稣有什么罪。

故此，尼采认为彼拉多是整个《新约》中清醒认识到真理与信仰之分野的人：真理是在这个世界的，而信仰却在别的世界。虽然耶稣的福音意在此岸，但那福音在他宣称“我的国不属于这世界”时，就已经蜕变成信仰。信仰是拒绝真理的，甚至不需要真理。正因为如此，尼采才认为彼拉多的那句话“是对《新约》的批判，更是对它的毁灭”。②耶稣要的是真理，而真理却蜕变成了信仰，《新约》强调信仰，这本身就是敌基督的。耶稣可以原谅，因为他那“神的国在我心中”并不否定世界，他认为他想要的是真理。但保罗则是不能被原谅的，因其根本就是在把真理当作信仰去理解，认定真理就是信仰，亦即他们的福音。然而，如果强调信仰的真理性质，则这个福音就是对自身的否定，因为它预示着，信仰只能在此岸才为真，而它恰恰消解了此岸的真，这就是《新约》的虚无主义。

结　语

对于尼采而言，福音书构成了《新约》的主体，他对福音书的批判，就是对《新约》，乃至整个圣经的批判。尼采批判福音书是为了肯定耶稣，否定基督教，指出自己为什么是敌基

---

① 根据吴增定研究，当时罗马帝国实行宗教宽容政策，只要服从罗马法律，信什么神灵都被允许，因为罗马法律并不关心某人信的是不是真神。参见尼采：《敌基督者》，175。

② 尼采：《敌基督者》，67。

督者：原因在于耶稣是第一个敌基督者，因为基督教背叛了耶稣，而他要“像耶稣基督一样，不惜牺牲自己的生命来教诲人类如何生活”。[①] 从基督教背叛耶稣的福音来看，敌基督反而是返回耶稣的步伐。由此，尼采借助对福音书以及对《新约》的批判，表达了自己对耶稣福音理解：耶稣的福音 = “对生命的宗教肯定，对完整的、未被否定、未被二分的生命的宗教肯定”。[②] 正是这种对生命的宗教肯定，促使尼采批判保罗对耶稣的伪造，批判福音书，批判《新约》，因为那些正是这种伪造的结果。

伴随着这种批判，尼采也看清了他自己的内心世界。于是，他创作了自传《瞧，这个人》（1888 年 10 月 15 日动笔书写，11 月 4 日完稿）。《瞧，这个人》验证了弗里克（Peter Frick）的判断：尼采的基督教批判并非神学批判，而是生活批判，因为教义和信仰的问题是生活问题。他说：“在尼采的观察中，真正的问题并非基督徒在神学上如何看待罪和内疚，而是他们在日常生活中因此而受到心理恐惧和内疚的困扰。换句话说，神学不是问题——而是生活。”[③] 尽管弗里克表达这一观点的初衷，是要说明尼采的批评源于对基督教神学缺乏理解，因此削弱了其批评的全部力量，并且也未将生活问题归结为人如何成其所是的问题，但他无意中还是猜中了尼采的心思。

---

① 金寿铁：《尼采是一个无神论者吗——尼采宗教肖像的消解与重构》，《学术研究》，2017 年第 10 期，24。[Jin Shoutie, “Nicai shi yige wushenlunzhe ma: Nicai zongjiao xiaoxiang de xiaojie yu chonggou” (A Deconstruction and Reconstruction of Nietzshe’s Religious Image as an Atheist), *Academic Research*, no. 10 (2017): 24.]

② 尼采：《1887-1889 年遗稿》，322。

③ Peter Frick, ed., *Paul in the Grip of the Philosophers: The Apostle and Contemporary Continental Philosophy* (Minneapolis: Augsburg Fortress Publishers, 2013), 36.

对于尼采，生命和生活是最高的存在，人应该成为此岸的自身之所是，而非彼岸的价值。

这本自传完全沉浸于尼采在《敌基督者》中所发现的耶稣论述“是”的哲学，在耶稣的福音氛围之内，高调肯定了自己，并围绕如下几个问题——“我为什么如此智慧”“我为什么如此聪明”“我为什么能写出如此好的书”“我为什么是命运”——来阐明“我是谁”：“狄奥尼索斯反对被钉十字架者”①，再次重申了自己对基督教的不满，对保罗伪造基督的不满，以至于他宣称要反对那个“被钉十字架者”，甚至连耶稣基督的名号都不再提及，以防引起误解，而是用狄奥尼索斯代替。

然而这个狄奥尼索斯不就是耶稣吗？那个被钉死在十字架上而非三天后复活的耶稣？但当尼采说出“狄奥尼索斯反对被钉十字架者”时，又有几人真正理解了他呢？理解了他要做耶稣那样的敌基督者，而狄奥尼索斯不过是这个耶稣的假名。假名更好地表明尼采与《新约》，甚至在其之上建立的基督教决裂的决心之彻底。也由此，尼采成了耶稣之后又一个伟大的敌基督者。尼采说：“在根本上，我们这些学者们今天正在最好地实现基督的学说。”②不同的是，耶稣被钉在了十字架上，尼采却困死于病床上。对于尼采来说，其病床就是他不得不背负的十字架。耶稣没有否定十字架，尼采因为精神崩溃也没有否定病床。相反，疾病和病床让尼采获得了一种智慧：“把自

---

① 尼采：《瞧，这个人——人如何成其所是》，载《尼采著作全集》，第六卷，孙周兴等译（北京：商务印书馆，2016），485。[Nietzsche, *Qiao zhege ren: Ren ruhe cheng qi suo shi* (Ecce Homo: How One Becomes What One Is), in *Nicai zhuzuo quanji* (Nietzsche's Complete Works), trans. Sun Zhouxing et al. (Beijing: The Commercial Press, 2016), 6: 485.]

② 尼采：《1887–1889 年遗稿》，203。

身当作一种天命（Fatum），而不愿改变自己——此类状态就是伟大的智慧本身。”[①] 尼采如是说。

参考文献 [Bibliography]

Azzam, Abed. *Nietzsche versus Paul*. Columbia: Columbia University Press, 2015.

Frick, Peter, ed. *Paul in the Grip of the Philosophers: The Apostle and Contemporary Continental Philosophy*. Minneapolis: Augsburg Fortress, 2013.

Nietzsche, Friedrich. *The Will to Power*. Translated by Walter Kaufmann and R. J. Hollingdale. New York: Random House, 1967.

Shapiro, Gary. *Nietzschean Narratives*. Indianapolis: Indiana University Press, 1989.

Young, Julian. *Nietzsche's Philosophy of Religion*. London: Cambridge University Press, 2006.

海因里希 · 德特林：《尼采最后的文字》，袁志英译，北京：三联书店出版社，2021。[Heinrich Detering. *Nicai zuihou de wenzi* (Nietzsche's last text). Translated by Yuan Zhiying. Beijing: SDX Joint Publishing Company, 2021.]

金寿铁：《尼采是一个无神论者吗——尼采宗教肖像的消解与重构》，《学术研究》，2017 年第 10 期，24。[Jin Shoutie. "Nicai shi yige wushenlunzhe ma: Nicai zongjiao xiaoxiang de xiaojie yu

① 尼采：《瞧，这个人》，341。

chonggou" (A Deconstruction and Reconstruction of Nietzshe's Religious Image as an Atheist). *Academic Research*, no. 10 (2017): 24.]

刘小枫编：《尼采与基督教——尼采的〈敌基督〉论集》，田立年、吴增定等译，北京：华夏出版社，2014。[Liu Xiaofeng, ed. *Nicai yu Jidujiao: Nicai de Dijidu lunji* (Nietzsche and Christianity: Nietzsche's "Antichrist" Essays). Translated by Tian Linian and Wu Zengding et al. Beijing: Huaxia Publishing House, 2014.]

尼采：《1885–1887年遗稿》，载《尼采著作全集》，第十二卷，孙周兴译，北京：商务印书馆，2014。[Nietzsche. *1885–1887 nian yi gao* (Unpublished Fragments, 1885–1887). In *Nicai zhuzuo quanji* (Nietzsche's Complete Works), vol. 12, translated by Sun Zhouxing. Beijing: The Commercial Press, 2014.]

———：《1887–1889年遗稿》，载《尼采著作全集》，第十三卷，孙周兴译，北京：商务印书馆，2014。[Nietzsche. *1887–1889 nian yigao* (Unpublished Fragments, 1887–1889). In *Nicai zhuzuo quanji* (Nietzsche's Complete Works), vol. 13, translated by Sun Zhouxing. Beijing: The Commercial Press, 2014.]

———：《敌基督者》，吴增定、李猛译，北京：三联书店出版社，2017。[Nietzsche. *Dijidu zhe* (Antichrist). Translated by Wu Zengding and Li Meng. Beijing: SDX Joint Publishing Company, 2017.]

———：《瞧，这个人——人如何成其所是》，载《尼采著作全集》，第六卷，孙周兴等译，北京：商务印书馆，2016。[Nietzsche. *Qiao zhege ren: Ren ruhe cheng qi suo shi* (Ecce Homo: How

One Becomes What One Is). In *Nicai zhuzuo quanji* (Nietzsche's Complete Works), vol. 6, translated by Sun Zhouxing et al. Beijing: The Commercial Press, 2016.]

———：《善恶的彼岸》，载《尼采著作全集》，第五卷，赵千帆译，北京：商务印书馆，2016。[Nietzsche. *Shan'e de bi'an* (Beyond good and evil). In *Nicai zhuzuo quanji* (Nietzsche's Complete Works), vol. 5, translated by Zhao Qianfan. Beijing: The Commercial Press, 2016.]

W· 考夫曼：《尼采——第一个伟大的心理学家》，《哲学译丛》，1987 年第 5 期， 63–67。[Kaufman, W. "Nicai: Diyige weida de xinlixue jia" (Nietzsche: The First Great Psychologist). *Philosophy Translation Collection*, no. 5 (1987): 63–67.]

王齐：《"永恒"和"背后世界"：拟尼采与克尔凯郭尔的对话》，《哲学研究》，2019 年第 2 期，118–124。[Wang Qi. "'Yongheng' he 'Beihou shijie': Ni Nicai yu Keerkaiguoer de duihua" ("Eternity" and "The World behind": Nietzsche and Kierkegaard's Conversation). *Philosophical Research*, no. 2 (2019): 118–124.]

赵敦华：《圣经历史哲学》，下卷，南京：江苏人民出版社，2017。[Zhao Dunhua. *Shengjing lishi zhexue* (Philosophy of Biblical History). Vol. 2. Nanjing: Jiangsu People's Publishing House, 2017.]

编后记

AFTERWORD

对于“马克思主义与圣经研究”的关系，本辑开门见山地推出一组论述，首先是罗兰·博尔教授为梁工主持完成的国家社科基金项目“国外马克思主义圣经批评研究”撰写的序言。罗兰·博尔高屋建瓴地勾勒出始于马克思、恩格斯的国外马克思主义圣经批评传统，论及该传统在国外的延续和发展，及其对中国当代学术的影响。继而是一篇专论，探讨了余莲秀针对圣经的马克思主义意识形态批评。作为蜚声全球的华裔女学者，余莲秀曾于2019至2020年荣任圣经文学学会（SBL）主席，发表过题为“性别、种族、阶级等：对我们学科的交叉思考”的就职演讲。另一篇论文习作尝试比较了马克思主义与圣经对“两种生产”——物质资料生产和人自身生产——的异中有同的阐述。

即如余莲秀所特别提醒的，我们的学科乃是处于多种文化元素交相混融的状态中。仅就种族差异而言，中国学者本是立足于中国，透过中国视野，使用汉语言文字，背负着中国文化传统，来观察和剖析寓有异域特质的圣经的；无论自觉与否，他们都会在某种程度上进行“圣经与中国典籍的跨文本诠释”。

基于这种认知，本辑发表专文，考察了吴经熊在《圣咏译义初稿》中对圣经词汇的儒家化翻译，揭示出他对中西文化会通的深入思考；表明他如何以《诗经》为媒介，沟通天与上帝观念，构建“人神相通而有差”的宗教观，以突破基督教在中国化进程中囿于世俗伦理层面的困境；以及吴经熊如何通过对《圣咏》的翻译，提出“正心诚意”“居仁由义”“默识心通”等主题，以实现其目标。另一位作者对《士师记》中的女英雄底波拉、雅亿与《杨家将演义》中的穆桂英形象做出精彩的比较分析。

本辑在圣经与历史学的关系研究方面也有新颖探索。《“前先知书”历史叙事的批判性特征及其成因》一文的作者聚焦于《希伯来圣经》前先知书历史叙事的批判性，结合其文献来源与编纂状况，对它的文学结构、批判内容及编纂理念进行了系统研究，进而揭示出该文学现象的成因。《旧约次经》中的《马加比传一书》和约瑟夫的《犹太古史》相对冷僻，关注者不多，本辑则基于这两部古籍，富于说服力地探讨了古犹太民族史晚期哈斯蒙尼王国与罗马共和国之间的相互影响。

对圣经文本的考辨最能显示圣经文学研究的基础性功力。在这方面，《希伯来〈哀歌〉的心理学—精神分析研究述评》一文对勃兴于 20 世纪 90 年代的《哀歌》心理学—精神分析研究予以梳理，重点介绍了《哀歌》中幸存者面对耶路撒冷之灾时的心理状态、反应和心理变化过程，考察了幸存者哀伤的目的与意义，及其祈祷的动机、类型与作用，进而对此新兴研究方法做出总体评价。另一位作者则围绕着《马可福音》14:36 中耶稣称亚卫为“阿爸”（ἀββα）的文本，提出该术语并非研究界通常所谓“小孩对父亲的昵称”，而是一个普遍性称谓“父亲”，从情态上表达出耶稣盼望亚卫将“苦杯”撤去的强烈期待。

圣经与世界文化存在着多种多样的关联性，研究者对此问题的兴趣也有可能从多个角度切入。在本辑刊载的一组文章中，有人论及《钦定本圣经》与英语标准化的关系，认为它促进了现代英语的规范化，提升了英语语言的使用功能，推动了现代英语的通行与普及。有人考察早期教父奥古斯丁的学术贡献，指出他议及自身往事时，须臾离不开借助圣经的文化资源。有人津津乐道于欧洲哥特小说，发现其中的魔鬼乃是溯源于圣经中的原型意象。也有人聚焦于另类哲学家尼采，论及他对耶稣心理学类型的奇葩分析及其对《新约》的离经叛道式批判。